HIS. CUL. + SOC. ICC

EL TERCER ATENTADO

Argentina en la mira del terrorismo internacional

Diseño de tapa: María L. de Chimondeguy / Isabel Rodrigué

WALTER GOOBAR

El tercer atentado

Argentina en la mira del terrorismo internacional

EDITORIAL SUDAMERICANA
BUENOS AIRES

IMPRESO EN LA ARGENTINA

*Queda hecho el depósito
que previene la ley 11.723*
©1996, Editorial Sudamericana S.A.
Humberto I° 531, Buenos Aires

ISBN 950-07-1124-9

A Claudia Selser, mi mujer

A Martina y a Marcelo, mis hijos

Agradecimientos

A mis colegas de *Página/12*, en especial a tres *sabuesos* del periodismo: Eduardo Febbro, Román Lejtman y Raúl Kollman. A Pablo Díaz, un amigo que leyó los originales.

A numerosas personas e instituciones que contribuyeron con información sumamente valiosa para este libro y que consideran que el mejor agradecimiento consiste justamente en no mencionar sus nombres.

Índice temático

Prólogo 15

1. Escuela de pilotos suicidas
«Estamos planeando mandarte al extranjero...»/La red local y el tercer atentado/El riesgo de un magnicidio/Viaje al Líbano/El entrenamiento/Las bases terroristas en Irán y el Líbano/La separación entre Hezbollah y Jihad Islámica/Los «hombres de acción»/Pilotos suicidas vs. lavado de cerebro/El testimonio del militante fundamentalista turco Mehmet Ali Bilici/Los reclutas de Misiones Especiales del Directorio de Inteligencia/Un mártir a control remoto entre nosotros 19

2. El último viaje de Mussawi
Shamir firma la sentencia de muerte del jeque Abbas Mussawi, líder de Hezbollah un mes antes del atentado contra la embajada de Israel/El Comité X/La historia de Hezbollah y de Mussawi/La muerte de dos niños/El general que cumplió la orden 33

3. Luz verde en Teherán
Imad Mughniyeh «deshoja la margarita»/Argentina, uno de los 32 blancos potenciales de Hezbollah/Los procedimientos de la organización para un ataque/El agente residente, el supervisor, el comando operativo, el intermediario, el piloto suicida o teledirigido/Venganza en Ramadán/ Fundamentalismo argentino/ La profecía de Alberto Samid/La reunión del Consejo Consultivo de Hezbollah/El Consejo de Seguridad de Irán 41

4. El primer atentado
Un coche-bomba rumbo a la embajada/La policía y el «área libre»/La explosión/La reacción del gobierno/«Encuentren el vehículo»/¿Por qué una camioneta?/La F-100 era de un fotógrafo policial/La pista del dinero/El tipo de explosivo/ Levene y la Corte/El Mossad inicia la cacería/Monzer Al Kassar/Las reivindicaciones en Beirut y Teherán/El círculo se cierra/El «Loco de la bomba»/Secuestro en Argentina/Shimon Peres: Israel «sabe quién hizo detonar el coche-bomba»/Menem:«Vive, Vive, Israel, Vive»/ Los errores del Mossad 55

5. Ayatolas nucleares
Los negocios de Karim Yoma con Irán, Irak, Siria y Taiwán/Irán, socio privilegiado/Triga:Plutonio para una bomba/Presiones norteamericanas y suspensión del contrato nuclear/Karim Yoma y Ana Frank/Las negociaciones secretas entre el primer y el segundo atentado/Armas para los musulmanes de Bosnia/Rodolfo Galimberti, la SIDE y las armas/La donación del terreno para la construcción de la mezquita saudita/Las redes iraníes de tráfico nuclear y de armas/Los asesinatos de opositores 74

6. Guerra Santa en Nueva York
Un solo terrorista bien entrenado puede formar una red de aficionados/La historia del Ramzi Ahmed Yousef, el personaje que consumó el atentado contra el World Trade Center de Nueva York, escapó y fue detenido 23 meses después/Su verdadera identidad sigue siendo un enigma/El papel de la CIA en el entrenamiento de los combatientes afganos que luego llevaron la guerra santa a EE.UU./El jeque ciego Abdel Rahman y los otros teólogos del fundamentalismo 92

7. El segundo atentado
El guión del segundo atentado/La nueva táctica de Hezbollah y su fractura interna/El jeque Subhi Tufaily y Ansar Allah/70 misiones de reconocimineto en Argentina/IRIB: «agencia de viajes del terror»/Rabbani busca una Trafic/Malos augurios: la Corte Suprema quiere cerrar la investigación de la Embajada/La profecía:«Esperen hasta que termine el Mundial de Fútbol»/El pequeño ejército de la red local/Las comunidades judías como escudos humanos/ Telleldín, Monjo, la policía bonaerense y un negocio de 200 millones/Ciudad del Este y la triple frontera/La novela de Moatamer/ Un secreto en la Casa Rosada 107

8. La Suprema Verdad del sarín
El ataque con sarín en el subterráneo de Tokio/Los adeptos de la secta/La participación de militares en el grupo/El gurú Shoko Asahara/El Estado Mayor formado por la crema de los científicos y los universitarios/El antisemitismo de Aum/Los contactos internacionales/Secta Moon y Yakuza 124

9. Apetito de muerte en Oklahoma
Cómo un militar se convierte en terrorista: Retrato de Timothy McVeigh, principal acusado del atentado de Oklahoma/Su experiencia en la Guerra del Golfo/Las cartas de McVeigh y su fascismo visceral/El camino hacia el atentado/EE.UU. y las milicias 135

10. La guerra de la generación X
Verdugos de fin de milenio/Paralelismo entre la ultraderecha norteamericana, el fundamentalismo islámico y la secta Verdad Suprema/El autismo suicida/Los primeros terroristas/La epidemia de magnicidios/La superación del umbral tecnológico/Democracia y nacionalismo/La generación X 151

11. Los ocho factores del nuevo terrorismo
La Argentina reúne las condiciones para el terrorismo de fin de milenio: el escape de la religión y del nacionalismo/La naturaleza de la guerra y cómo ésta determina las nuevas formas de terrorismo/La cultura de la violencia en la vida real y en la ficción/El auge de la toma de rehenes y los escudos humanos/Las nuevas diásporas, la modernización en las comunicaciones y la internacionalización de la educación/EE.UU. y el patrocinio del terrorismo de Estado/El terrorismo cuentapropista/La participación de militares, ex militares y agentes de inteligencia en el terrorismo/El recambio generacional de Carlos Ilich Ramírez Sánchez a Timothy McVeigh y Ramzi Ahmed Yousef 161

12. El ABC del terrorismo y la "A" de atómico.
Contrabando de plutonio/La bomba H/Los servicios de inteligencia justifican su existencia/Bombas nucleares caseras/Terrorismo nuclear/NEST: un grupo para rastrear bombas atómicas 175

13. Tecnoterrorismo en la isla virtual
Ultraderecha y criminales cibernéticos/El poder de las bombas y los teclados/ CHIPS (Clearing House Interbank Payments System)/ Trasladar un millón de dólares a través de la mitad de la superficie del globo demora tres segundos y cuesta 40 centavos de dólar/ Finanzas internacionales y batallas virtuales/La vulnerabilidad de los sistemas/El caso del Eurotúnel/ «DIPOLE MIGHT» (Restar poder): un modelo por computadora para detectar ataques terroristas con coches-bomba 187

Bibliografía 198

Índice de nombres 201

Prólogo

El caso de los dos atentados perpetrados en la Argentina combina muchos de los temas más candentes de nuestra historia reciente: terrorismo internacional y terrorismo de Estado, espionaje, asesinatos políticos, tráfico de armas, comisiones ilegales, seguridad nacional y de fronteras, razones de Estado propias o ajenas, subordinación en política exterior e ineficiencia de los sistemas de inteligencia y de justicia, diplomáticos tiroteados, terroristas maniobrando por temor a ser traicionados por sus propios asociados, fiscales confundidos, asesinos preocupados por la seguridad de sus familias.

Argentina no es el único país que en este fin de siglo se ha convertido en un blanco del terrorismo: sucedió en Estados Unidos con las Torres Gemelas de Nueva York y con el edificio federal de Oklahoma. También ocurrió en el subterráneo de Tokio con el gas sarín. Sin embargo, todos los países donde apareció la sombra del terrorismo terminaron descubriendo a los culpables, que hoy están tras las rejas, y han tomado recaudos para prevenir nuevos ataques. Todos los países, menos la Argentina.

El caso argentino es el único donde la gente que destruye una embajada israelí y una institución judía se esfuma como por arte de magia. Eso multiplica la sospecha de un encubrimiento y convierte al país en un blanco fácil, no sólo para los autores de los anteriores atentados, sino para cualquiera que alimente el sueño del crimen perfecto.

Aunque los escenarios de los atentados con explosivos siempre son los más difíciles de investigar, hay una ciencia, lenta e imperfecta, para atrapar a los responsables. Generalmente comienza en la escena del crimen, donde los investigadores buscan claves sobre el motivo y el método homicida. A pesar de las dificultades, la información no se evapora. Está allí: un trozo de metal retorcido, una pieza de automóvil, la ubicación de cada uno de los testigos, aportan datos preciosos sobre lo que pasó en ese segundo fatal en que todo fue caos. Sin embargo, Argentina debe ser también el único lugar del mundo donde se cometen dos atentados en poco más de dos años y los peritos locales, los norteamericanos y los israelíes, ni siquiera han logrado ponerse de acuerdo sobre algo tan básico como el tipo de explosivo empleado en cada oportunidad.

Hay otro método que utilizan los investigadores y consiste en armar pacientemenente, a modo de rompecabezas, el perfil psicológico del terrorista. Por esta vía también es posible trazar un retrato-robot de los autores, reconstruir el momento en que el piloto abordó el coche-bomba. Esta teoría se basa en la idea de que los asesinos actúan a partir de sus más profundas obsesiones: ya en 1971, el padre de Carlos Alberto Telleldín había planeado un atentado contra la AMIA en la ciudad de La Plata; y el edificio federal de Oklahoma, volado en abril de 1995, había sido elegido como blanco por los supremacistas raciales ya en octubre de 1983. Si se consiguen descifrar esas obsesiones se logrará, de manera casi simultánea, obtener las claves de sus acciones. Según dicen los del oficio, tarde o temprano los autores pondrán su firma. Lo irritante es la espera.

Cuando los terroristas actúan bajo la dirección o la cobertura de un gobierno extranjero, sus actos son muy difíciles de investigar, especialmente si ese gobierno es uno de los sospechosos potenciales. El terrorismo de Estado (en la doble acepción de la palabra: patrocinado por un Estado extranjero y perpetrado con la colaboración de elementos enquistados en el propio Estado) es un asunto monstruoso y cobarde que siembra diversas formas de corrupción. Cuando individuos que integran fuerzas policiales, militares o servicios de inteligencia, participan en el asesinato de ciudadanos a los que supuestamente deberían proteger, se pone al descubierto uno de los aspectos más siniestros de la naturaleza humana. Cuando esos atentados quedan impunes, esto se convierte en una amenaza permanente a toda la sociedad.

Los sistemas de seguridad en la Argentina no están en condiciones de afrontar los riesgos que ciertas medidas de política exterior generan para sus habitantes. Una rama del gobierno crea entonces riesgos que otra no previene ni calcula y que finalmente recaen sobre personas ajenas a esas decisiones. En su incapacidad para resolver estos crímenes masivos, tanto el sistema judicial como el de seguridad revelan que están más orientados a controlar a los ciudadanos que a protegerlos.

Quienes conocen en profundidad los servicios secretos de cualquier país saben que son antidemocráticos casi por definición, pero los servicios argentinos están, además, sesgados por un perfil marcadamente derechista que incluye un fuerte tinte antisemita. Esto ha posibilitado que el terrorismo internacional encuentre en esos organismos un mercado óptimo para captar miembros para sus redes locales.

Aunque Argentina no cuente con pruebas judiciales para obtener una condena en los tribunales, existen contundentes evidencias políticas, diplomáticas y de inteligencia sobre la participación del Estado de Irán —a través de Hezbollah— en ambos atentados. Sin embargo, aduciendo la falta de evidencias judiciales, el gobierno argentino ha optado por una estrategia diplomática en la que negoció secretamente con Irán tras el primer atentado, lo denunció histéricamente cuando se produjo el segundo —Carlos Menem declaró que existía semiplena prueba contra Irán— y, más tarde, volvió a negociar bajo el pretexto de prevenir un tercer atentado.

La política exterior no es ciega, sorda y muda como la Justicia, ni tampoco se guía por las leyes que rigen en los Tribunales. Sólo cuando se logre dar con los autores materiales y se consiga desarticular sus redes locales se podrá llevar adelante una política coherente y creíble en el exterior e, inclusive, negociar en otros términos con Irán. Ni una sobreactuación que imite la política israelí y la estadounidense, ni una parodia de la postura francesa o la alemana —basada en la idea del "diálogo crítico" que, en los hechos, implica acostarse con el enemigo—, podrán evitar un tercer atentado.

Este libro intenta penetrar en submundos absolutamente ajenos a la mayoría de los ciudadanos, que solamente accede a estos temas a través de las páginas de los diarios o las imágenes de la TV. Para facilitar este camino opté, cada vez que fue posible, por un estilo narrativo que permitiera utilizar el diálogo y las citas directas. Por cierto, no pretendo afirmar que cada palabra que aparece aquí haya sido dicha de manera textual, pero luego de realizar decenas de entrevistas, revisar miles de documentos, informes de inteligencia y artículos periodísticos —que se detallan como notas al final de cada capítulo—, puedo afirmar que el sentido sustancial de lo escrito corresponde a la verdad. Aún quedan muchas preguntas sin respuestas, pero esto no hace más que reforzar la sensación de que la verdad está ahí, en alguna parte. Esperando.

Quiero aclarar, también, que la crítica de los distintos fundamentalismos —sea islámico, judío o católico— no constituye un juicio de valor sobre el Corán, el Antiguo o el Nuevo Testamento, ni tampoco sobre las comunidades que se identifican con sus preceptos. Se limita a las interpretaciones abyectas que ciertos grupos de iluminados hacen de esos textos sagrados, y que también deberían ser repudiadas por las religiones que se dicen universales.

Recordar el mal es la mejor manera de evitar su repetición. Al narrar esta historia siniestra de modo que los lectores puedan comprender, en detalle, cómo opera el terrorismo y qué es lo que pueden y no pueden hacer los investigadores y los gobiernos, intento contribuir al esclarecimiento de los dos atentados ocurridos en la Argentina. No existe un manual de gobierno que indique cómo proceder, pero la única manera de evitar un tercer atentado es dar con los culpables de los anteriores. En ese sentido, el tiempo que pasa es la verdad que huye. Hasta ahora, sólo los muertos han conocido el final de esta historia. A ellos está dedicado este libro.

WALTER GOOBAR
Enero, 1996.

1. Escuela de pilotos suicidas

Con un gesto estudiado, el comandante del campo acercó la luz amarillenta de una lámpara ennegrecida por cagadas de mosca y repasó la ficha personal de uno de sus reclutas. Tras un largo silencio, levantó la cabeza y sin mirar a los dos clérigos chiítas que lo flanqueaban clavó los ojos de halcón en el muchacho que permanecía inmóvil.

—Estamos planeando mandarte al extranjero. Allí tu vida seguirá absolutamente bajo nuestro control —le dijo y sus palabras quedaron flotando en el aire saturado de la tienda de campaña.

—Recuerda que la religión vigila al hombre no sólo a través de una policía visible, sino que lo controla como una policía invisible, situada en su interior, que no deja escapar nada —murmuró uno de los clérigos.

—Estoy preparado para cumplir...

—Si te decimos "Bebe alcohol", debes beber alcohol. Si te decimos "Cásate", tendrás que buscar una mujer y desposarte. Si te decimos "no tengas hijos", debes obedecer. Si te decimos "Coloca una bomba en un lugar determinado, estarás preparado para sacrificarte" —advirtió el comandante.

—Y no creas que aquellos que son muertos en el camino de Dios están muertos.¡Ellos están vivos! Fueron provistos de bienes cerca de su Señor, serán felices por la gracia que Dios les ha acordado —aseguró el otro sacerdote.

Por un instante, el muchacho se imaginó en el Paraíso. Le vino a la mente la idea que le habían martillado desde el primer día de entrenamiento: "No pienses en nada. En nada que no sea tu misión".

Entonces miró a su jefe con ojos inexpresivos y se limitó a bajar la cabeza en señal se asentimiento.

Orden de entrar en acción

Bajo el aspecto de una anodina carta comercial, de un despacho de mercadería o de una reserva de hotel, un "inofensivo" fax —triangulado a través de un país europeo o norteamericano para encubrir su verdadero remitente— impartirá la orden de poner en marcha el tercer atentado. Un atentado que está decidido desde hace varios meses.

El fax será recibido por el responsable de la célula local, una pequeña red de comerciantes, empresarios, estudiantes y personal de las fuerzas de seguridad que funcionan bajo una disciplina de hierro. Pese a las detenciones de algunos "descartables" ordenadas por los jueces, la célula local, que durante todo este tiempo se ha mantenido enquistada en la Argentina, saldrá de su estado de latencia. Antes de abandonar completamente su letargo, sus cerebros y sus financistas se asegurarán de que hayan ingresado a las cuentas bancarias los montos acordados. En ese momento se habrá activado la cuenta regresiva de una maquinaria tan siniestra como inexorable. De allí en más, ni las defensas de hormigón, ni los detectores de explosivos servirán de mucho.

Quienes perpetraron los dos ataques terroristas en la Argentina no son aficionados como los del World Trade Center o los de Oklahoma, sino profesionales que, desde un punto de vista técnico, ejecutaron dos operaciones de demolición casi perfectas. Ni Khaled Kelkal, el argelino que antes de ser abatido fue señalado como el responsable de media docena de atentados terroristas registrados en Francia en agosto de 1995, ni "el ingeniero" Yihya Ayash, jefe de los comandos suicidas de Hamas, presuntamente asesinado por el servicio secreto interior israelí (Shin Beth) en enero de 1996 con una carga explosiva colocada en un teléfono celular, manejaron nunca cargas explosivas tan voluminosas, complejas y mortíferas como las argentinas.

La célula terrorista que opera en el país posee conocimientos muy profundos sobre las características de los explosivos militares y comerciales, maneja al detalle la conformación de cargas especiales y cargas dirigidas, así como la forma de acondicionar las mezclas para lograr efectos muy precisos y predeterminados. El grupo cuenta con un aparato de inteligencia demasiado sofisticado para una célula terrorista común: realizó un detallado reconocimiento de la Embajada de Israel sin ser detectado y accedió a los planos maestros del edificio de la AMIA. Los terroristas no sólo tuvieron en sus manos los planos, sino que efectuaron cálculos precisos sobre la estructura y utilizaron la cantidad exacta de explosivos para provocar la demolición total del edificio.

El hecho de que los terroristas que concibieron y perpetraron los dos atentados anteriores lograran salir impunes y mantener intactas sus redes locales potencia la sensación de inseguridad y desamparo colectivo. Ésa es una de sus principales cartas de triunfo. Los escasos recursos en dinero, esfuerzos y capacidad intelectual destinados a investigar, castigar, anticipar y defenderse del terrorismo, han convertido a la Argentina en un blanco al alcance de cualquiera, no sólo de los autores de los ataques anteriores, sino de las vastas camadas de verdugos que en este final de milenio alimentan el sueño de consumar el crimen en plena gloria.

Las cinco condiciones

"El gobierno de Estados Unidos tiene información de que terroristas de Medio Oriente podrían estar planeando un ataque contra un blanco estadounidense no especificado en América del Sur. Datos adicionales serán ofrecidos tan pronto estén disponibles", sentenció uno de los sucesivos comunicados de alerta emitido durante 1995 por el Departamento de Estado que sumió a la Argentina en un estado de orfandad e indefensión.

—¿El blanco podría ser nuevamente la Argentina?
—No puedo asegurarlo. Pero la Argentina puede ser el próximo blanco, porque reúne cinco condiciones que, al presentarse de manera simultánea, constituyen una suerte de imán para el terrorismo: 1) la existencia de blancos importantes; 2) una célula local que ha probado su capacidad; 3) una comunidad fundamentalista local; 4) la inexistencia de complicaciones políticas; 5) el hecho de haber consumado ya dos atentados y haber conseguido permanecer impunes", afirma Martin Kramer, director del Centro Moshe Dayan de Estudios sobre el Medio Oriente de la Universidad de Tel Aviv y uno de los principales especialistas internacionales en el terrorismo de signo chiíta.

—Si la Argentina no logra eliminar o revertir a su favor por lo menos uno de esos cinco factores simultáneos de riesgo —continúa Kramer— existe un serio peligro de que los autores de los atentados se vean tentados a reincidir.

Ningún experto se atreve a vaticinar lo que harán los terroristas en el futuro. Todos, en cambio, son conscientes de que la acción de éstos dependerá en gran medida de lo que cada gobierno haga o diga, o de lo que parezca estar pensando o planificando. En este sentido, tanto las bravuconadas como las demostraciones de debilidad del presidente Carlos Menem son poco felices: "Yo también estoy amenazado. Soy considerado un traidor a la causa árabe. Mi situación es preocupante", machacó al semanario israelí *The Jerusalem Report* poco después del atentado a la AMIA[1]. Lo cierto es que después de dos atentados certeros el riesgo de un magnicidio no debería ser exagerado pero tampoco subestimado.

Los terroristas son rígidos en cuanto a su ideología y a sus fines pero, a diferencia de lo que afirma la leyenda, son extremadamente flexibles en cuanto a sus tácticas, *modus operandi* y selección de blancos. Como cualquier persona, responden a los éxitos, a los fracasos y a las acciones e intenciones del enemigo.

En un país que en su pretendido ingreso al Primer Mundo se ha convertido en rehén del terrorismo, cualquier blanco —incluyendo el presidente de la Nación— puede ser el ideal: un shopping o un avión de pasajeros, una escuela o un hotel, una estación ferroviaria o el subterráneo. Cuando lo sepamos será demasiado tarde.

Más seguro que Oklahoma

Para tratar de entender lo ocurrido en Argentina es necesario acortar los 13.700 kilómetros de distancia física, mental y política que nos separan de Irán y los 12.200 que nos separan de Israel y del Líbano. A mediados de 1995 aparecieron los carteles en inglés dando a los turistas la bienvenida a Baalbek, una zona del valle de Bekaa en el Líbano, donde se encuentran las ruinas de los anfiteatros dedicados a los dioses romanos Júpiter y Baco. Los milicianos de Hezbollah colaboraron en la instalación de equipos de luz y sonido y es probable que en un tiempo no muy lejano se reinicien los festivales musicales anuales en esas ruinas donde hace más de 20 años actuaron Joan Baez y Ella Fitzgerald. Por lo pronto, los clérigos chiítas ya no se escandalizan ante la presencia de turistas en shorts que ahora pueden incluso tomarse una cerveza en el hotel Palmyra.

—"Baalbek es más seguro que Oklahoma", dice un miliciano de Hezbollah y tal vez tenga razón. En cada poste flamean banderas amarillas con un brazo que empuña un fusil de asalto. A pesar de que el emblema marca el territorio controlado por Hezbollah, son oficiales sirios —armados con ametralladoras— los que están a cargo de los puestos de control. También son sirias las baterías antiaéreas que, disimuladas en los alrededores de los pueblos, protegen a la población de las incursiones israelíes. "Hezbollah le da la bienvenida", reza un cartel en inglés destinado a los escasos turistas que se aventuran en la zona. Otra pintada proclama: "El mensaje de Hezbollah al mundo: el Islam resuelve todos los problemas". Sin embargo, justo a la entrada del pueblo hay un mural que muestra el puño armado golpeando las banderas de Israel y los EE.UU. con la leyenda "Israel debe ser eliminado".

A diferencia del resto de las milicias musulmanas o cristianas, Hezbollah no ha depuesto las armas desde que concluyó la cruenta guerra civil. Por el contrario, hostiga permanentemente a las tropas israelíes que ocupan el sur del Líbano y lanza cohetes katiushkas contra los asentamientos de colonos en el norte de Israel.

"Estamos bastante satisfechos con las pérdidas que le causamos a nuestro enemigo", declaró el jeque Subhi Tufaily, ex secretario general de Hezbollah en junio de 1995[2]. Pese a que Hezbollah es responsable de decenas de secuestros de extranjeros en el Líbano, el jeque Tufaily se empeña ahora en asegurar que su organización "nunca estuvo en contra del turismo o los turistas". El cambio de actitud de Hezbollah es el resultado del fin de la guerra civil libanesa, de la firma de acuerdos de paz de Israel con los palestinos y con Jordania y, principalmente, de la perspectiva de un acuerdo entre Siria e Israel.

Siria mantiene 40.000 soldados en el Líbano y ejerce un dominio absoluto sobre todas las decisiones en ese país. Por lo tanto un acuerdo sirio-israelí implicaría también un arreglo entre Israel y el Líbano y la consecuente acta de defunción de Hezbollah. Apoyado por los iraníes y anticipándose a un eventual desarme del grupo por parte de los sirios, el jeque Tufaily propuso trasladar el escenario de la lucha a otros terrenos. A modo de prueba piloto, la facción Ansar Allah que él encabeza, reivindicó el atentado contra la AMIA.

En la actualidad, Hezbollah —que es un paraguas de varios grupos y organizaciones—, se encuentra frente a una disyuntiva crucial: marginarse de sus bases populares creando células terroristas en distintas partes del mundo o incorporarse al curso general de la política en el Medio Oriente que se encamina hacia la paz. Es probable que una decisión definitiva en uno u otro sentido demore bastante. Sin embargo, por ahora, sólo hay que trasladarse un par de kilómetros dentro del Líbano para comprobar que se han redoblado los aprestos para llevar la Guerra Santa a otros puntos del planeta.

Los hombres de acción

Su nombre es Munir Makdah, pero todo el mundo lo conoce como "Abu Hassan" y es comandante de una base de entrenamiento de Hezbollah[3] donde, en julio de 1994, circularon los volantes en los que el grupo Ansar Allah del jeque Subhi Tufaily se adjudicaba la voladura de la sede de la AMIA. El carismático comandante Makdah atribuyó los panfletos a "elementos pro-Arafat que querían crear problemas"[4].

Responsable de Ein Al Hilwah, uno de los mayores campamentos palestinos ubicados al sur de la ciudad portuaria de Sidón, en el Líbano, Makdah, de 43 años, ocupó cargos jerárquicos en la Organización para la Liberación de Palestina (OLP), pero en 1993, cuando Yasser Arafat proclamó el adiós a las armas, se incorporó a Hezbollah y consiguió que Irán financiara sus operaciones[5].

En esa misma época, mediados de 1993, y por decisión iraní, la Jihad Islámica libanesa —que hasta entonces era el ala militar de Hezbollah— se transformó en una organización separada y supersecreta. Simultáneamente, Hezbollah pasó a ser un partido político con ocho bancas en el Parlamento libanés. Esta separación entre el ala política y militar fue una brillante operación de contrainteligencia para evitar la infiltración israelí: los tres o cuatro comandantes son anónimos y sólo responden al secretario general de Hezbollah, jeque Hassan Nasrallah. Estos *tabbishis* ("hombres de acción") tienen acceso casi ilimitado a los recursos humanos y materiales de la organización y no tienen necesidad de informar al Consejo Consultivo de Hezbollah ni al Buró Político [6].

Elogiando a sus nuevos benefactores, el comandante Munir Makdah afirma que "Irán es la alternativa porque levanta la bandera de liberar Jerusalén, mientras que Siria apoya políticamente a su organización llamada "Septiembre Negro 13"[7]. Se acaricia la frondosa barba con la estudiada intención de darle pausas dramáticas a su discurso, salpicado de comparaciones apocalípticas. "Si un par de maleantes y aficionados lograron estremecer al mundo con el atentado de Oklahoma, imagínense lo que podemos hacer nosotros con la motivación patriótica, la devoción islámica y la capacidad de maniobra de nuestros combatientes."[8]

Las bombas humanas

Los reclutas del comandante Munir Makdah son muchachos parcos y endurecidos por un entrenamiento implacable. Varios de ellos no superan los 16 años y ninguno los 28. De todos modos, ni uno solo festejará su próximo cumpleaños. Su futuro está grabado en los rostros como una escritura antigua y fosilizada. En la historia del Islam, el chiísmo ha sido el partido de los vencidos. Tanto la identidad del chiísmo como la de los reclutas se alimenta con la memoria de las sucesivas derrotas en las que el héroe es a la vez mártir. Los mueve la esperanza de que surgirá un líder capaz de revertir la historia y colocar a los de abajo, a las víctimas, a los oprimidos, en la vanguardia. Para muchos chiítas —tanto iraníes como libaneses— la esperanza de redención se resume en la mirada fulminante del ayatola Jomeini.

"Éstas son nuestras *bombas humanas*", dice con orgullo uno de los jefes de la escuela de pilotos suicidas contemplando los rostros imberbes y tostados en los que anida una secreta admiración por el martirologio.

Los reclutas reciben lecciones tácticas para emboscar tanques, semiorugas de transporte y otros tipos de vehículos usando cargas explosivas letales en los caminos y misiles antitanque Sagger. Pese al carácter universalista, cosmopolita y tolerante del Corán y del Islam, las interpretaciones rígidas, anacrónicas y tendenciosas que de estos textos sagrados hacen los fundamentalistas trastocan la palabra sagrada en instrumentos del odio. Los combatientes que integran la brigada aprenden, de boca de los clérigos, que, en la desigual batalla contra Israel, el suicidio es el arma más potente:

—Según el Islam, la muerte de los hombres no es su aniquilación. Con la muerte, el espíritu, que es imperecedero, se desata, corta sus lazos con el cuerpo para proseguir su existencia particular sin él. El Corán dice que "El ángel de la muerte al cual estáis confiados os recogerá y luego seréis conducidos hacia vuestro Señor" —sermonea uno de ellos.

—*¿Se debe advertir a la futura víctima?*

—Es preferible hacerlo, aunque la tradición nos dice que las advertencias no son obligatorias.

—*¿Está justificado el asesinato de un inocente?*

—No, pero hay dos clases de inocentes: los que no tienen ninguna relación con la futura víctima, que nunca deberían ser atacados, y los que de una u otra forma dependen de ella (su comitiva, su familia), que no deberían ser atacados si es posible evitarlo. Por ejemplo, la víctima que esté acompañada puede ser atacada por la noche, con la certeza de que es imposible distinguir claramente los blancos.

—*¿Se puede volver la espalda al enemigo?*

—Huir del campo de batalla y volver la espalda al enemigo implica que el fugitivo desestima una vida más preciosa y más querida que la vida en la sociedad. El Altísimo promete formalmente al desertor el suplicio del fuego. Dice el Corán: "Cualquiera que vuelva la espalda en ese día, a menos que se adjunte otro combate o se reúna a otra tropa, ése, desata la cólera de Dios; su refugio será la Gehena (el Fuego)[9]".

El éxito que desde hace varias décadas conocen las mezquitas en todo el mundo musulmán no se debe tanto a que en ellas se hable de Dios, sino más bien a que allí se utiliza un lenguaje que ha resistido la presión cultural del Norte. Para millones de musulmanes, el Irán de los ayatolas enarbola la bandera de una revancha histórica de todos los pueblos que padecieron el dominio colonial de Occidente.

Los clérigos chiítas han introducido en el terrorismo una nueva dimensión: la sacralización a través de la santidad. Esta doctrina posee raíces antiguas que la distinguen de las demás en tres puntos: como la guerra santa no puede tener otra meta que la victoria total y la conversión de la humanidad al Islam, rechaza cualquier concesión de orden político; santifica a todos los combatientes de la fe verdadera; y promete conceder la entrada al paraíso a quienes exterminen a los enemigos de Alá. Los pilotos suicidas van a la muerte con una sonrisa en los labios, una copia del Corán guardada cerca del corazón y una llave de plástico, que abrirá las puertas del paraíso, en el bolsillo del pantalón.

El paraíso de Mahoma se representa con imágenes de hermosas mujeres desnudas, fuentes de agua y refrescos helados que contrastan con la aridez de sus vidas. Según los relatos de los candidatos —incluyendo los palestinos de Hamas y la Jihad Islámica— los hombres-bomba creen ciegamente que la inmolación les abre las puertas a un goce sexual pleno en el paraíso. Una prueba de esta fantasía es el ritual de bañarse y afeitarse como si fueran a encontrarse con su prometida. Justamente, Bilal Fah, uno de los primeros "mártires", fue descripto como un "novio" que se "desposó" con la muerte.

Una explicación simplista —y tranquilizadora— sostiene que es la religión la que motoriza a los pilotos suicidas. Esto no es cierto. El profesor Ariel Merari, un especialista en terrorismo y psicología de la Universidad de Tel Aviv que estudió los casos de 33 pilotos suicidas libaneses, llegó a la conclusión de que sólo un tercio era religioso. Los restantes eran nacionalistas o seculares[10].

Contrariamente a la impresión que pretenden crear los chiítas y los grupos prosirios (que hasta 1986 fueron los únicos que perpetraban este tipo de ataques), la reserva de fanáticos dispuestos a suicidarse es limitada. En muchos casos los suicidas aparentes fueron realmente engañados por quienes los enviaron a cumplir sus misiones, haciéndoles creer que sobrevivirían a la operación. Son los mártires a control remoto.

De Beirut a Teherán

Además de las bases de entrenamiento existentes en el Líbano hay otras menos conocidas que están ubicadas en Irán. La inteligencia electrónica y las operaciones de infiltración son las principales fuentes de conocimiento sobre cada uno de esos sitios. En efecto, en Irán hay por lo menos tres campos de entrenamiento para extranjeros que están bajo la responsabilidad de las Brigadas Quds: las barracas de la Universidad Iman Alí, situadas al Norte de Teherán; el campamento Karandanje y el complejo Beit el Makades, ubicados cerca de la ciudad sagrada de Qom. Además, en base a un acuerdo establecido con Sudán, Irán financia por lo menos un campo de entrenamiento terrorista cerca de Jartum, desde donde apoya las insurrecciones islámicas en Egipto, Argelia, Túnez y Marruecos.

Desde una base llamada "Cuerpo 5.000", especializada en operaciones con explosivos y asesinatos políticos en el extranjero, partieron los comandos que perpetraron el atentado contra la embajada de Israel en Buenos Aires. Su centro de comando está ubicado en la calle de los Pashadran de Teherán, a corta distancia del Ministerio de Inteligencia.

No está claro si también pasaron por allí quienes atentaron contra la AMIA. Pero, si nada se hace para impedirlo, de allí puede salir el autor del tercer atentado en la Argentina. O tal vez ya lo hizo. No hay forma de saberlo: el 31 de mayo de 1994, la jefa de Certificaciones de la Dirección Nacional de Migraciones, María E. Plaza, admitió en una carta dirigida a un juzgado que su sistema computarizado "se halla virtualmente paralizado desde fines del año 1989 y que no será subsanado sino en un futuro mediato. (...) Este sistema produce registros alfabéticos y comprende los aeropuertos argentinos y los puertos de Buenos Aires y Tigre (...). En este estado de cosas resulta materialmente imposible determinar movimientos de viajeros sin el conocimiento previo de fecha exacta (día, mes y año), medio de transporte y paso fronterizo"[11].

Desde 1989 hasta la fecha cientos de ciudadanos sirios, libaneses, sauditas y paquistaníes compraron la ciudadanía argentina en provincias como Santiago del Estero, Chaco, Córdoba, Mendoza y Catamarca[12]. Tal vez sean menos famosos que Monzer y Ghassan Al Kassar o Ghaith Pharaon, pero algunos son igualmente peligrosos. Por ejemplo, Abboudi Kamel Rahman se presentó ante la justicia mendocina diciendo que era un ingeniero civil nacido en Jordania y obtuvo la radicación y la ciudadanía en tiempo récord. Resultó ser un traficante de armas de nacionalidad saudita, buscado por dos agencias de Inteligencia[13]. En agosto de 1995 el fiscal Federal de Córdoba, Carlos Torres procesó a cinco ciudadanos sirios —Samer Al-Sawaf, Hisam Jokhadar, Hiyan Al-Sawaf, Sarab Jabassini y Farida Hallak— que, con la complicidad de una escribana y de oficiales de la Policía Federal, habían tramitado la ciudadanía con títulos de propiedad falsos para justificar la existencia de inversiones productivas en la Argentina.

Es sólo una cuestión de tiempo y de selección del blanco apropiado. Llegará el día en que a uno de esos agentes durmientes se le asigne la misión de consumar el tercer atentado en el lejano país al que los clérigos iraníes irónicamente bautizaron como "la segunda Israel"[14]. Porque, así como el apodo del "Gran Satán" está inequívocamente reservado a los EE.UU., los militantes de Hezbollah en Beirut hablan con relativa familiaridad de "ese territorio de sionistas que se llama Argentina"[15]. Lo hacen sin odio ni énfasis, con la naturalidad y la resignación de virtuales voluntarios.

La religión vigila

Según el Corán, la religión vigila al hombre[16], pero para la contrainteligencia eso no basta: al ingresar al campamento, cada recluta recibió un block de notas para escribir la historia de su vida. Tuvo que consignar todos los detalles, hasta los más insignificantes: familia, parientes, contactos, amantes, escuela, trabajos, situación social, desde el nacimiento hasta el momento del reclutamiento.

Las fichas de ingreso narran historias típicas del Medio Oriente: deportaciones forzosas, bombardeos israelíes, familias enteras confinadas durante generaciones en los campamentos de refugiados de la Franja de Gaza o en el Sur del Líbano. En muchas familias chiitas libanesas, el primogénito que hoy ronda los 40 años ha sido comunista, luchó por el socialismo y la liberación de los oprimidos. El segundo hermano, diez años menor, se alistó en las filas de la milicia prosiria Amal para acabar con los privilegios de la minoría cristiana maronita enquistada en el poder. El hermano menor tiene 20 años y es combatiente de Hezbollah; cree que las fronteras del Líbano, como todas las fronteras, son artificios destinados a dividir la nación islámica. Con el arma de su fe, los musulmanes deben levantarse para abolir las fronteras y fundar una república islámica indistinta, sometida a una única ley: la coránica.

Las fichas de ingreso revelan también la existencia de una generación de jóvenes musulmanes que ha nacido y se ha educado en Estados Unidos, Francia, Alemania o Gran Bretaña, que habla esos idiomas a la perfección pero que ha abrazado el integrismo porque la falta de trabajo en la Europa impía y laica les ha cortado toda vía de integración social.

Otros extranjeros viajaron a Irán solamente para cursar estudios en la Universidad Melli, ubicada en Evin, cerca de Teherán. Allí fueron seleccionados por reclutadores profesionales ávidos de incorporar paraguayos, brasileños y mexicanos para expandir las redes locales en esos países. Según el capitán Hamid Zomorrod, desertor del ejército iraní, entre 1981 y 1985 han egresado de esos campos de entrenamiento unos 3.000 cuadros de las más diversas nacionalidades[17]. La cuota de argentinos ha sido satisfactoriamente cubierta. Un número importante viajó en los últimos años a Irán, becado por diversas organizaciones islámicas.

Patriotas y traidores

La crisis de las ideas, la derrota del socialismo y el desencanto con la posmodernidad han empujado a millones de jóvenes al fanatismo religioso. De allí, el camino hasta un campo de entrenamiento terrorista no es demasiado largo.

En el polígono de tiro los blancos no son latas, sino toscas siluetas de tamaño real de soldados con muecas en la cara y bayonetas caladas que llevan estampada una estrella de David para que no quepan dudas que son israelíes.

"Cada vez que oía que algún amigo había caído, mártir, la vida en Francia se me hacía insoportable. Me moría de ganas por unirme a mis camaradas que libran las batallas de la Jihad (Guerra Santa)", escribió un recluta francés. Ese primer documento constituye la base de la ficha personal de cada combatiente, y la información allí consignada será sistemáticamente controlada por la contrainteligencia y confrontada con cada nuevo dato que vaya apareciendo para evitar la infiltración del enemigo sionista.

En cada etapa del entrenamiento, los jefes machacan una serie de principios que modelan el pensamiento y la acción de los combatientes: disciplina, obediencia a la cadena de mandos, seguridad y confidencialidad, planificación e implementación, evaluación de las experiencias adquiridas y vida espartana.

Para merecer el privilegio de pertenecer a la organización, los reclutas deben reformar y purificar sus vidas: el alcohol, los cigarrillos, las drogas y las mujeres deben ser dejados de lado. Cada uno de estos principios es el tema central de una conferencia dictada por un cuadro militar o un clérigo chiíta.

Los combatientes jamás deben preguntar el nombre verdadero de ningún miembro de la organización o mencionar el propio; tienen que reportar a sus superiores cualquier cosa inusual, por trivial que pueda parecer. Porque, ¿quién es un patriota y quién puede ser un traidor? Nadie lo sabe a ciencia cierta. Por eso, la búsqueda no cesa. Los oficiales de contrainteligencia nunca descansan:

—¿*De dónde vienes?*
—De Turquía.
—¿*Eres palestino?*
—No.
—¿*De origen árabe?*
—Sí.
—¿*Algún miembro de tu familia trabaja para algún servicio de inteligencia?*
—No. Tengo dos tíos en los Estados Unidos pero hace muchos años que no mantengo contacto con ellos.
—¿*Y qué hay de ti? ¿Trabajas o has trabajado para algún servicio de Inteligencia?*
—No.
—¿*Estás seguro?*
—Sí, absolutamente.
—*Esto es cosa de vida o muerte. Recuerda que en Beirut fir-*

maste una declaración aceptando la pena de muerte si se descubre que tienes alguna conexión con un servicio de inteligencia. Quiero que cuentes nuevamente toda la historia de tu vida, pero quiero que esta vez escribas absolutamente todo lo que sepas sobre cada uno de los miembros de tu familia.

Hay razones para la desconfianza. La penetración del enemigo es frecuente en la actividad de inteligencia y una de las más decisivas en el contraterrorismo. Israel y los EE.UU. son los países que priorizan ese tipo de actividad y durante años han reclutado, principalmente en Europa y en forma masiva, estudiantes árabes norafricanos para infiltrar las diversas redes del terrorismo. Sin embargo, por su estructura cerrada, compuesta por clanes familiares, los grupos fundamentalistas chiítas son los de más difícil penetración.

En una escuela de inteligencia que la CIA y el Mossad manejan en Marruecos los agentes estudian las características particulares, la jerga, la ideología y la estructura de cada grupo. Luego son reimplantados en Europa con instrucciones de oficiar de carnada: frecuentar ciertos bares o instituciones, utilizar determinada jerga y esperar pacientemente la aproximación de los reclutadores.

Los chiítas saben que no sólo tienen que cuidarse de la infiltración israelí y norteamericana, sino que también la inteligencia siria, la saudita y la paquistaní plantan sus espías.

Las artes del espionaje y la infiltración quedaron en evidencia cuando el militante fundamentalista turco Mehmet Ali Bilici contó su historia. En una confesión filmada en video en 1994 en Estambul, el "arrepentido" Bilici describió el entrenamiento que recibió en un campamento terrorista iraní, cerca de la ciudad sagrada de Qom. Él y los otros reclutas siguieron cursos de instrucción militar básica, técnicas de inteligencia, comunicaciones cifradas, explosivos y operaciones encubiertas. Bilici recibió "órdenes directas" de los iraníes para realizar operaciones terroristas en Turquía. En un artículo publicado en la revista *Time*[18] bajo el título "La conexión Teherán", Bilici también admitió haber secuestrado a dos opositores al régimen de Teherán, a quienes entregó a los servicios de inteligencia iraníes (SAVAMA) y que luego fueron asesinados.

Misiones especiales

Si superan al agotador entrenamiento básico y sobreviven a las innumerables pruebas y trampas de la contrainteligencia, un puñado de combatientes será elegido para integrar las Misiones Especiales del Directorio de Inteligencia. La distancia que separa a un miliciano de un graduado en Misiones Especiales es abismal: no es lo mismo emboscar una patrulla israelí en el Sur del Líbano que perpetrar un atentado en Ottawa, Río de Janeiro, San Pablo, Johannesburgo o Buenos Aires.

Son unos pocos hombres jóvenes que generalmente llegan al campamento de noche y con los rostros cubiertos por pañuelos palestinos. Están alojados en un sector separado del resto de la base, protegido por una alambrada y guardias. Duermen en una hilera de tiendas individuales y no tienen permiso para intimar con ningún otro miembro del campamento.

El entrenamiento de este grupo de elite está a cargo del comandante de la base. Los cursos se adaptan a las necesidades específicas de cada misión. Reciben nociones básicas de inteligencia, aprenden a asumir identidades falsas y a actuar sin llamar la atención. Ensayan una y mil veces cómo chequear el lugar acordado para una cita, cómo realizar tareas de seguimiento y contraseguimiento, cómo enviar mensajes cifrados a la base.

Como la mayoría de las misiones serán en territorio extranjero, los instructores ponen mucho énfasis en la fotografía, el dibujo de planos y mapas y en la redacción de informes. Enseñan a armar, desarmar y disparar con pistola y ametralladora, limpiar las armas y embalarlas para que se puedan conservar enterradas y cómo localizar arsenales escondidos en países distantes. Una segunda prioridad es el traslado de armas y explosivos al extranjero, cómo obtenerlas localmente y cómo esconderlas. La tercera es la adquisición de documentos de identidad y pasaportes legítimos. Todo eso en sólo tres semanas.

Esforzándose por parecer tranquilo el día de su graduación, el recluta se enjugó la frente con el pañuelo y permaneció en silencio. Con un gesto estudiado, el comandante del campo acercó la débil luz amarillenta de la lámpara ennegrecida por las cagadas de moscas y clavó su mirada de halcón en el muchacho inmóvil.

—Estamos planeando mandarte al extranjero —dijo.
—Estoy preparado para cumplir...

El comandante se levantó de su silla y escrutó fijamente el horizonte, que empezaba a enrojecer.

—Déjame darte un ejemplo de una posible misión —continuó—. Podemos ordenarte que vayas al consulado argentino en Bruselas y pidas una visa. A cincuenta kilómetros de Buenos Aires, cerca de La Plata, hay muchos barrios marginales. Allí tendrás que buscar alguna anciana que necesite dinero. Le das 200 o 300 dólares. Te presentas con la mujer ante un juzgado para que diga que eres su hijo, que se reencontraron después de casi dos décadas de separación porque tu padre había emigrado de la Argentina. Cuando tengas todos tus papeles en regla, comunícate con nosotros y espera nuevas instrucciones.[19]

NOTAS

[1] *The Jerusalem Report*, "Menem: I Am a Target for Terror", 8-09-1994.

[2] *International Herald Tribune*, "Hezbollah trades terror for tourism", 20-06-1995.

[3] *Mideast Mirror*, 20-06-1994, citado por *Near East Report*, 27-08-1994.

[4] *The Jerusalem Report*, 8-09-1994, pág.6.

[5] *The New York Times*, 26-11-1994.

[6] *Foreign Report*, "Hizbullah splits its operation", 13-05-1993.

[7] *Mideast Mirror*, 20-06-1994, citado por *Near East Report*, 27-08-1994.

[8] *El País*, 30-05-1994.

[9] Corán: VII, 16

[10] Ariel Merari: "Disposición para matar y morir: terrorismo suicida en Oriente Medio", en *Orígenes del Terrorismo*, de Walter Reich, Ed. Pomares Corredor, Barcelona, 1992.

[11] Jorge Lanata y Joe Goldman, *Cortinas de humo*, Ed. Planeta, 1995

[12] *Clarín*, 10-06-1992 Una decena de sirios obtuvo cartas de ciudadanía en el juzgado federal de Catamarca entre 1989 y los primeros meses de 1992, en forma presuntamente irregular. Dichas ciudadanías se habrían otorgado en tiempo récord, incluyendo casos en que todo el trámite habría demorado menos de 10 días.

[13] *Clarín*, 18-05-1992.

[14] *Página/12*, 20-08-1994.

[15] Idem.

[16] Allama Sayed y Muhammad Hussein Tabatai: *Introducción al conocimiento del Islam*, Ed. Al Hoda, pág. 39.

[17] Taheri Amir: *Holy Terror*, Ed. Huchinson, Londres, 1987, págs. 98-99.

[18] *Time*: The Theran Connection, 21-03-1994, pág. 19.

[19] Patrick Seale: *Abu Nidal: A gun for hire*, Ed. Hutchinson, Londres, 1992, pág. 21. (La cita textual forma parte del testimonio del terrorista Hussein Jorde Abdallah adiestrado en un campamento de Abu Nidal en 1990; el libro fue publicado antes de los dos atentados en la Argentina.)

2. El último viaje de Mussawi

"Nosotros hacemos la guerra. Ellos asesinan", murmuró el primer ministro de Israel, Yitzhak Shamir después de firmar una extraña sentencia de muerte que, por cierto, no era la primera en sus 76 años de edad. Antes de volver a su mesa de trabajo, se acercó a la ventana y contempló nuevamente la fría mañana en Jerusalén. Ese domingo de enero de 1992, la ciudad comenzaba a despertarse después del feriado sabático. Jerusalén no es sólo la cuna de tres grandes religiones, sino también del fanatismo. En esas tierras donde predicaron Jesús, Mahoma y los profetas de Israel la historia no es pasado sino presente. Allí radica su magia y también su pecado.

A espaldas de Shamir había unos estantes repletos de enciclopedias y algunas fotos de dos etapas de su vida que lo habían marcado definitivamente: retratos de sus familiares exterminados en el Holocausto y varias fotografías de los tiempos heroicos de la clandestinidad. Uno de sus trofeos predilectos era la orden de captura emitida por los ingleses que aún hoy le impide ingresar a Gran Bretaña. Desde antes de la fundación del Estado de Israel, como líder del grupo terrorista Stern, había combatido contra los británicos y los árabes. Luego, como jefe de operaciones del Mossad en Europa —cargo que desempeñó hasta 1963—, este hombre menudo y adusto, de bigote recortado, dirigió una unidad encargada de eliminar a científicos nazis como Hans Kleinwachter, quienes —según reveló el diario *Haaretz*— colaboraban con el presidente egipcio Gamal Abdel Nasser en la producción de cohetes.

Al retornar a la vida civil, Shamir se dedicó a la distribución de películas francesas y trabajó en una fábrica de plástico, aunque nunca renunció del todo a la vida conspirativa. Por el contrario, siempre sostuvo que los años en el Mossad fueron los más felices de su vida. "Ni la política ni la función pública se comparan con ellos", decía. Por extraño que pueda parecer a sus críticos extranjeros, Yitzhak Shamir, el hombre que alguna vez fue más extremista que Menajem Begin, era considerado por muchos israelíes sólido, moderado, sensato, precavido y pragmático.

Shamir leyó una vez más el informe de Aman, el servicio de inteligencia del Ejército que llevaba el sello "*Sodi Beyoter*" (Muy Confidencial), interrumpiendo de vez en cuando la lectura para tomar un sorbo de té. Siria había jugado un papel clave en la negociación secreta conducida por un enviado de la ONU —Giandomenico Picco— para la liberación de una docena de rehenes occidentales en el Líbano y el embajador sirio había participado personalmente en la entrega de cada uno de los liberados. Los líderes de Hezbollah temían ser blancos de la venganza occidental después de que entregasen sus últimos prisioneros, advertía el informe. Sin embargo, ninguna de las rutinarias evaluaciones de las distintas ramas de los servicios secretos mencionaban a la Argentina entre los posibles blancos de represalia por la ejecución que Shamir estaba a punto de ordenar.

El nombre de Argentina jamás se le hubiera pasado por alto. Fue allí donde el Mossad, con la captura del jerarca nazi Adolf Eichmann en 1960, realizó una de las operaciones más brillantes de la inteligencia moderna. Pero tampoco hubiera podido imaginar que en ese país el Mossad sufriría su próxima gran derrota que, por otra parte, tampoco sería la última: exactamente un mes después de que se ejecutara la condena a muerte dictada por Shamir aquella mañana de enero de 1992, la embajada de Israel en Buenos Aires volaba en mil pedazos.

El Comité X

Hacía ya más de un año que el Secretario General de Hezbollah, jeque Abbas Mussawi, era uno de los nombres prioritarios en la ultrasecreta lista de condenas a muerte que el jefe del Mossad presenta periódicamente a la oficina del Primer Ministro. El gobierno, a su vez, había girado esa nómina al "Comité X", una estructura judicial tan secreta que ni siquiera la Suprema Corte de Justicia conocía de su existencia.

Creados en septiembre de 1972 por la premier Golda Meir y el general Moshe Dayan para planificar las represalias por la matanza de los atletas israelíes en las Olimpíadas de Munich, la existencia del "Comité X" y la unidad especial llamada *Kidon* (Bayoneta) fue mantenida en absoluto secreto —inclusive para otros ministros de los sucesivos gobiernos—, hasta que el periodista israelí Yoel Marcus reveló la historia en el diario *Haaretz*, en julio de 1986.

La unidad *Kidon* o Bayoneta estaba compuesta por tres equipos de 12 personas cada uno que, bajo el eufemismo de "largo brazo de la justicia", se ocuparon de "saldar cuentas" con más de una docena de palestinos personalmente implicados en la masacre de Munich. En 1973, las ejecuciones se suspendieron temporalmente cuando el comando asesinó a un marroquí que trabajaba como mozo en Noruega. Lo habían confundido con uno de los cerebros de la masacre olímpica, Alí Hassan Salameh, alias el Príncipe Rojo, que años después fue liquidado en Beirut.

Según el testimonio del ex agente del Mossad, Victor Ostrovsky en el libro *By way of deception*[1], el "Comité X", integrado por militares, personal de los servicios de inteligencia y del Poder Judicial, hace las veces de corte marcial y juzga en ausencia a los acusados de terrorismo. Las audiencias, similares a un tribunal, se llevan a cabo en distintos lugares para cada caso, generalmente en domicilios particulares.

Aunque el imputado —en este caso el líder de Hezbollah, jeque Abbas Mussawi— jamás lo supo, dos abogados —uno representando a la defensa y otro a la fiscalía— se encargaron de su caso. De nada valió el alegato de la defensa aduciendo que Mussawi era en realidad un elemento "moderado" dentro del fundamentalismo y que había jugado un papel clave en la liberación de los rehenes occidentales. La fiscalía hizo valer su argumento: el nuevo líder de Hezbollah recientemente había llamado a escalar la guerra contra lo que denominaba "el cáncer de Israel". Mussawi fue declarado culpable, lo que implicaba que el comité podía decidir "trasladarlo" a Israel para ser sometido a un juicio regular, o autorizar su ejecución en la primera oportunidad en que esto fuese factible.

Ninguna de estas opciones podía ponerse en marcha sin la autorización expresa del Primer Ministro. Algunos jefes de gobierno israelíes han firmado las órdenes de manera anticipada, otros prefieren conocer en detalle el momento y las circunstancias en que se llevará a cabo la operación para evaluar sus posibles consecuencias y repercusiones. En este caso, Shamir no vaciló en estampar su firma autorizando la ejecución de Mussawi.

El juego del gato y el ratón

El Secretario General de Hezbollah, jeque Abbas Mussawi, había recibido reiteradas advertencias sobre los riesgos que implicaban sus planes de viajar a Jibshit para la conmemoración del 16 de febrero: iba a estar al alcance de las miras israelíes. Pero Mussawi las había desestimado. Un hombre comprometido con la Jihad, es decir con la lucha hasta el límite de sus fuerzas, no iba a defraudar a sus fieles. Para él, la Guerra Santa también consistía en jugar al gato y al ratón con los israelíes.

A diferencia de otros clérigos, cuyas limusinas raras veces se aventuran más allá de Beirut o del valle del Bekaa, Mussawi había traspasado en varias oportunidades la llamada zona de seguridad, celosamente vigilada por Israel y el Ejército del Sur del Líbano. Consideraba que la Jihad era un deber primordial de todos los musulmanes, tan importante como las cinco oraciones cotidianas o el ayuno en el Ramadán.

"El que se sustraiga de ello es un pecador cuya fe en el Islam es dudosa. No es más que un hipócrita que no superará la prueba de la sinceridad", había dicho cientos de veces.

Precisamente en Jibshit, un pueblo de 12.000 habitantes ubicado en el extremo Sur del Líbano que constituía el último puesto de avanzada del fundamentalismo islámico, el 16 de febrero de 1984, había sido asesinado otro líder chiíta, y en 1989 los israelíes secuestraron al jeque Abdul Karim Obeid para canjearlo por tres soldados cautivos de Hezbollah. Bajo las órdenes de Yitzhak Rabin, que entonces ocupaba el cargo de ministro de Defensa, una unidad de reconocimiento del Estado Mayor del Ejército conocida como Sayeret Matkal, había construido una réplica del vecindario donde vivía Obeid para ensayar el secuestro hasta el cansancio. Cuando el plan estuvo a punto, Rabin lo expuso ante Shamir y sus once ministros.

Pese a una voz de disenso en el gabinete, Rabin consiguió la luz verde. Sin embargo, el plan se demoró porque algunas señales indicaban que Hezbollah podría querer negociar. Cuando esa posibilidad se desvaneció, Shamir volvió a darle vía libre a Rabin que fijó la fecha del 28 de julio para la operación.

El secuestro del jeque Abdul Karim Obeid, que es pariente del militar carapintada argentino Gustavo Breide Obeid, fue una clásica operación de los comandos israelíes. Aunque el rehén aún está en poder de sus captores israelíes, la euforia duró poco: en lugar de negociar, los secuestradores proiraníes asesinaron al rehén norteamericano William Higgins y además difundieron el video de su ejecución. El presidente estadounidense George Bush se puso furioso con su colega Yitzhak Shamir[2]. Hezbollah comenzó entonces a perfeccionar una táctica de represalias dirigidas ya no contra israelíes sino contra miembros o instituciones judías en la diáspora. El 3 de octubre de 1989 se llevó a cabo la primera operación de este tipo: un comando chiíta asesinó en Bruselas al ex secretario general de la comunidad judía en Bélgica, Josef Vibren.

Enseñanzas de un anciano

Desde el punto de vista iraní, Mussawi valía mucho más que Obeid. Había nacido en 1952 en el pueblo de al-Nabi Shet, mucho antes de que el valle de Bekaa cobrara renombre internacional como uno de los principales centros del tráfico de drogas. En aquella época, sus habitantes eran únicamente pastores y campesinos que vivían aislados del mundo y del Islam. Hasta 1968, cuando conoció a Sayyid Musa al-Sadr, un clérigo iraní que despertó el fervor chiíta en el Líbano, Mussawi sabía bastante poco de religión. Sin embargo ese encuentro significó un vuelco en su vida. Mussawi había recibido la llamada del Islam.

En 1982 se produjo otro gran cambio en la vida de Mussawi. Jomeini había tomado el poder en Irán y prometía extender la Revolución Islámica a todo el mundo. El ayatola, envió una dotación de Guardias Revolucionarios para rehacer el Líbano a imagen y semejanza de Irán. Mussawi recibió a los iraníes con los brazos abiertos y su Seminario Religioso se convirtió en su principal base de operaciones.

Allí, el futuro líder de Hezbollah recibió su primer curso de instrucción militar. La intensa carga mística que contenían sus enseñanzas comenzó a tener entonces otro tipo de resonancia: sus discípulos se convirtieron en bombas humanas que se detonaban a sí mismas junto a los enemigos del Islam. En octubre de 1983 el ataque de un conductor suicida contra el cuartel de los Marines en el Líbano cobró 241 muertos. Según los testimonios de algunos sobrevivientes, el adolescente que conducía el camión cargado con 1.200 kilogramos de explosivos había pasado el puesto de guardia con una sonrisa en los labios.

Los ecos de las explosiones dieron una nueva significación a la palabra Hezbollah y las mezquitas se vieron abarrotadas de jóvenes dispuestos a asumir la voluntad divina.

El rearme de un anciano

En virtud de su talento retórico y militar, Abbas Mussawi se convirtió en el comandante del Movimiento de la Jihad Islámica, el brazo armado de Hezbollah encargado de multiplicar la Guerra Santa a lo largo de toda la frontera Norte de Israel. "Nuestra meta no es la eliminación de la zona de seguridad israelí en el Sur del Líbano", afirmaba Mussawi. "Nuestra meta es la liquidación de todo Israel". Dos acciones suicidas contra soldados israelíes, una en marzo de 1985 con 12 muertos y otra en octubre de 1988 con otras ocho víctimas, hicieron que su nombre fuera incluido, sin mayores titubeos, en la lista de condenados a muerte.

El fin de la Guerra del Golfo modificó todo el tablero internacional. Irán realizó una doble jugada: inició un cauto acercamiento a Occidente, liberando a los rehenes secuestrados en el Líbano y, al mismo tiempo, rearmó a Hezbollah para obstaculizar la Conferencia de Paz sobre Medio Oriente. En este nuevo tablero Mussawi, íntimo amigo del presidente iraní Ali Akbar Rafsanjani, iba a jugar un papel clave.

En mayo de 1991 el Consejo Consultivo de Hezbollah lo premió nombrándolo Secretario General. Su promoción al máximo cargo significó un cambio radical en las prioridades de la organización: Mussawi reunía muchas características que lo convertían en la persona ideal para supervisar el rearme de Hezbollah.

A diferencia de otros clérigos, no había participado personalmente en los secuestros de occidentales, y esto le permitió actuar diligentemente a la hora de su liberación. También sacó partido de la ansiedad del presidente sirio Hafez Assad por congraciarse con Washington y consiguió que Damasco permitiera el libre desplazamiento de Hezbollah entre sus bases en el valle de Bekaa y la frontera con Israel, una zona dominada por su rival, la milicia prosiria Amal.

Durante la gestión de Mussawi, los ataques contra Israel se multiplicaron por diez. Simultáneamente con la liberación de cada rehén occidental se registraba la muerte de algún israelí; diez soldados israelíes murieron y 16 fueron heridos durante su mandato.

Para Mussawi el peligro no residía en la presencia ilegal de Israel en la llamada "zona de seguridad" en el Sur del Líbano, sino justamente en que a cambio de su retiro se firmara un acuerdo de paz definitivo entre Beirut y Tel-Aviv. La misión de Hezbollah consistía en obstaculizar cualquier posibilidad en ese sentido. Libraba una Guerra Santa contra la paz.

Quería que su hijo viera ondear la bandera amarilla del Partido de Dios en Jibshit, había dicho Mussawi antes de emprender junto con su esposa y el pequeño de cinco años aquel viaje que sería el último. Su exceso de confianza y una ciega fe religiosa hicieron que olvidara la Guerra Santa en la que estaba embarcado y que actuara como un político tradicional. Una década de prédica militante hizo que a los 39 años comenzara a sentirse invulnerable. A la salida del pueblo la caravana de vehículos fue atacada por una unidad israelí de helicópteros artillados.

"¿La mujer y el niño también?"

Fuentes de la inteligencia estadounidense, citadas por el semanario *Newsweek*, sugieren que el plan original israelí consistía en secuestrar a Mussawi y entregarlo a EE.UU. donde sería sometido a juicio por la muerte de varios rehenes occidentales, entre ellos el jefe de la estación de la CIA en Beirut, William Buckley. El *New York Times*, en cambio, reveló que EE.UU. solicitó a Israel que postergara la ejecución del líder chiíta hasta que concluyera la liberación de los rehenes occidentales.

La versión oficiosa israelí aduce que la tripulación del helicóptero Apache encargado de volar con un misil el vehículo que transportaba a la custodia del líder chiíta equivocó de blanco y acertó sobre el automóvil de Mussawi. Un segundo Apache tenía por misión aterrizar junto al vehículo del jefe de Hezbollah, una vez eliminada la custodia.

La captura de Mussawi probablemente hubiese sido un buen

golpe publicitario para Israel en circunstancias en que las relaciones entre Tel-Aviv y Washington pasaban por su momento más delicado; porque EE.UU. había suspendido las garantías crediticias para la construcción de nuevos asentamientos en los territorios ocupados. En cambio, el asesinato de Mussawi junto con su esposa y su hijo fue un gravísimo error político y militar.

Para un país como Israel, que sólo cuenta con dos minutos de preaviso en caso de un ataque aéreo que proceda del Norte, y con cinco cuando procede del Sur, la velocidad de reacción es cuestión de vida o muerte. De allí que el informe sobre el atentado contra Mussawi llegó casi instantáneamente al "Agujero", el centro neurálgico del mando militar de Israel, ubicado cincuenta metros bajo tierra entre las calles Leonardo da Vinci y Kaplan, en Tel-Aviv.

—¿La mujer y el niño también? —preguntó la operadora que estaba a cargo de las comunicaciones radiales.

—La mujer y el niño también, respondió con la voz entrecortada por la descarga estática de la radio el general Yitzhak Mordejai, comandante de la Región Norte que había recibido de sus superiores el permiso para matar a Mussawi. Sin embargo, las cintas de las comunicaciones radiales que permanecen resguardadas en el Agujero testimonian que poco antes de abrir fuego, los pilotos de los helicópteros advirtieron a su base sobre la imprevista presencia de la mujer y el niño en la caravana. Contrariamente a lo que marca el reglamento, el general Mordejai ordenó seguir adelante con la misión. ¿Acaso era Mussawi tan importante?

Cuando los helicópteros abrieron fuego contra la caravana de vehículos que partía de Jibshit y mataron a Mussawi, su esposa y su hijo Hussein de cinco años, Israel liberó un demonio aun más difícil de controlar que Mussawi. Moshe Arens, el ministro de Seguridad justificó la muerte de Mussawi como una de las formas legítimas que utiliza el Estado de Israel en su lucha antiterrorista. Sin embargo, los principales analistas militares criticaron esta acción que abriría una sangrienta etapa de venganzas por parte de organizaciones islámicas fundamentalistas, tanto dentro de Israel como en el extranjero, con un saldo desfavorable para los israelíes.

El general en el jardín de infantes

El asesinato del Secretario General de Hezbollah desató una feroz interna por la sucesión y desencadenó una miniguerra con Israel que cobró la vida de más de treinta personas. La suerte corrida por dos niños de cinco años —uno libanés y otro israelí— es un paradigma de la violencia cotidiana e irracional que, desde hace cuatro décadas, recorre el Medio Oriente: a diferencia de Hussein Mussawi, de cinco años, que murió junto a su padre y su madre cuando el convoy de Hezbollah fue atacado por los helicópteros artillados israelíes, Avia Elizada, de la misma edad, recibió una esquirla de obús katyushka en la cabeza cuando corría a buscar a su padre en un asentamiento en el Norte de Israel.

Días después, el general Mordejai, visitó el jardín de infantes de la chiquilla muerta y reflexionó allí sobre lo cruel e injusta que era la muerte de niños inocentes como Avia.

"¿Pero si es así, por qué mató al hijo de Mussawi?", preguntó uno de los niños, prematuramente acostumbrado a los refugios antiaéreos y los disparos de mortero.

Ante la lógica implacable de aquella pregunta, el general Mordejai intentó encontrar palabras para explicar a los niños lo que eran "razones de inteligencia operativa", pero repentinamente enmudeció. Se sintió trasladado en el tiempo y el espacio a otra escena. Aquella en la que, en julio de 1985, una comisión investigadora del gobierno lo declaró culpable por el asesinato de dos terroristas que habían secuestrado un autobús en Gaza. Como jefe del operativo de rescate, Mordejai no pudo explicar por qué los secuestradores aparecieron muertos a culatazos después de que la prensa los fotografió con vida y desarmados.

También frente a aquel Consejo de Guerra, había justificado su acción invocando "razones de inteligencia operativa". El tribunal militar absolvió al general Yitzhak Mordejai de todos los cargos pero los compañeros de Avia no lo hicieron. Pese a ello, en la actualidad el general retirado se postula para una banca parlamentaria en las elecciones de 1996 por el ultraderechista partido Likud.

La muerte de Abbas Mussawi, y particularmente la de su esposa y su hijo constituyeron una brutal trasgresión de las reglas de un juego siniestro que libran a diario estos dos enemigos jurados. Una vez más, Israel había hablado el idioma de sus adversarios: las leyes de la guerra se habían vuelto "*Kalam fadi*", que en árabe significa "palabras sin valor".

NOTAS

[1] Victor Ostrovsky y Claire Hoy: *By way of deception*, St. Martin Press, Nueva York, 1990.
[2] *The Sunday Times*, 06-08-1989.

3. Luz verde en Teherán

"Llegó la hora de deshojar la margarita", dijo cuando terminó de leer la treintena de informes redactados por los *supervisores*, que incluían fotografías y planos de remotas regiones. Apiló en un extremo de su escritorio los materiales de acuerdo con el criterio intuitivo que había ido forjando a lo largo de diez años de experiencia. Después desplegó un planisferio en el que estaban prolijamente señalados treinta y dos blancos potenciales. Tenía que seleccionar uno donde vengar las muertes del jeque Abbas Mussawi, su esposa y su hijo. A esto Imad Mughniyeh, jefe de la rama de Hezbollah denominada *Aparato Especial de Seguridad* (SSA), llamaba "deshojar la margarita". Con el índice recorrió en segundos la superficie del planeta y, en su periplo, hizo escalas técnicas en Tailandia, Suecia, Panamá, Argentina... La yema del dedo cobró el poder cortante del bisturí: su elección iba a determinar la vida o la muerte de decenas, tal vez hasta cientos de personas en algún lugar del mundo. "Quiero un golpe limpio, quirúrgico", dijo Mughniyeh, utilizando términos médicos, para tratar de convertir en respetable lo repudiable. Mughniyeh sabe que estas consideraciones morales importan poco a quienes van a llevar a cabo los atentados: son profesionales para los que la teología nada significa.

A diferencia de los profesionales que no piden ni dan explicaciones, los clérigos chiítas recurren a complicados malabarismos teológicos cada vez que se ven obligados a justificar los actos suicidas, expresamente prohibidos por el Corán. Aducen que no se trata de suicidas sino de fieles que se transforman en bombas vivientes, de la misma manera que otros luchan con las armas en la mano.

Son extraños los caminos que conducen a un hombre al terrorismo. Imad Fayez Mughniyeh, apodado "Carlos, el iraní", de 35 años, nacido en el sur del Líbano, fue guardaespaldas de Yasser Arafat, miembro de Al-Fatah y de la Fuerza Especial N° 17, y se unió a Hezbollah en 1982. Su nombre se convirtió en algo más que una preocupación el 23 de octubre de 1983, cuando los servicios de seguridad occidentales lo responsabilizaron por los atentados kamikazes contra los puestos de mando norteamericano y francés en Beirut. Luego, se esforzó en hacer fracasar el canje de armas por rehenes con que la administración Reagan y el coronel Oliver North intentaron —con la complicidad de Israel— comprar la voluntad iraní: pese a que Estados Unidos entregó los misiles que luego Irán habría de utilizar en la guerra contra Irak, Mughniyeh no liberó a William Buckley, jefe de la estación de la CIA en Beirut y amigo personal de Reagan, que su grupo mantenía secuestrado.

Según las investigaciones del periodista de la cadena *Uno* de la TV francesa Philippe Madelin, Mughniyeh desembarcó en París el 10 de noviembre de 1985 en un vuelo procedente de Beirut y a su llegada presentó un pasaporte con el número 623298. Los franceses, que habían recibido un pedido de búsqueda y captura emitido por la embajada estadounidense y que sabían que viajaba con documentación falsa, lo siguieron, lo fotografiaron, pero —acatando instrucciones de la Cancillería— no lo detuvieron. La única explicación posible es que Mughniyeh había viajado a París para discutir la suerte de los rehenes franceses con interlocutores del gobierno[1]. Algunos días después, el 18 de diciembre, los secuestradores hicieron saber que los cautivos gozaban de buena salud. Era una manera de confirmar que seguían en poder de Imad Mughniyeh.

Dice la leyenda que Mughniyeh se inició en la industria del secuestro de rehenes occidentales para lograr la liberación de su cuñado Mustafa Badreddin, detenido desde 1985 en Kuwait por secuestrar un avión de la TWA. Badreddin, un experto en explosivos entrenado en Siria fue liberado por los iraquíes cuando Saddam Hussein invadió Kuwait en agosto de 1990[2].

Operaciones especiales

La División de Operaciones Especiales del Aparato Especial de Seguridad de Hezbollah está compuesta por un número no mayor de 25 "especialistas", todos chiítas que recibieron un prolongado entrenamieto en Irán. De acuerdo a los procedimientos de la organización, un ataque requiere la coordinación de distintos aspectos:

a) El agente "residente" o la célula local que, desde mucho tiempo antes, se ocupa de preparar los depósitos de armas y explosivos; consigue un taller mecánico o un galpón para armar el coche-bomba; realiza el reconocimiento preliminar del blanco; y provee la información de inteligencia que permita planificar la operación.

b) El "supervisor", quien viaja al lugar en el momento apropiado, examina el blanco en detalle, efectúa un estudio de factibilidad y luego retorna a la base de operaciones para consultar con la comandancia.

c) En esta fase se activa el tercer componente de la operación: el "comando operativo", cuyos miembros han estado ocultos durante largo tiempo en casas de seguridad en países vecinos. Este grupo está integrado generalmente por tres miembros —un especialista en demolición, un mecánico que arma el coche, y un experto en electrónica y comunicación— y un jefe, cuya misión es resolver todos los detalles prácticos de la operación: cuándo será ejecutada y qué función cumplirá cada uno. Cada integrante del comando conoce solamente los nombres en clave de los otros miembros y no sabe bajo qué identidad viajan. Llegan separadamente al país y establecen contacto con el supervisor, quien les asigna el lugar de residencia. Ninguno de ellos conoce al agente residente ni tampoco el escondite de las armas y la infraestructura local. El "supervisor" tampoco conoce al residente; su único contacto se realiza a través de un "intermediario".

d) El "intermediario" generalmente es un cuadro con cierto rango, cuya sola tarea puede ser la compra del vehículo o el traslado de los explosivos desde los escondites —controlados por el agente residente— hasta las manos del supervisor. En algunos casos, el intermediario tampoco conoce al residente; simplemente, recoge las armas en un lugar de entrega predeterminado. Su función termina en el instante en que se concreta el traspaso, y debe abandonar el país inmediatamente para proteger el arsenal, el vehículo y sus custodios.

e) El "piloto" puede ser suicida o no. En algunos casos no se trata de genuinos voluntarios para la autoinmolación sino de mártires a control remoto enviados a cumplir sus misiones bajo el engaño de que serán sólo intermediarios o que sobrevivirán a la operación. Por lo general se prefiere a ciudadanos nativos, porque permiten evitar posibles rastros en caso de que sean atrapados. Si la operación falla y el equipo es detenido, la policía no podrá llegar al residente, ni al arsenal y menos aún a los autores intelectuales. Si la operación se desarrolla sin tropiezos y el equipo se retira de acuerdo con planes preestablecidos, el supervisor debe depositar el arsenal sobrante en otro escondite, de donde será recuperado por el residente y escondido para su uso futuro.

Las tres fronteras

Mughniyeh repasó todos los datos del informe y constató que su gente había hecho un buen trabajo organizando los círculos libaneses y palestinos en la triple frontera entre Argentina, Brasil y Paraguay. En escasos seis meses, contando a partir del inicio de la Conferencia de Paz sobre el Medio Oriente que se había inaugurado en Madrid en octubre de 1991, Mughniyeh había cumplido la orden de la inteligencia iraní de suministrar "la mejor localización geográfica posible para tres comandos con infraestructura local suficiente como para perpetrar un atentado en algún lugar del mundo". Tenía un segundo comando en Canadá, cerca de la frontera con EE.UU. y el tercero en Europa, pero "el triángulo del menisco" —así llamaba a Ciudad del Este, en la triple frontera— estaba demostrando que verdaderamente podía ser el punto de articulación del chiísmo en el continente americano.

"Los belgas", una pareja de "supervisores" de Hezbollah que realizaron algunas de las numerosas misiones de reconocimiento en Buenos Aires, describían la Argentina como un país donde los funcionarios y efectivos de seguridad "despejan el camino a cualquiera a cambio de una buena tajada" y señalaban las vastas fronteras, la profusión de vuelos y vías de comunicación internacionales y la absoluta falta de control aduanero y de pasaportes. "En la zona de frontera, un pasaporte de cualquiera de las tres nacionalidades se compra por 1.500 dólares. Los explosivos son relativamente fáciles de conseguir porque existe un mercado negro que depende de las fábricas militares", señalaban sus informes.

Para Hezbollah, la expansión a nivel mundial constituía el mejor —si no el único— reaseguro de que la organización sobreviviría aunque su milicia en el Líbano fuese desmantelada en el caso de que Israel y Siria llegasen a un acuerdo de paz. Irán, por su parte, nunca ocultó su ambición de propagar la revolución islámica a todos los rincones de la Tierra, incluyendo la Argentina: un informe confidencial redactado por un influyente parlamentario iraní indicaba que la Argentina "presentaba un campo tan propicio como Argelia para propagar el fundamentalismo". Esa conclusión —que no resistía el menor análisis— se basaba en algunas observaciones correctas, aunque muy parciales: un sector del peronismo ultraortodoxo que tradicionalmente había tenido fuertes lazos con los países árabes sufría un fuerte desencanto con el menemismo.

"Menem traicionó sus orígenes"

Según los partes de la embajada iraní a su Cancillería, la Guerra del Golfo y la doctrina del alineamiento automático con EE.UU. e Israel habían suscitado profundas divergencias en la Argentina. El todopoderoso mensaje del Islam había generado un promisorio despertar político-religioso entre destacados miembros de la añosa comunidad árabe. En agosto de 1990 el asesor presidencial y diputado provincial Alberto Samid, que disponía de un despacho en la Casa Rosada desde el primer día de la gestión de Menem, anunció que donaría 140 toneladas de carne para Irak, violando el decreto 1560, por el cual Argentina se había sumado al bloqueo impuesto por la ONU. Samid, que es dueño de varios frigoríficos, una curtiembre y fábricas de camperas y aspiraba a ser gobernador de la provincia, fue despedido del cargo de asesor y separado del bloque justicialista de la Cámara de Diputados por decisión unánime.

"Soy árabe y pienso que si tuve que dejar un lugar que me daba lustre y brillo por una causa noble, está bien hecho", dijo Samid a la revista *Somos*. En la misma entrevista agregó: "Carlos Menem también es árabe. Traicionó sus orígenes. Es como un judío que de pronto se vuelve nazi. Pero no me sorprende. Él suele hacerse amigo de sus peores enemigos".[3]

Aunque Carlos Menem sólo admite que le teme a Dios y a Zulema, la rebeldía de este operador disciplinado que muchas veces había sido el encargado de gritar lo que él mismo no podía decir, inquietaba a Menem porque —según reconoció un miembro del entorno presidencial— "Alberto es capaz de pegar sin medida".

El 3 de octubre Samid abordó en Ezeiza un vuelo de Lufthansa que lo llevaría a Bagdad vía Frankfurt. Antes de desaparecer en la manga del avión que lo condujo a su asiento en primera clase, Samid declaró: "Los árabes tal vez no puedan ganar la guerra. Pero la guerra de guerrillas, del terrorismo, la van a seguir cien años. Sé cómo actúan: mandan un solo tipo que en dos minutos pone cinco bombas en cualquier lado. Voy a tratar de evitar que eso ocurra en nuestro país"[4]. Además de "pegar sin medida", Samid demostró poseer una buena dosis de clarividencia.

Fundamentalismo en el Once

El Islam no es una religión monolítica y no hay que confundirla con el fundamentalismo islámico: hay 935 millones de creyentes musulmanes en el mundo y sólo una minoría suscribe las tesis de los fanáticos. Todos los fundamentalismos basan gran parte de su mística en el carisma de un líder. Si éste a veces no se presenta abiertamente, porque la clandestinidad lo obliga a permanecer oculto, la función aglutinadora de la masa puede también asumirla un símbolo, una bandera o una consigna. Un rostro enérgico, una manera de vestir que lo distinga de los demás, un estilo propio que comunique firmeza en las convicciones, son rasgos que para dirigir un grupo de este tipo pueden ser decisivos. El líder tiene un contacto privilegiado con el fundamento. Es pontífice, profeta, oráculo, medium, él no duda ni puede dudar, sabe lo que hay que hacer y lo dice.

"Israel debe desaparecer de la faz de la Tierra", dijo el clérigo iraní Moshen Rabbani durante un acto organizado por los Hermanos Musulmanes en el primer piso de la confitería El Molino el 11 de abril de 1991. Pese a que los Hermanos Musulmanes habían empapelado parte de la Capital Federal con afiches convocando al acto, en el salón no había más de 150 personas, entre ellas siete mujeres vestidas con chador y un nutrido grupo de comerciantes y fabricantes textiles que tienen sus negocios en Once. El periodista Jorge Hasper —uno de los asistentes al acto— recuerda que el salón estaba adornado con inmensos retratos del ayatola Jomeini, una bandera de guerra argentina y una iraní[5]. Rabbani —que aún no poseía status diplomático— no sólo habló de la desaparición de Israel, sino que además proclamó a Jaled el Istambulli, el soldado que en nombre de la organización fundamentalista egipcia de los Hermanos Musulmanes asesinó a Anwar Saddat, como la figura que debía inspirar el camino de la comunidad nucleada en torno a la mezquita al-Tahuid de Floresta, que cuenta con unos 700 fieles. "Irán, a través de Hezbollah, está haciendo su aporte a la revolución islámica mundial y al pueblo palestino", dijo Rabbani conquistando los aplausos de la plana mayor del cuerpo diplomático iraní, del historiador peronista Fermín Chávez, de Héctor Villalón, un extraño personaje del peronismo con estrechos vínculos en los círculos del poder en Teherán y de un grupo de ex Montoneros que combatieron en el Líbano y desde entonces han mantenido sus vinculaciones con el chiísmo.

El engaño y la guerra

Tanto en Teherán como en Beirut la Argentina era considerada un país extraño, lleno de judíos y con un presidente que a la vez es un descendiente y un traidor de la causa árabe. Pero lo más llamativo era la denominación que figuraba en los correos reservados de la Cancillería y la inteligencia iraní donde se calificaba a la Argentina como "la segunda Israel" porque "es un territorio de sionistas". Coincidiendo con la Conferencia de Paz sobre Medio Oriente que sesionó en Madrid, Irán fue anfitrión de la "Conferencia Internacional de Apoyo a la Revolución Islámica del Pueblo Palestino"[6] que se reunió en Teherán para unificar a los diversos grupos opuestos a toda forma de negociación con Israel[7]. Durante ese cónclave de rechazo participaron representantes de Hezbollah, Hamas, la Jihad Islámica Palestina, el Frente para la Liberación de Palestina-Comando General (PFLP-GC) de Ahmed Jibril, Abu Nidal y Abu Mussa junto a invitados de "Argelia, Estados Unidos, Gran Bretaña, Indonesia, Filipinas, Etiopía y Suiza[8]".

Un año después, en octubre de 1992, como una muestra de la creciente colaboración entre el Hezbollah libanés y el grupo palestino Hamas, el gobierno iraní decidió la apertura de una "embajada" de Hamas en Teherán para coordinar sus actividades con la Jihad Islámica, el aparato militar de Hezbollah[9]. Musa Abu Marzuk, el jefe de la rama política de Hamas que residía en los EE.UU., condujo las negociaciones con los iraníes. Lo acompañaba Ibrahim Ghasha, el vocero de Hamas en Jordania. Dos meses más tarde, en diciembre de 1992, una segunda delegación "política y militar" de Hamas visitó Teherán y "estableció una serie de acuerdos de cooperación política y militar con Irán y con el jeque Hassan Nasrallah, secretario general de Hezbollah".[10]

"Por medio del engaño harás la guerra", reza el lema del Mossad. Mughniyeh había preparado una maniobra de diversión para engañar al reputado servicio de inteligencia israelí: el 1° de marzo tres ciudadanos turcos miembros de Hezbollah fueron detenidos en Estambul tras arrojar contra la sinagoga Neve Shalom de Estambul dos granadas de mano que hirieron a un transeúnte[11]. El 7 de marzo la Jihad Islámica asesinó a un agente de seguridad de la embajada israelí en Ankara[12]. Bastaron 40 segundos para fijar con cinta adhesiva una bomba del tamaño de una taza común en el tanque de nafta del automóvil del desdichado. Fue un truco excelente. Con estos dos atentados el Mossad creyó que la muerte de Mussawi había sido vengada y bajó la guardia. Además, el 7 de marzo comenzaba el mes del Ramadán, un período de 30 días de abstinencia, plegarias y ayuno diurno en el que se conmemora la revelación del Corán a Mahoma. El Mossad se confió en que los fundamentalistas no atacarían en Ramadán, pero para Hezbollah la venganza estaba por encima de la abstinencia.

Los servicios secretos israelíes cometieron un gravísimo error al no prever la posibilidad de un ataque en ese remoto lugar del planeta llamado Buenos Aires. Pese a que Jerusalén y Washington habían emitido alertas generales sobre posibles represalias chiítas por la muerte de Mussawi, la seguridad de la embajada —relajada por una refacción que se llevaba a cabo en el edificio— no fue reforzada. Sin embargo, el principal equívoco israelí no fue en materia de seguridad local, sino de inteligencia internacional.

Los comandos chiítas realizaron parte de las tareas de reconocimiento desde un departamento ubicado en diagonal a la sede diplomática. Cuatro supuestos paquistaníes estudiaron desde allí, durante meses, todos los movimientos de la embajada y de toda la zona. Las cámaras de vigilancia, la entrada y salida del personal administrativo y diplomático, los horarios de los cambios de guardia, el tráfico. La experiencia les había enseñado que cada detalle —por insignificante que pareciera— contribuía a encontrar los puntos vulnerables en la seguridad. Así se determinó que una camioneta despertaba menos sospechas en la guardia que un automóvil.

Con pulcra caligrafía Imad Mughniyeh fue añadiendo anotación tras anotación al cada vez más extenso *dossier* de Argentina. Levantó la mirada del informe que tenía entre sus manos y clavó la vista en una de las paredes de la oficina. Un almanaque de Hezbollah marcaba desde allí el año 1371 del calendario iraní que exaltaba el sacrificio y la entrega de los mártires del mes. Vio el inconfundible emblema de Hezbollah, un globo terráqueo en azul y rojo con un puño en alto que sostiene un fusil Kalashnikov. Sobre el arma se apoya un versículo del Corán que dice "Loa al Partido de Dios, ellos son los victoriosos"[13]. En la caligrafía árabe, la letra "B" de la palabra "Hizb" tiene la forma del púlpito donde se lee el Corán. La letra "A" de la palabra "Allah"(Dios) es el brazo que sostiene el fusil.

"La venganza vendrá durante Ramadán. Que sea el 17, en la fecha exacta en que se cumple un mes de la muerte de Abbas Mussawi. Los sionistas entenderán el mensaje", dijo Imad Mughniyeh. Ahora este personaje, a quien todos los servicios de inteligencia occidentales sindican como el cerebro de las operaciones terroristas de Hezbollah, debía conseguir la aprobación definitiva del Consejo Consultivo de Hezbollah y del Consejo Supremo de Seguridad Nacional de Irán. Ninguna acción en el extranjero se lleva a cabo sin el visto bueno de esas dos instancias. La operación entraba en su fase final.

Bendición en Teherán

El 2 de marzo de 1992 la prensa iraní y la libanesa reportaron que el sucesor de Mussawi como nuevo Secretario General de Hezbollah, jeque Hassan Nasrallah, declaró en Teherán que "para nosotros el Gran Satán siguen siendo los EE.UU. por cuya destrucción abogamos"[14]. Al día siguiente, el 3 de marzo de 1992 Nasrallah mantuvo conversaciones con el presidente iraní Ali Akbar Rafsanjani, representante del ala moderada del gobierno, con el ex ministro del Interior Ali Akbar Mohtashemi, considerado "el padrino" de Hezbollah por sus posiciones extremistas, y con el general Vahidi, jefe de los Guardias Revolucionarios. Mientras Rafsanjani recalcó la necesidad de que la organización centrara sus acciones contra Israel en el Líbano, Mohtashemi alentó a escalar la lucha armada no sólo contra Israel, sino también contra los EE.UU., de acuerdo a lo estipulado en un nuevo plan operativo destinado "a convertir el mundo en un infierno para los EE.UU., Israel y Occidente", según publicó el semanario libanés *Al-Watan Al Arabi* (*La Nación Árabe*)[15].

La discusión de estas dos estrategias continuó unos días

después durante una reunión que mantuvo en Teherán el Consejo Consultivo de Hezbollah —o *Shura*— para discutir la represalia por la muerte de Mussawi. Los doce miembros de la *Shura* —representantes de los clanes que gobiernan el sur del Líbano—, entre los que se cuentan el jeque Hussein Mussawi —hermano del asesinado y cabeza del Clan Mussawi—, Imad Mughniyeh y el jeque Mohamed Yazbik, discutieron las alternativas con el subsecretario general Naim Qasemm, bajo la presidencia del jeque Hassan Nasrallah. Allí se aceptó la doctrina de Mohtashemi y se dio la bendición para el primer atentado en Buenos Aires.

Ahora sólo faltaba obtener la bendición del Consejo Supremo de Seguridad Nacional de Irán que debe aprobar todas las operaciones llevadas a cabo en el exterior. En la noche del 14 de marzo de 1992, 72 horas antes de que la Embajada de Israel en Buenos Aires volara en mil pedazos, el Consejo se reunió en la capital iraní. El Consejo Supremo de Seguridad Nacional de Irán está integrado por el presidente Ali Akbar Rafsanjani, el canciller Ali Akbar Velayati, el ayatolla Ali Jamenei —sucesor espiritual de Jomeini—, el ministro de inteligencia Ali Fallahiyan, y el vicepresidente del Parlamento iraní, Hassan Rouhani. En su carácter de secretario del Consejo, Rouhani ha declarado al diario iraní *Ettela'at* que su país "no dudaría en destrozar la actividad de grupos contrarrevolucionarios en el exterior".

El color de los turbantes

En el Consejo de Seguridad Nacional, como en el resto de la política iraní, todo se sigue jugando entre turbantes: el blanco del presidente Rafsanjani y el negro del ayatola Ali Jamenei, el guía espiritual de Irán y guardián de las esencias del jomeinismo. Las luchas de clanes no llevan a ninguno de ellos a poner en cuestión el poder que todos comparten. Sin embargo, los clérigos chiítas, encabezados por Ali Jamenei desarrollan una impiadosa batalla contra Rafsanjani, a quien consideran "un pragmático" demasiado blando con Occidente y no dudan en utilizar las redes terroristas de Hezbollah en el Líbano con el doble fin de desestabilizarlo y propagar —con las bombas— la Revolución Islámica.

El presidente Rafsanjani combina el pragmatismo con una cierta autoridad religiosa para poder enfrentar al ayatola Ali Jamenei y puede por lo tanto arriesgarse a la reforma económica y la apertura diplomática hacia Occidente. Según la Constitución iraní, Rafsanjani, que es un alto clérigo aunque no un ayatola, no puede postularse nuevamente cuando expire su segundo mandato en 1997. Entre sus más probables sucesores se cuentan el alcalde de Teherán, Gholam Hossein Karbashi; el canciller Ali

Akbar Velayati, apoyado por los sectores más aperturistas; el clérigo Ali Akbar Nategh Nouri, que se desempeña como presidente del Parlamento; y Hassan Rouhani, vicepresidente del Parlamento y secretario del poderoso Consejo Supremo de Seguridad Nacional. Numerosos diplomáticos en Teherán predicen que independientemente de que la elección recaiga en Nategh Nouri, en Gholam Hossein Karbashi o en Ali Akbar Velayati, el sucesor de Rafsanjani puede ser aun más cerrado y más hostil hacia Occidente.

Rafsanjani no sonríe

Esgrimiendo una críptica sonrisa de autodefensa con la que permanentemente parece estar pidiendo disculpas, el presidente Rafsanjani, se mantuvo en silencio a lo largo de toda la sesión del Consejo Supremo de Seguridad Nacional. En julio de 1989, un par de semanas después de la muerte del ayatola Jomeini, "el nuevo rostro de la revolución islámica" fue criticado por "sonreír demasiado" y desde entonces ha mantenido esa mueca indescifrable en los labios. Rafsanjani es un sobreviviente que se las ha arreglado para avanzar en el campo minado de la política iraní. En junio de 1981 se salvó por milagro en un atentado explosivo en el que murieron media docena de ministros y el ayatola Behesti, la figura política más influyente en la revolucón islámica, después de Jomeini. En 1986 sobrevivió a las consecuencias del escándalo Irán-Contras, que demostró que Teherán estaba negociando bajo cuerda con el mismo país al que llamaba "el gran Satán". En 1988 cuando se desempeñaba como comandante en jefe de las Fuerzas Armadas, Rafsanjani consiguió convencer a Jomeini de que pusiera fin a la guerra con Irak abandonando la precondición de que Saddam Hussein se retirara del poder.

El canciller Ali Akbar Velayati, que carece de peso propio en el gobierno, explicó que a partir de la Guerra del Golfo la Argentina se había alineado incondicionalmente con el Gran Satán y con el pequeño Satán y había cancelado unilateralmente un embarque de maquinarias y herramientas fabricadas por la empresa INVAP (Investigaciones Aplicadas) de Bariloche y destinados a la Atomic Energy Organization of Iran (AEOI). El embarque debió remitirse el 13 de diciembre de 1991 a bordo del buque Fathulkair, pero debido a la presión que estaban ejerciendo funcionarios norteamericanos, se dispuso enviar la carga el 25 de ese mes en la nave Ibn-Tufail, que operaba con la empresa naviera United Shipping Co. En represalia por el incumplimiento argentino, Irán amenazó con reducir las importaciones de granos argentinos de 600 a 300 millones de dólares en 1992.

"En ese antro se habla demasiado, se promete demasiado y

se confraterniza demasiado con el enemigo", dijo el ministro de Inteligencia Ali Fallahiyan y agregó: "Quienes intriguen contra los musulmanes serán considerados enemigos"[16]. Durante los primeros años de la revolución iniciada por el ayatola Jomeini en 1979, Ali Fallahiyan, miembro de una familia religiosa proveniente de la ciudad de Qom, se ganó el apodo de "juez de la horca". Más tarde, desde 1988, cuando se hizo cargo del Ministerio de Inteligencia y Seguridad iraní (VEVAK), el clérigo ha sido responsable de dos docenas de atentados cometidos contra disidentes políticos en distintas partes del mundo con apoyo logístico y cobertura proporcionados por la Cancillería, el Ministerio de Comunicaciones y la cadena estatal de televisión (IRIB).

El castigo y los emisarios

Los atentados son llevados a cabo por la brigada Quds (Jerusalén), que es una rama especial de los Guardias de la Revolución y está dirigida por el general Ahmad Vahidi. El juez de instrucción suizo Roland Chatelain, que tuvo a su cargo la investigación del asesinato del opositor iraní Kazem Rajavi, establece una clara diferencia entre "los mercenarios enviados por el régimen para matar" y las misiones de reconocimiento. El juez sostiene que "existe una clara coordinación entre la Brigada Quds, el Ministerio de Inteligencia y Seguridad dirigido por Fallahiyan, la Cancillería iraní y los embajadores. De acuerdo a los resultados de su pesquisa, la lógica funciona de la siguiente manera: "La Brigada Quds asume las operaciones terroristas, la embajada brinda la base logística y el Ministerio de Inteligencia distribuye las informaciones recabadas luego de las misiones de reconocimiento". En un reportaje concedido a la televisión iraní en agosto de 1992, cinco meses después de aquella reunión del Consejo de Seguridad, Fallahiyan se jactó de los logros del Ministerio de Inteligencia para acallar a los opositores: "También los rastreamos en el exterior", dijo. "El año pasado tuvimos éxitos en dar golpes fundamentales a sus principales representantes". La referencia de Fallahiyan a 1991 no fue casual ya que ese año fue asesinado en París el ex premier iraní Shapur Bajtiar.

"Si el Estado iraní decidiera tomar represalias contra la Argentina por la cancelación de los contratos deberíamos enviar una advertencia. De otro modo, las consecuencias políticas, diplomáticas y comerciales podrían ser serias", advirtió el canciller iraní.

"Nunca hemos castigado a ninguna comunidad sin haber mandado antes un emisario", interrumpió Ali Fallahiyan citando uno de los preceptos del Corán. No mentía. Casi todos los actos de terrorismo iraní, incluyendo la condena a muerte de Salman

Rushdie, han estado precedidos por alguna forma de negociación, advertencia o chantaje, y en varias oportunidades fue Ali Fallahiyan quien mantuvo tratativas secretas con sus colegas europeos ofreciendo poner fin a los actos de terrorismo chiíta en los respectivos países a cambio de concesiones comerciales o en el pago de la deuda externa. "Si un país no coopera internacionalmente, se producen crímenes en su territorio", dijo Fallahiyan al diario alemán *Die Welt*[17].

Pese a que los franceses se vanaglorian de "librar una guerra en las sombras" contra el terrorismo, Fallahiyan sabe mejor que nadie que durante la década de los 80, la política antiterrorista alternó de manera confusa entre la represión y la tolerancia. Muchos inmigrantes ilegales que no estaban vinculados a los movimientos violentos fueron perseguidos mientras que se hacían tratos con los verdaderos terroristas. El propósito francés no era eliminar las fuentes del terrorismo sino llegar a un acuerdo con las organizaciones o los Estados que lo propiciaban.

El fuego de los infiernos

"Los argentinos no van a hacer nada. Uno los soborna y se mantienen a distancia", dijo Ali Fallahiyan. Según consta en informes de inteligencia de tres países occidentales, la garantía de impunidad era particularmente atractiva para el jefe de la inteligencia iraní porque en otras latitudes las investigaciones de la justicia no sólo habían permitido identificar, detener y condenar a los culpables de los atentados, sino también desentrañar la metodología del terrorismo iraní, lo cual era mucho más grave.

En Francia, el juez Jean-Louis Bruguière, quien investigó el asesinato del premier Shapur Bajtiar, acuchillado en Suresnes el 6 de agosto de 1991, demostró que el atentado fue posible gracias a una cadena de errores de la policía francesa, que concedió visados a los asesinos pese a estar recomendados por un ex representante de la televisión iraní en París, sobrino del ayatola Jomeini, que había sido expulsado de Francia en otras dos oportunidades. Según las conclusiones del expediente que ocupa 18 volúmenes, los ejecutores de la *fatwa* (decreto religioso) del ayatola Jomeini, Ali Rad Vakili (arrestado) y Mohamed Azadi (prófugo), fueron introducidos en la residencia de Bajtiar por Faridun Boyerhamadi, secretario del ex primer ministro. Los dos esbirros efectuaron un asesinato ritual; tajo mortal en la garganta, amputación de ambas manos y robo del reloj de la víctima, como prueba de que el encargo había sido cumplido.

Esa mañana, horas antes de que se conociera la noticia, la inteligencia iraní dirigió un mensaje codificado a un agente en

Suiza, pidiendo confirmación de la muerte de Bajtiar. El mensaje fue interceptado y descifrado por agentes británicos y estadounidenses y es la prueba más sólida de la participación de los servicios secretos iraníes. Uno de los asesinos, Azadi, fue recogido en Suiza por agentes iraníes y puesto a salvo en su país. El otro, Vakili, fue detenido en Ginebra y condenado a cadena perpetua. Además de Vakili, fue condenado a diez años de cárcel Masud Hendi (empresario, sobrino de Jomeini, protector de los asesinos en Francia), mientras el organizador de la huida, Zeinal Abein Sarhadi (funcionario de la embajada iraní en Suiza y sobrino del presidente Rafsanjani) fue absuelto. Otros seis prófugos fueron procesados en rebeldía. A Ali Fallahiyan no se le escapa que detrás de todos ellos se juzgó simbólicamente a los servicios secretos iraníes.

Pese a todas las diferencias, en la reunión del Consejo Supremo de Seguridad de Irán hubo acuerdo en la fecha y el blanco: Argentina había pasado a ser considerada como una aliada incondicional del Gran Satán y del pequeño Satán[18]. Merecía conocer el fuego de los infiernos.

NOTAS

[1] *The New York Times*, 14-05-1986.
[2] *Time*, 17-09-1990.
[3] *Somos*, 24-10-1990.
[4] *Noticias*, 7-10-1990.
[5] Revista *Arca del Sur*: "La Argentina fundamentalista", por Viviana Gorbato, mayo-junio de 1992.
[6] El argentino Horacio Calderón, biógrafo de Mohammar Kadafi y comerciante en armamentos, sostiene que en las reuniones secretas que periódicamente realizan diversas organizaciones extremistas del Medio Oriente, la Argentina fue mencionada en reiteradas oportunidades como blanco de los futuros ataques a países alineados con Israel. Calderón, que estuvo presente en uno de esos cónclaves en Teherán dirigió el 27 de marzo de 1992 un informe confidencial a su amigo Carlos Menem en el que se explayaba sobre ese tema.
[7] Primera cadena de radio de la Voz de la República Islámica de Irán (en persa), 21-10-1991; en FBIS-NES, 23-10-1991.
[8] La Voz del Líbano de Radio Líbano (en árabe), 21-10-1991; en FBIS-NES, 23-10-1991.
[9] *Al-Sharq al-Awsat* (Diario saudita), 7-10-1992.
[10] *Al-Sharq al-Awsat* (Diario saudita), 5-12-1992.
[11] *Jewish Chronicle*, 6-03-1992.
[12] *Newsday*, 19-03-1992; *The New York Times*, 18-03-1992; Jerusalem Post, 13-03-1992.
[13] *Corán*, Shura 5, versículo 56.

[14] *Radio Teherán*, 2-03-1992.
[15] Al-Watan Al arabi, 13-03-1992 y *Ha'aretz*, 20-03-1992.
[16] *Introducción a la Filosofía del Islam* de Muhammad Husain Beheshti y Muhammad Yauád Behonar, editado en la Argentina por la Editorial Alborada de la Embajada de Irán, pág. 427.
[17] *Newsweek*, "Behind the Deals with Iran: Balancing tradewith terror", 15-05-1995.
[18]*Idem nota 6.*

4. El primer atentado

El 17 de marzo de 1992 a las 13.45 una camioneta Ford F-100 con cúpula blanca y chapa B-1.275.871 entró en una playa de estacionamiento ubicada frente a la Embajada de Francia, entre las calles Juncal, Cerrito, Arroyo y Carlos Pellegrini. Nadie se fijó en el joven que descendió, echó llave y, antes de irse, se aseguró de que la puerta trasera del vehículo estuviera bien cerrada. Cualquiera hubiera pensado que se trataba de un repartidor o un viajante preocupado por su mercadería. En aquel momento, nadie podía imaginar que la Ford F-100 estaba llena con explosivos y había sido convertida en un mortífero coche-bomba. Allí, en pleno centro de Buenos Aires, se efectuó el traspaso del vehículo entre el "intermediario" y el piloto asignado a la misión. Ni siquiera se encontraron: cumpliendo con lo que le habían ordenado, el intermediario dejó el ticket en el auto y se alejó del lugar antes que llegara la persona que sería el último tripulante del vehículo.

Es difícil meterse en la cabeza o ponerse en el lugar de un individuo que un día cualquiera se sube a bordo de un vehículo cargado de explosivos y se dirige a encontrar la muerte junto a sus enemigos. Los pilotos de los coches-bomba son pura acción. Sus superiores sólo necesitan que los voluntarios cumplan con el objetivo. No se espera que sobrevivan a la misión. Sin embargo, muchas veces terminan resultando útiles como chivos expiatorios para los gobiernos o los servicios de seguridad, que se ven presionados por la opinión pública para encontrar rápidamente a los responsables de los atentados. En esos casos, un cadáver —o hasta un tímido dedo gordo— es mejor culpable que ningún culpable.

La identidad del piloto de la F-100 —que en los comunicados de la Jihad fue bautizado como "Abu Yasser, un argentino convertido al Islam"— es uno de los grandes enigmas para los servicios de inteligencia. En todo caso, Abu Yasser fue a la guerra con la madurada certidumbre que le daba su causa. Sin dramas ni grandes declaraciones. Cuando abordó la camioneta, en forma automática quitó los seguros y compuso su clave de identificación numérica para poner en marcha el mecanismo de detonación. Todos los movimientos estaban cuidadosamente planeados. Miró el reloj y comprobó que tenía unos segundos de espera. Nada de apresuramientos.

El cabo de la Policía Federal Antonio Ojeda era uno de los dos custodios que debían estar en la garita de la Embajada de Israel. Cumplía el horario de 6 a 14 y ese día se retiró a las 14.15. Otro cabo, José Antonio Carracedas hacía guardia de 13 a 20, pero inexplicablemente dejó su puesto a las 13.30. Mientras la Policía Federal sostiene que acompañó al embajador Yitzhak Shefi, el diplomático ha desmentido esto tajantemente. El agente Oscar Horacio Chiochio debía tomar la guardia en la garita, pero se retrasó porque —según declaró ante el juez— "realizaba tareas de carpintería en las puertas de los boxes de las caballerizas de la Policía Montada y no podía dejar el trabajo incompleto". El patrullero que debía pasar por Arroyo y Suipacha y controlar si el agente estaba en su puesto o mandar un sustituto esa tarde hizo un recorrido diferente del habitual. "Fue primero hasta Carlos Pellegrini y Libertador y luego a Carlos Pellegrini y Arenales", porque tuvieron que intervenir en dos delitos, según testificó luego ante la Corte el subinspector de la comisaría 15, Gabriel Soto. La Policía Federal nunca explicó debidamente por qué a la hora del atentado, los alrededores de la embajada recordaban un "área libre" de las épocas de la guerra sucia. A las 14.40 Eli Ben Zeev, uno de los doce guardias que de manera rotativa se ocupaban de la seguridad interna, finalizó su recorrido y entró en la embajada.

A bordo de un coche-bomba

Poco antes de que la pick-up se pusiera en marcha, otro de los integrantes del grupo terrorista hizo una pasada en moto para efectuar el último reconocimiento. Una señal preconvenida le indicó a Abu Yasser que era el momento de actuar: a las 14.45 la camioneta salió del estacionamiento y pudo haber tomado dos recorridos hacia la embajada. Por cualquiera de ellos se tarda entre dos y cuatro minutos. Nada de disimulos. Cuidado en los semáforos.

El coche-bomba recorrió los últimos 80 metros a velocidad normal y tardó entre 10 y 14 segundos. La camioneta estacionó justo frente a la entrada principal de la embajada que en ese momento estaba clausurada por refacciones. Para despejar sospechas, Abu Yasser se quedó un instante en el vehículo, luego pudo haber corrido o caminado hacia la esquina de Suipacha. Habría demorado 4 o 5 segundos si corrió y 20 segundos si se alejó caminando. En ambos casos, la esquina lo protegió de la onda expansiva antes de que desapareciera por Juncal.

El ataque fue sorpresivo, certero y contundente. No hubo reacción de defensa. No existen pruebas fehacientes de que al momento de producirse la explosión Abu Yasser estuviera a bordo de la camioneta. Los pilotos suicidas son indispensables para atacar los denominados "blancos duros", como cuarteles o convoyes militares, donde se espera una reacción defensiva instantánea. Desde el punto de vista de la seguridad, la embajada era "un blanco blando". Es posible, incluso, que el explosivo fuese activado por control remoto desde el departamento de los supuestos paquistaníes cuando comprobaron que el piloto se había puesto a resguardo: un teléfono celular o un *beeper* de radiomensajes funcionan como temporizadores a distancia, sin mayores riesgos de interferencias. Con sólo hacer una llamada, desde un teléfono común o desde otro celular a un número predeterminado, el *beeper* detona la bomba. Ante la eventualidad de que el primer mecanismo de detonación fallara, el coche-bomba tenía un *timer* que produciría la explosión. Algunas fuentes indican que los nuevos detonadores a control remoto que Hezbollah acababa de poner en uso fueron contrabandeados a la Argentina a comienzos de 1992[1]. Nada había quedado librado al azar.

Temporada en el infierno

Se necesitaron 18 años de guerra civil y varias invasiones extranjeras para que Beirut dejara de ser "la perla del Medio Oriente" y se convirtiera en un sinónimo del infierno sobre la Tierra. Bastó un instante del miércoles 17 de marzo a las 14:47 para que el paraíso afrancesado de Buenos Aires se transformara en un nuevo Beirut. Calles alfombradas con dos toneladas de cristales en seis cuadras a la redonda, árboles y postes de alumbrado arrancados de cuajo, paredes medianeras rasgadas como una tela, vecinos asomándose aterrorizados por ventanas descalabradas, cuerpos destrozados en las veredas, sangre corriendo por las alcantarillas de la calle Arroyo, gente arañando las montañas de 300 toneladas de escombros en busca de sobrevivientes. A cualquiera que ha presenciado ese cuadro dantesco no le caben dudas de que una temporada en el infierno es eterna.

Desde ese momento, los atentados, la muerte indiscriminada, el asesinato ciego dejaron de ser el patrimonio exclusivo de París, Madrid o Londres. El acariciado sueño del ingreso de la Argentina al Primer Mundo se trastocó en pesadilla: a partir de ese instante la lejana Buenos Aires comenzó a figurar en las agendas del terror.

A esa misma hora, un automóvil con patente oficial se desplazaba por las calles de Buenos Aires. El ministro del Interior José Luis Manzano ocupaba el asiento trasero. Pidió el celular y marcó el número de la residencia de Olivos con la vista fija en la cortina de humo.

"Hubo una explosión en la embajada de Israel... No, no sabemos nada, estoy yendo para allá". Intentando imponerle serenidad a su tono, Manzano repitió la única información que tenía en ese momento:

"Solamente que fue una explosión, Presidente... Lo llamo inmediatamente, por supuesto".

Dejó el teléfono y miró a sus acompañantes que permanecían mudos: "Nadie tiene que decir nada hasta que no estemos seguros de qué se trata", ordenó. El chofer apretó el acelerador y subió el volumen de la radio. La voz del presidente Carlos Menem se impuso entonces, inconfundible.

"Hubo un atentado en la embajada de Israel...Son los mismos del 3 de diciembre...", dijo Menem. Manzano no terminó de escuchar. El chofer había estacionado y allí estaban, aguardándolo, el embajador de Israel, Yitzhak Shefi y su esposa.

Más tarde, flanqueado por los ministros de su Gabinete en una conferencia de prensa en la Casa Rosada, el presidente declaró que los autores podrían ser "nazis y fundamentalistas, de afuera o de adentro", y añadió: "tenemos la seguridad de que se trata de sectores fundamentalistas y no se puede descartar que tengan vinculación con forajidos de adentro". Cuando los periodistas le preguntaron si se refería al encarcelado jefe carapintada Mohamed Ali Seineldín al culpar a "alguien que está en prisión", Menem repitió en forma tajante: "Volaron la embajada israelí en Buenos Aires [...] No hago nombres".

Arqueólogos del apocalipsis

En una explosión todo es posible. La carga explosiva dirigida cortó el edificio de cuatro pisos al nivel donde estaba la bomba y por efecto de la gravedad los pisos superiores se desplomaron. La onda expansiva de la bomba hizo estragos. Entró en la embajada arrasando con todo lo que había en su camino, chocó contra la pared trasera del edificio y se volvió sobre sí misma, elevándose y buscando un lugar por donde salir. Por eso algunos objetos volaron por la ventana. La explosión dejó en ruinas un Hogar de Ancianas, impactó en un colegio católico, destrozó por lo menos quince automóviles e hizo añicos los ventanales de decenas de edificios. El cráter es el único elemento que demuestra que hubo una explosión. Tenía 90 centímetros de profundidad y entre 2,80 y 3 metros de diámetro.

A pocas horas del ataque arribaron al país los primeros equipos de expertos israelíes, norteamericanos y alemanes. Los técnicos en explosivos constituyen una suerte de arqueólogos del apocalipsis moderno. Su trabajo consiste en hacer el camino inverso de las leyes de la física. Sin explicitar su nombre, ni grado, ni título académico, ni ocupación específica, uno de los primeros agentes extranjeros que llegaron a la caótica escena del crimen dio un consejo de manual antes de zambullirse en el infierno de ruinas y restos retorcidos: "Todas las bombas dejan rastros. Identifiquen el vehículo y encontrarán al sospechoso". No iba a ser tan sencillo.

Lo primero que sorprendió a los investigadores extranjeros es que los terroristas hubieran usado una pick-up F-100. Para construir los coches-bomba generalmente se emplean automóviles porque tienen mayor maniobrabilidad, pasan más desapercibidos en el tráfico urbano y resulta más fácil camuflar la carga mortífera. La única explicación lógica para la elección de la F-100 es de orden táctico: era un vehículo similar a uno perteneciente a la embajada o a alguno de los contratistas de la obra. Aunque habría sido más sencillo acondicionar el dispositivo explosivo en un automóvil, los terroristas —por medio de sus operaciones de reconocimiento— tenían la certeza de que la camioneta despistaría a los guardias israelíes que vigilaban el exterior mediante cámaras de circuito cerrado.

La camioneta Ford F-100, que había sido propiedad de un fotógrafo policial llamado José Galbucera tenía las gomas nuevas, aire acondicionado y una cúpula blanca y fue adquirida el 24 de febrero de 1992 en una concesionaria ubicada en Juan B. Justo 7537. "Vinieron a ver la camioneta por la mañana y se la llevaron por la tarde. Pagaron en dólares y la venta fue una casualidad, porque estábamos de vacaciones y abrimos para hacer unas refacciones", contó un empleado de la concesionaria. "La compra de la pick-up la concretó un hombre con acento portugués y un documento de identidad brasileño número 34.031.567 a nombre de Elías Ribeiro da Luz. El comprador dijo que estaba radicado en la ciudad brasileña de Pinhal y dio como dirección Rivadavia al 1500. Pagó 21.000 dólares (tres mil más que el valor de plaza) y se quedó con una comisión de 500 dólares. Un terrorista profesional no actuaría de esta manera, pero sí un "intermediario" que formara parte de la estructura local o regional.

Los dueños de la concesionaria conservaron algunos billetes de cien dólares que ahora se encuentran en manos de la Justicia. Esos billetes tienen una serie de sellos y firmas de casas de cambio de países árabes. Una de ellas pertenece a la Sociedad de los hijos de Elías Moussa Diab, con sede en Ibell, Centre Cordhal Matta, una localidad en el Líbano.

El *Buenos Aires Herald* ha señalado que el gobierno argentino frenó la investigación del primer atentado cada vez que aparecía una pista siria: los billetes con los que se compró la camioneta también tenían sellos de casas de cambio de Damasco. Según un informe de los congresistas norteamericanos Bill MacCollum y Connie Mack, a cambio del petróleo iraní, Siria brinda protección a una docena de organizaciones terroristas islámicas y junto con Hezbollah participa en la recirculación de 12.000 millones de dólares falsos e indetectables, fabricados en la Casa de Moneda en Teherán[2]. Esta falsificación masiva, cuyos rastros también aparecieron en la Argentina, es lo que ha obligado a los Estados Unidos a cambiar el diseño de sus billetes.

La camioneta fue vista por última vez el 24 de febrero, cuando dobló en Juan B. Justo y Bermúdez hacia el norte, al ser retirada de la concesionaria. No tenía demasiado combustible, sin embargo no se ha podido localizar en qué estación de servicio cargó nafta ni tampoco el lugar donde —en el lapso de tres semanas— fue convertida en un arma letal.

Comienza la cacería

Para los israelíes la cacería de los autores del atentado registrado en Buenos Aires comenzó en un edificio de color gris ubicado en el boulevard Rey Saúl, de Tel-Aviv. La cafetería del segundo piso y una zona de negocios abierta al público confieren a esa construcción típica israelí un aspecto de normalidad apacible. A simple vista nadie diría que detrás de esas paredes de hormigón, en una especie de segundo edificio construido dentro del primero, funciona el cuartel general del Instituto para Inteligencia y Operaciones Especiales, más conocido como Mossad. En el sexto piso, los analistas del departamento que monitorea las actividades de sabotaje enemigo en el exterior programaron una búsqueda en las terminales de la computadora Burroughs que guarda referencias de más de un millón y medio de personas sospechadas de actividades terroristas en todo el mundo.

Entre los primeros nombres que la computadora extrajo de su memoria estaba el de una figura hasta entonces desconocida para la mayoría de los argentinos, con excepción de un selecto grupo de paisanos y miembros del entorno presidencial. Los traficantes de armas y drogas de origen sirio Monzer y Ghassan Al Kassar —que habían sido detectados en Buenos Aires el 12 de marzo de 1992, cinco días antes del atentado— respondían casi perfectamente a los parámetros de la búsqueda pedida: cada uno de sus movimientos por el mundo indicaban una operación de armas, drogas o explosivos. Monzer Al Kassar fue señalado por la compañía Pan Am como uno de los implicados en el atentado contra el vuelo 103 que estalló sobre Lockerbie, Escocia, en 1989 y que el gobierno de Irán había encargado al grupo prosirio Frente Popular para la Liberación de Palestina-Comando General (PFLP-CG) de Ahmed Jibril.

La ficha de Monzer Al Kassar incluía una docena de identidades —como Muce Sagy, Pierre Abu Nader— y otras tantas nacionalidades y pasaportes con sus números, lugares y fechas de emisión, así como un listado de sus empresas, teléfonos y direcciones en Trípoli, Varsovia, Berlín y Marbella. Allí también aparecía una escueta mención a un curioso obsequio que Al Kassar le había hecho al candidato presidencial Carlos Menem durante su viaje a Siria: una caja de madera labrada con una subametralladora israelí marca UZI. Sin embargo, por lo general los servicios de inteligencia son menos consecuentes que sus propias computadoras. Monzer Al Kassar no sólo goza de la protección de las autoridades sirias, norteamericanas, francesas, españolas y argentinas, sino que a través de Ghassan forma parte de un oscuro engranaje que conecta las organizaciones que trafican con terror y drogas en el Medio Oriente con los principales servicios de inteligencia occidentales. La única explicación por la cual el nombre de Monzer Al Kassar fue discretamente dejado de lado en la investigación israelí es que el sirio sea también un informante del Mossad.

Los agentes de enlace de la CIA, la DST francesa, el M-15 británico, el BND alemán, así como los servicios italianos y españoles, recibieron un pedido de revisar sus ficheros y transmitir los nombres, las señas y, eventualmente, las huellas dactilares y las fotografías de todos los terroristas y expertos en explosivos que pudieran resultar sospechosos. Pero hasta allí llegaría la colaboración del Mossad con otros servicios. Muchos años de experiencia le habían enseñado a los israelíes a confiar en sus propias fuerzas y ser extremadamente selectivos en la cooperación con otros servicios. Es mejor decir poco que mucho, particularmente en un caso como este en el que seguramente quedarían al descubierto graves fallas de inteligencia y seguridad.

Los lobos y las ovejas

El Mossad, como el resto de los servicios secretos, sólo hace negocios con quienes dan pruebas irrefutables de ser confiables y discretos. No era el caso de los argentinos, que no reunían ninguna de las dos condiciones: desde el instante en que se produjo el atentado divulgaron información falsa aduciendo que en la embajada había estallado un polvorín interno. En el oficio del antiterrorismo nadie es un niño de pecho, pero cuando los israelíes chequearon los antecedentes de sus interlocutores porteños, les costó disimular su sorpresa: en las reuniones que se llevaban a cabo en la Secretaría de Inteligencia del Estado (SIDE) y en los anexos de Contrainteligencia ubicados en el pasaje Barolo y en la sede de Estados Unidos y Salta, no sólo estaban los responsables de haber dirigido varios campos de concentración durante la dictadura militar, sino también quienes comandaron la campaña de atentados explosivos contra sinagogas registrada en 1985 para desestabilizar a Raúl Alfonsín; había ex montoneros que combatieron en el Líbano y policías vinculados a la "banda de los comisarios" que se había especializado en secuestrar y extorsionar a empresarios judíos.

"Era como si hubieran encargado a los lobos que cuidaran a las ovejas", comentó un israelí. Cualquier posibilidad de colaboración se dio por terminada antes de comenzar. Todo lo que se hizo fue mantener las formas y sobre todo preservar las excelentes relaciones diplomáticas que el atentado no había conseguido vulnerar. Pero lo que más llamó la atención a los israelíes fue la torpeza investigativa de sus anfitriones.

El gobierno argentino puso la causa en manos del juez Ricardo Levene de la Corte Suprema, y la pesquisa se hundió en un profundo letargo que determinó que durante los siguientes tres años no hubiera un solo sospechoso, procesado o detenido en una causa que ocupa 4.400 fojas agrupadas en 23 cuerpos. El octogenario magistrado, que renunció a la Corte Suprema a fines de 1995, no contó con la colaboración de la Casa Rosada ni de la embajada de Israel, no indagó sobre la ausencia de la custodia ni pudo reconstruir la historia de la camioneta, no investigó al agenciero de la avenida Juan B. Justo ni al fotógrafo policial que fue su último dueño. Tampoco llegó a una conclusión definitiva sobre el explosivo utilizado y menos aún a saber si realmente existió un piloto suicida. La investigación argentina estuvo condenada al fracaso desde su origen.

Una cancillería paralela

Entretanto, el Mossad en poco tiempo tenía un cuadro preliminar bastante preciso de lo que había pasado: hubo fallas en la seguridad local, en tanto que la embajada estuvo sometida a vigilancia durante mucho tiempo; fallaron todos los sistemas de detección y contravigilancia; hubo graves errores de inteligencia exterior al no prever la posibilidad del ataque. Las responsabilidades por las falencias detectadas llegaban muy arriba y no sólo implicaban a personajes muy importantes en el servicio secreto, sino que, además de las indemnizaciones a los familiares de las víctimas, se requería la mudanza o la remodelación de la mayoría de las dependencias diplomáticas y consulares israelíes en el mundo, lo que significaba una inversión de cientos de millones de dólares.

Después de más de 40 años de guerra fría, los empleados de casi todos los servicios de inteligencia —incluyendo al Mossad— han aprendido a librar una de las formas más peligrosas de combate: las guerras burocráticas destinadas a justificar la propia existencia. Jamás olvidan que en el mundo actual la seguridad laboral muchas veces es tan importante como la seguridad nacional.

Israel se ha ganado fama de intransigente en materia de lucha contra el terrorismo y en particular frente al derramamiento de sangre judía. Sin embargo, en el caso del atentado que dejó un saldo de 29 muertos y 252 heridos, los gobiernos de Yitzhak Samir primero y el de Yitzhak Rabin después adoptaron una postura que a primera vista parecía sumamente comprensiva y tolerante frente a la inacción argentina. Lo que realmente ocurrió fue que el Mossad —que depende directamente del Primer Ministro— comenzó a ejercer su viejo rol de "Cancillería paralela".

Mientras los argentinos seguían sus vagas pistas a oscuras, los analistas israelíes tendían sigilosamente sus redes dentro y fuera del país. Para ellos el piloto, el coche-bomba, los explosivos eran exclusivamente pasos intermedios para llegar a las verdaderas presas: el especialista que preparó el coche-bomba y sus mandantes.

Identikit de un especialista

Desde el momento en que los agentes israelíes contemplaron las ruinas de la embajada comprendieron que no se trataba de un improvisado ni de un aprendiz como los que pululan en Beirut o Teherán. Tenían delante la obra de un profesional de primer nivel con conocimientos muy profundos sobre las características de los explosivos militares, comerciales, y las mezclas que pueden convertirse en explosivos, un sujeto que conocía al detalle la conformación de las cargas especiales, las cargas dirigidas y sus efectos.

Quien armó el coche-bomba debía tener una personalidad excesivamente reglamentada, era un perfeccionista obsesionado con la idea de no cometer errores. Para la tarea de demolición había pedido un explosivo veloz, que tuviera una velocidad de detonación cercana a los 7.000 metros por segundo: tal vez hexógeno, pentrita plástica, mezcla de pentrita y hexógeno y algunas dinamitas. Puede haber tenido uno o varios motivos para la elección del explosivo: el tipo de blanco elegido, porque lo manejaba bien, porque fue lo que estaba disponible. En todo caso, estaba claro que había conseguido lo mejor.

Los expertos en explosivos no necesitaron demasiadas pruebas de laboratorio para hacer algunas deducciones sobre la composición de la bomba. Ésta había causado una gran destrucción y había dejado mucho hollín. En la superficie, daba la impresión de un explosivo plástico como el hexógeno. Su principal componente se llama RDX —genera mucho calor y deja residuos de carbón, pero no nitratos. Sin embargo, la sola presencia de nitratos no excluye a todos los plásticos. Otro explosivo plástico de la misma familia llamado Semtex deja ostensibles rastros de nitratos.

Para los servicios de inteligencia israelíes al igual que para la Policía Federal, el explosivo utilizado fue Pentrita (230 kilos), hubo un detonador eléctrico y un piloto suicida, lo que —a los fines de deslindar responsabilidades— garantiza que el ataque no podría haberse evitado. En el quinto piso del edificio situado en Suipacha 893, es decir a media cuadra de la embajada, los peritos encontraron el dedo gordo del pie derecho y la rótula del presunto piloto suicida. Esos restos pertenecen a una persona de 1,70 de estatura, de tez oscura y aparentemente coincidirían con otra muestra obtenida de la alfombra de goma de la pick-up. En la misma vivienda se hallaron pequeños restos de la camioneta y en la entrada del edificio apareció el block del motor.

Para la Agencia de Control de Alcohol, Tabaco y Armas (ATF) de los Estados Unidos y para Osvaldo Laborda, segundo comandante de Gendarmería que actuó como perito de la Suprema Corte de Justicia y que actualmente es perito de la querella en la causa AMIA, el coche-bomba estaba cargado con 60 kilos de hexógeno. El hexógeno sirve tanto para volar un edificio, armar un coche-bomba o convertir artículos domésticos corrientes como un cenicero, una lámpara o una carta, en instrumentos de muerte que pueden pasar con tranquilidad un puesto fronterizo. Tiene diferentes nombres comerciales y variantes —como Ciclonita, C-4, Semtex, T-4 y RDX— que representan una suerte de "tarjeta de visita" de los autores del atentado. Es un explosivo rompedor que constituye el principal componente de las granadas y bombas estadounidenses y que, en su forma comercial, es muy solicitado para tareas de demolición debido a que se puede dirigir su fuerza destructiva.

Laborda, quien además de demoler el albergue Warnes ha colaborado en otros peritajes con Scotland Yard y con el CESID español, explica que debido a diferencias entre las pericias comenzaron las sospechas de contaminación: "Las pericias de ATF indicaron hexógeno. Los israelíes, con un equipo EGIS y con una muestra patrón que no conocían, determinaron que había pentrita. Cuando nosotros detectamos hexógeno y la policía pentrita, la primera duda que se me planteó era si no estábamos en presencia de Semtex. Lo que pasó es que nunca compatibilizamos los distintos informes. Si lo hubiéramos hecho, tal vez hubiésemos llegado a la conclusión de que estábamos en presencia de un solo explosivo que contenía los tres componentes. Eso nos hubiera indicado que había que mirar para afuera, porque aquí no se produce, no se puede armar y difícilmente 60 kilos estén al alcance de cualquiera", explica Laborda.

Aunque puede conseguirse en la Fábrica Militar de Villa María o en la Fábrica de Explosivos de la Armada en Azul —donde se utiliza para cargar proyectiles—, no es fácil acceder a este tipo de explosivo y menos en tanta cantidad. En la Argentina hay experiencia en la fabricación y el uso del hexógeno tanto entre miembros de Montoneros como entre grupos vinculados a la represión. En la década del 70 la Fábrica Militar de Villa María produjo los primeros kilos de hexógeno en base al procedimiento que aprendieron al desmantelar una fábrica de Montoneros. Pero luego la producción militar quedó paralizada. Estados Unidos es uno de los países que lo fabrica industrialmente y cada vez que los militares norteamericanos realizan maniobras conjuntas con tropas argentinas, dejan el material sobrante a sus anfitriones. Los 60 kilos de hexógeno utilizados para volar la embajada representan la misma cantidad que transporta en su arsenal un batallón completo del ejército norteamericano. Independientemente de su procedencia, el acopio de hexógeno debió ser lento. Tantos kilos no se consiguen así como así.

Las posibilidades de traer el explosivo del exterior se reducen a tres vías: importación, contrabando u obsequio entre ejércitos. Una alternativa consiste en importarlo o contrabandearlo camuflado como raticida porque tiene la apariencia de un polvo blanco-amarillento y un alto grado de toxicidad. Sólo después de que se lo combina con los elementos plastificantes que sirven para darle la consistencia de una plastilina, se torna uno de los explosivos más poderosos que se conocen. Plastificado resultaría aun más fácil de disimular y contrabandear, porque se lo puede pintar, tallar, se puede hacer lo que uno quiera. La Argentina tiene los sistemas de protección invertidos. Todo está preparado para evitar que las cosas salgan pero no para impedir que entren. Nadie cuenta tampoco con la capacidad para detectar un polvo como el hexógeno. No se controlan ni siquiera las valijas y menos aún las cargas.

Bandera de conveniencia

En una causa que se sigue contra Monzer Al Kassar en Suiza, el fiscal Laurent Kasper-Ansermet transcribió informes procedentes de una investigación basada en los archivos de la Dirección General de Minas del Ministerio de Industria de España, en los que se indica que el hexógeno utilizado en el atentado contra la embajada de Israel en Buenos Aires fue fabricado en España.

Citando fuentes de la causa helvética, el periodista Rogelio García Lupo reveló en *Clarín* que el hexógeno producido por la Unión Española de Explosivos fue oficialmente comprado por la firma Cenrex Trading Corporation Ltd., de Varsovia, pero no fue embarcado realmente con ese destino[3]. El fiscal suizo sostiene que el comprador polaco presentó un domicilio en Varsovia que resultó ser el registrado en anteriores ocasiones por Al Kassar, y concluye que el presidente de Cenrex, supuestamente llamado Monzer Galioun, es Al Kassar.

El fiscal suizo, que confiscó seis millones de dólares que Al Kassar había percibido por operaciones de tráfico de armas y explosivos, relaciona el hexógeno español adquirido por Al Kassar con los atentados de 1992 y 1994, y agrega que después de la falsa exportación a Polonia, Al Kassar elaboró una segunda operación de triangulación, esta vez con destino a Siria, pero que el hexógeno fue transportado por vía marítima a Buenos Aires en 1991. La justicia española contribuyó a la identificación de Monzer Al Kassar como el comprador del hexógeno mediante la comparación de documentos comerciales.

Hezbollah tiene una gran fábrica de hexógeno en las afueras de Teherán. Parte del explosivo utilizado en el atentado contra la estación de trenes de Bolonia provino de esa fábrica y entró a Italia contrabandeado como barras de chocolate. Una célula de Hezbollah que, entre el 7 de diciembre de 1985 y el 17 de setiembre de 1986, perpetró una ola de atentados en París que dejó 13 muertos y más de 300 heridos, ingresaba el C-4 a Francia a través de Chipre y del Líbano, escondido en gigantescos rollos de papel para imprenta. En noviembre de 1989, las autoridades españolas desarticularon en Valencia otra red compuesta por ocho operativos de Hezbollah que pretendió ingresar explosivos plásticos, detonadores y granadas camuflados en frascos de mermelada en un embarque proveniente del Líbano.

Desde su fundación, Hezbollah nunca se ha adjudicado directamente la responsabilidad por los atentados terroristas que ha cometido. A través del uso de distintos nombres que representan a diversas facciones ha asumido parcialmente —y en algunos casos de manera contradictoria— operaciones que van desde el secuestro de rehenes occidentales en Beirut hasta atentados con coches-bomba. Mientras "Jihad Islámica" es el nombre original del ala militar de Hezbollah, otros sellos como "Ansar Allah" o "La Organización de los Oprimidos de la Tierra" son una suerte de "bandera de conveniencia" utilizada por una veintena de células y clanes para reivindicar sus atentados y dificultar las represalias israelíes contra los 300.000 refugiados palestinos en el Líbano.

Por ejemplo, el nombre de la "Organización de los Oprimidos de la Tierra" está vinculado a la familia de Mohamed Ali Hamade, procesado en Alemania por el secuestro de un avión de la TWA. "Resistencia de los Creyentes" es el nombre de la célula que estaba encabezada por Mustafá Dirani hasta que fue secuestrado por los israelíes poco antes del atentado a la AMIA. Otros alias frecuentemente utilizados por el grupo son "Organización para la

Justicia Revolucionaria", "Mujaidines de la Libertad", "Células de la Lucha Armada" y "Resistencia Islámica". En el caso de los atentados perpetrados en julio de 1994 contra la AMIA y contra un avión de pasajeros en Panamá, la reivindicación se hizo a nombre de Ansar Allah (Partisanos de Dios).

"No hay verdades en Beirut, sólo versiones". La frase, acuñada por un veterano corresponsal del *New York Times*, se corroboró cuando una llamada anónima recibida en la *Agencia France Presse* de la capital libanesa desmintió el comunicado emitido el 18 de marzo de 1992 por el cual el grupo Jihad Islámica se responsabilizaba por la voladura de la embajada de Israel "a pesar de que apoya toda acción contra los sionistas en cualquier parte del mundo".

El viernes 20 de marzo de 1992 el semanario libanés *Al-Ahd*, editado por Hezbollah, publicó la reivindicación del atentado hecha por la Jihad Islámica dos días antes, así como la desmentida efectuada al día siguiente a través de un llamado telefónico. El editorialista del periódico escribió: "Los sionistas están bebiendo de la misma copa amarga de la que obligaron a beber en el pasado a un pueblo oprimido. ¿Cómo podrían los oprimidos dejar de regocijarse en el fondo de su corazón frente a este evento? ¿Cómo podrían dejar de expresar su alegría cuando ven la mano de la justicia castigando a los que hicieron de su vida un infierno, una agonía, una privación?", agregaba *Al-Ahd* [4].

"El fuerte argentino"

El 21 de marzo de 1992, mediante un video de 90 segundos sin sonido tomado desde un vehículo que mostraba el frente del edificio de la calle Arroyo y de un nuevo comunicado entregado a la televisión libanesa, Hezbollah autenticó el atentado. El texto de la reivindicación habla por sí mismo:

"En el nombre de Dios, por la sangre derramada de nuestro mártir Abu Yasser, que representa el honor de nuestra patria, y para refrendar el primer comunicado que confirma uno de los atentados continuos contra el virus israelí. La operación del mártir (Niño Hussain) es un regalo para los mártires y los creyentes. Los fragmentos de su cuerpo, esparcidos por todos lados nos enorgullecen. Junto a ellos estalló el fuerte Jaibar argentino, y lo dejó destruido. También tembló el mundo sionista y lo llenó de miedo y comenzaron los gritos de amenazas pensando que pueden detener nuestras acciones, pero se equivocaron. Dios cuida del mundo islámico. Ellos (los judíos) se olvidaron de que nosotros somos un pueblo de mártires, no aceptamos el sometimiento ni las amenazas, la guerra está abierta hasta que no quede ningún judío sobre la Tierra. La verdad es que Israel sembró en la Tierra la pudrición. Mató a nuestros hijos, violó a nuestras mujeres día tras día. Esos crímenes son los mejores testigos. Señores: Israel es el mal en sí mismo que tiene que desaparecer del mundo. La guerra empezó desde Bader y Jaibar, inclusive de la época del profeta Musa. Por eso advertimos al criminal Israel y sus colaboradores que terminen sus juegos y artilugios y sus mentiras. Los medios de comunicación no pueden falsificar la trágica verdad ni degradar la grandeza de nuestro mártir Abu Yasser, que está ahora en el paraíso. Tienen que saber que estamos siempre despiertos y que no vamos a permitir que jueguen con la sangre de nuestros mártires. Siempre vamos a estar esperándolos. La guerra está declarada y vamos a seguir atacando y no vamos a ceder. Digan lo que digan. Vamos a luchar a cualquier costo. Seguimos ... Hasta la exterminación de Israel. Ese día se alegrarán los fieles con la victoria de Dios. Organización Jihad Islámica. Marzo 1992, Mes de Ramadán".

Dos días después de la explosión en la calle Arroyo, el jeque Hassan Nasrallah recibió una "cálida recepción" [5] en el Parlamento iraní y el presidente del legislativo Mehdi Karubi advirtió que "Israel sufrirá constantes golpes de venganza en distintas partes del mundo". Karubi sabía de qué hablaba. En 1989, cuando fue nombrado como titular del Parlamento, llamó a "la formación de núcleos de Hezbollah en todo el mundo para defender los derechos de los musulmanes".[6]

Sermón del viernes

El 20 de marzo de 1992 el ayatola Ali Akbar Meshkeni, uno de los sacerdotes de más alto rango en Irán y allegado al líder espiritual Ali Jamenei, iba a pronunciar el sermón de los viernes. Por ser quien es, la palabra de Meshkeni, y según cómo las dijese, tendrían un carácter decisivo para comprobar la autoría del atentado. Meshkeni levantó la vista y miró a la audiencia de fieles silenciosos que se agolpaba en la mezquita de la ciudad sagrada de Qom; constató que las cámaras del Canal Dos de la Compañía Iraní de Radio y Televisión (IRIB) estaban filmando[7]. No es que fuera a cambiar nada, por supuesto. De todos modos tenía decidido celebrar el atentado contra la Embajada de Israel en Buenos Aires y expresar su admiración por el responsable de la operación.

Meshkeni, imán de la ciudad de Qom y presidente de la Asamblea de Expertos, comenzó su primer sermón felicitando a la nación por el nuevo año iraní, 1371, y por el aniversario del nacimiento del segundo imán. El primer sermón estuvo dedicado a recordar a todos los musulmanes oprimidos en el mundo.

En su segundo sermón, analizó retrospectivamente los principales eventos del año, dividiéndolos en positivos y negativos. Describió los hechos positivos de la siguiente manera: 1) El reconocimiento por parte de las Naciones Unidas de que Irak fue el agresor durante la guerra Irán-Irak. 2) La exitosa peregrinación y la ceremonia de repudio a los infieles en la Meca. 3) La difusión del Islam en todo el mundo. 4) El éxito de los mujaidines afganos contra el régimen de Najibollah. 5) El atentado contra la embajada de Israel en Argentina (aunque Meshkeni equivocadamente mencionó Chile) en represalia por el asesinato del líder de la Hezbollah libanesa Abbas Mussawi. Cuando llegó a este tema fue midiendo cada palabra que pronuciaba y dijo:

"Otro punto que debe ser mencionado se refiere a las victorias de los palestinos oprimidos en varias partes del mundo en los últimos días. Ellos volaron la embajada de Israel en Chile (en lugar de Argentina) que está situada en el punto más alejado de Sud América matando a por lo menos 24 personas e hiriendo a 223. El centro de la cuestión es que el caballero responsable de esta acción —por quien yo me saco el sombrero, porque algunas veces una sola persona se convierte en motivo de orgullo para toda una nación— dijo que esto era el equivalente a la bomba que mató a Sayyid Abbas Mussawi. Ésta fue una acción de represalia, y todavía no es suficiente: habrá muchas más."

"Dios es grande", "Muerte a Israel", "Muerte a los Estados Unidos", bramaban los fieles enardecidos. Meshkeni continuó:

(...)"Yo debo remarcar un punto a mis hermanos y hermanas: Señores, el Islam está contra el terrorismo. El Islam está contra el sabotaje. Está contra la destrucción de casas, vidas, jardines, etc. Pero la lógica de alguna gente lo lleva a lanzar ataques aéreos y violar otro país con un bombardeo aéreo; cuando una persona lanza una bomba sobre un número de gente indefensa e inocente, matándolos —infringiendo las leyes internacionales— y luego retorna a su casa, entonces queda claro que esa persona no cree en otra lógica que la fuerza. No cree en otra lógica que la de las bombas y las armas. La lógica de la fuerza debe ser respondida con la lógica de la fuerza."

Antes de concluir su arenga de 37 minutos Meshkeni agregó una advertencia: "Israel no entiende razones; ni siquiera Estados Unidos, que es más fuerte que Israel, entiende razones. La lógica, las conversaciones, sentarse en una mesa de negociaciones y los derechos humanos se han convertido en juguetes en sus manos, que usan para servir sus propios intereses. Ellos no creen en la lógica, sino en la fuerza. Nosotros creímos desde un principio, y todavía creemos, que la única manera de que los palestinos, los no palestinos, los argelinos, los combatientes de Hezbollah de todo el mundo alcancen sus metas es la lucha armada. Tienen que luchar con las armas en la mano y avanzar.

Nosotros esperamos que pronto Israel comprenda que no podrá vivir rodeada por varios millones de oponentes musulmanes".

El loco de la bomba

Quien quiera que fuese, el autor del atentado contra la embajada se había convertido en uno de los hombres más buscados por Israel y, como todo aquel que entra en esa categoría, debería haber sabido que, tarde o temprano, en algún punto del planeta, un discreto grupo de agentes del Mossad lo estaría esperando. "Vengaremos la sangre de las víctimas", prometió a pocas horas del atentado el canciller israelí, David Levy. "Los que perpetraron el asesinato y quienes ordenaron cometerlo lo pagarán muy caro", advirtió Levy en el Parlamento (Kneset) y agregó que "el Gobierno de Israel elegirá dónde y cuándo" les propinará el golpe.

Por las características técnicas del explosivo utilizado, la cacería del terrorista que armó el coche-bomba quedó circunscripta a un número relativamente reducido de "especialistas" vinculados a las fuerzas de seguridad argentinas. A través de un riguroso procedimiento de descarte, el círculo fue estrechándose hasta que estuvieron seguros de que habían identificado al personaje que buscaban: el "Loco de la bomba".

En *La Orquesta Roja*, Gilles Perrault sostiene que "una inclinación muy extendida conduce a imaginar que las metedoras de pata más flagrantes de los servicios secretos tienen justificaciones magistrales cuando en realidad, a veces, su causa es una necedad muy cierta. Los profesionales fuerzan esta interpretación, prefiriendo, con mucho, pasar por seres feroces a que se los tome por ingenuos". El Mossad decidió reeditar una de las más dramáticas y controvertidas respuestas al terrorismo por parte de un Estado democrático: la política de cazar a los terroristas donde se encuentren. Sus más espectaculares y sangrientos golpes han sido contra árabes y palestinos a lo largo de medio siglo de un conflicto que a menudo se ha extendido a Francia, Italia, Bruselas, Noruega, Chipre, Grecia y otros países. Y también la Argentina.

El "Loco de la bomba" era un alto oficial de la Brigada de Explosivos de la policía de la provincia de Córdoba que, durante la época de la guerra sucia, se había ganado su apodo dinamitando propiedades de varios conocidos empresarios judíos a nombre de una banda parapolicial conocida como "Los arcángeles". Durante esa época, el "Loco de la bomba" trabajaba en estrecha relación con el jefe de la Dirección de Informaciones (D2) de la Policía de Córdoba, el comisario Raúl Pedro Telleldín, padre de Carlos Alberto Telleldín. Telleldín padre, que era hombre de confianza de José López Rega y del ex interventor de Córdoba, brigadier Raúl Lacabanne, fue fundador del Comando Libertadores de América, un grupo parapolicial paralelo a la Triple A.

El "Loco de la bomba" debería haber sabido que una explosión no borra todos los detalles: la forma de disponer la carga, la manera de enrollar los cables, la preferencia de un producto de una marca determinada constituyen "la firma" del terrorista y una pista para su identificación.

Es posible que el "Loco de la bomba" haya subestimado la probabilidad de ser identificado y secuestrado. En todo caso, debía saber que no hay mejor cómplice del enemigo que la rutina. No es necesario detenerse en los detalles de la captura: cuando se cuenta con un equipo experimentado, esas cosas se hacen de manera rápida, casi ritual. No hubo tiroteos ni ningún tropiezo desagradable. Nadie reclamaría por este personaje algo alcoholizado, dado de baja por matar a un taxista por la espalda y que desde hacía mucho tiempo y por propia elección, se había internado en un mundo sin retorno.

"Empiecen el interrogatorio por el final. Después, si queda tiempo, pueden volver al principio", recomendó el jefe del equipo. Por medio de un intérprete, que también era un oficial de inteligencia, el interrogador comenzó su trabajo. El brazo del Mossad jamás ha sido corto ni piadoso.

Es obvio que, aunque ahora un dedo acusador apunte vigorosa e indudablemente al Mossad, ninguna autoridad en Israel va a confirmar o desmentir esta operación, ni tampoco la colocación de una bomba que el 21 de diciembre de 1994 estalló en el barrio Sfeir de Beirut y mató a Fuad Mughniyeh, un operativo de Hezbollah que, además, era hermano del jefe de seguridad de la organización, Imad Mughniyeh. Sin embargo, la posibilidad de recurrir a la lógica del "ojo por ojo" aplicada en tantas otras oportunidades había sido anticipada públicamente en Israel inmediatamente después del atentado.

Los servicios israelíes —que tienen el récord de identificar y capturar a los autores del 80 por ciento de los actos terroristas cometidos en su país—, no estaban dispuestos a entregar al "Loco de la bomba" a la justicia argentina porque la investigación del atentado ingresaría por un carril jurídico y diplomático que no le convenía al Mossad. Por otra parte, el "Loco de la bomba" no sólo comprometía a las autoridades argentinas sino también a las norteamericanas, porque el presunto terrorista había realizado cursos de perfeccionamiento en explosivos en los Estados Unidos.

El día en que se conmemoraba el primer aniversario del ataque, el canciller Shimon Peres aseguró en Jerusalén que su gobierno "sabe quién hizo detonar el coche-bomba", pero señaló que las autoridades de su país no aportarían más datos al respecto "a la espera de las conclusiones de la investigación que lleva adelante el gobierno argentino" a través de la Corte Suprema de Justicia.

En el acto que se llevó a cabo en Buenos Aires el 17 de marzo de 1993, Carlos Menem repitió que el gobierno de Israel "sabe quiénes son los responsables del atentado contra la embajada" frente a lo cual el Gobierno "apelará inmediatamente a las autoridades de ese país para que juntos hagamos justicia". Luego, con la voz quebrada, Menem concluyó su discurso entonando las estrofas de un típico canto israelí: "Jai, Jai, Israel, Jai" (Vive, Vive, Israel, Vive).

Más tarde, el largo brazo del Mossad hizo que el canciller Shimon Peres se desdijera. Sin embargo, la información ya estaba al alcance de un selecto grupo de protagonistas. En julio de 1993, el embajador israelí Yitzhak Shefi, que concluía su misión diplomática en la Argentina, concedió al autor de este libro un reportaje que fue publicado en *Página/12*[8]: "Me imagino que el gobierno argentino tiene tanto interés como nosotros en descubrir a los autores del atentado; primero, para comprobar que no han sido argentinos. Siempre se ha hablado de elementos extranjeros y yo me imagino que esto es lo primero que Argentina querría saber o comprobar, para mostrar que fue un acto de terrorismo dirigido y planificado desde afuera —y ejecutado, también—, por no argentinos", dijo el enigmático Shefi a modo de despedida.

Para rastrear el paradero del "Loco de la bomba" el autor de este libro estableció contacto con otra figura de la Brigada de Explosivos de la Policía de Córdoba, que conocía los negocios ilegales de armas y explosivos en los que estaba involucrado el "Loco de la bomba" en Paraguay.

—Olvidate, el "Loco de la bomba" ya fue —rezó la tajante pero elocuente respuesta.

No está probado si el "Loco de la bomba" fue o no quien efectivamente armó el coche-bomba ya que eso sólo podría determinarlo la justicia. Tampoco está claro qué tipo de evidencias obtuvieron los israelíes durante los interrogatorios, cuántos detalles proporcionó el prisionero sobre la participación iraní, ni tampoco si algunas de esas pruebas podrían perjudicar al gobierno de Carlos Menem o a gente de su entorno político o familiar. Supuestas razones de Estado hicieron que los israelíes no blanquearan esas evidencias obtenidas ilegalmente y, lo que es más grave aún, que erraran la interpretación del atentado: concluyeron que se trataba de un fenómeno aislado, irrepetible; que a los máximos responsables había que buscarlos en Teherán o Beirut mientras en Argentina bastaba con mantener una paciente y enigmática sonrisa.

NOTAS

[1] *Ha'aretz* (Diario israelí), Sh. Tsdaka, 01-05-1992.
[2] *The International Herald Tribune*, "Iran said to print phony $ 100 bills", 03-07-1992; *Página/12*, "Dolar-truchos", 03-08-1992.
[3] *Clarín*: "Embajada: Los suizos investigan a Al Kassar", 27-12-1995.
[4] *Página/12*, 21-03-1992.
[5] *New York Daily News*, 20-03-1992.
[6] *Los Angeles Times*, 27-11-1988.
[7] *FBIS* (Foreign Broadcasting International Service, agencia del gobierno de los EE.UU. encargada del monitoreo radial), "Meshkeni saluda la bomba en la embajada de Buenos Aires LD2003211192 (Informe editorial) Teherán, Canal Dos de Televisión del Servicio Iraní de Radio y Televisión (IRIB) en idioma persa a las 14.05 GMT del 20 de marzo transmite una grabación de 37 minutos del sermón oficiado el viernes 20 de marzo en Qom por el ayatola Ali Akbar Meshkeni", 23-03-1992.
[8] *Página/12*, 25-07-1993.

5. Ayatolas nucleares

Con aire mundano y hablando un inglés con marcado acento mediooriental, el traficante de armas explicó de entrada que prefería ser llamado "un hombre de negocios internacionales" y pidió un cóctel Blue Lagoon en el bar del hotel neoyorquino donde se había concertado la entrevista. Fumando despaciosamente su cigarro, observó cómo el barman mezclaba vodka y curazao azul antes de agregar el jugo de ananá. Acariciando su corbata de seda italiana, esperó en silencio hasta que el mozo sirvió las bebidas. Luego levantó la copa con el líquido azulado para examinarla a contraluz y abrió fuego:

—¿Sabe que hay notables parecidos entre los cócteles y la venta de armas? —Tomó un sorbo y sin esperar respuesta continuó:— Ambos tienen una génesis oculta, ambos se concretan gracias a la combinación de elementos desconocidos, y se convierten en otra cosa si no son correctamente dosificados. El cóctel argentino se convirtió en un mal trago... en un cóctel explosivo.

—¿*Pero, por qué la Argentina?*

—Menem debería saber que con los ayatolas y los temas nucleares no se juega. Tenía a su propio cuñado para informarse —explicó el traficante señalando que el carácter errático, contradictorio y arriesgado de las aventuras nucleares y armamentistas del menemismo en el Medio Oriente desencadenaron "la ira sagrada" de los ayatolas y contribuyeron a la elección de Argentina como blanco del primer atentado. Luego, los mensajes ambiguos, las negociaciones secretas y la pérdida de interés en el país como socio comercial hicieron que Argentina quedara definitivamente incorporada en la agenda del terror.

El traficante abrió su maletín de piel de cocodrilo y extrajo una carpeta donde había informes confidenciales, correspondencia y artículos periodísticos cuidadosamente archivados. Ojeando rápidamente se detuvo ante unos recortes en los que el nombre Karim Yoma aparecía prolijamente subrayado: *Clarín*, 23 de septiembre de 1990: "Los negocios secretos con Irán"; 1º de marzo de 1992: "Historia del embarque que no fue"; 17 de marzo de 1993: "Alfonsín acusó a Karim Yoma de pedir coimas a empresarios españoles"; 11 de abril de 1993: "Kohan y Karim Yoma fueron piezas clave en la 'Operación Submarinos'"; 23 de julio de 1993: "Investigan los créditos italianos a Manzano, Dromi y Karim

Yoma"; *La Nación*, 6 de abril de 1993: "Niegan una intervención como agentes de venta de submarinos"; 3 de septiembre de 1994: "Armamento y elementos nucleares argentinos en los arsenales de Irán"; *Página/12*, 4 de septiembre de 1994: "Los versos satánicos".

Basta leer los diarios para comprender que con su fracasado intento de proveer tecnología nuclear a Irán y también a Siria, Karim Yoma, el cuñado del presidente Menem, alcanzó la quintaesencia de la codicia: en función de intereses personales puso a la Argentina en posición de alterar el balance nuclear o de traicionar los compromisos que había asumido con los iraníes. No estamos hablando de cuatro o cinco millones de dólares. Estamos hablando de cientos de millones: Yoma comprometió a la Argentina en proyectos nucleares por un total de 300 millones de dólares —50 millones por año—, que sumados a la provisión de dos reactores totalizaba unos 500 millones de dólares. Hay que entender que este tema es motivo de orgullo nacional y unifica a las distintas facciones en el poder. Cuando los ayatolas se sintieron traicionados por la Argentina —y posiblemente estafados, porque seguramente pagaron suculentas comisiones—, no dudaron en darle el visto bueno a Hezbollah para que vengara a Mussawi en Buenos Aires. Allí Irán ya no tenía nada que perder.

—¿*Por qué tenían los iraníes tanto interés en tecnología argentina?*

—No olvide que la Argentina había sido una importante fuente de aprovisionamiento clandestino de material bélico a lo largo de toda la guerra Irán-Irak. Una de las razones es que buscaban tecnología Siemens que Alemania les había negado y Yoma prometió darles. Averigüe cuáles eran "las facilidades suplementarias" que los iraníes solicitaban a la Argentina. Ese paquete incluía un reactor mediano que podía proveer en poco más de un año el plutonio necesario para fabricar una bomba.

Un vecindario peligroso

El traficante hablaba, con pasión de conocedor, sobre una extensa construcción a orillas del Golfo Pérsico donde dos majestuosos edificios semiterminados de acero y cemento son lentamente erosionados por el viento y la sal marina: el complejo nuclear iraní de Busheir. La construcción se inició durante el reinado del Sha Reza Pahlevi. En 1979, después de la revolución, la empresa contratista, la alemana Siemens, suspendió los trabajos, pero los iraníes preservaron meticulosamente todos los equipos abandonados. Hasta ahora, Busheir no ha producido un solo watt de electricidad o un gramo de plutonio, pero la compra de un reactor ruso de 1.000 megawatts para la central nuclear ha generado un recalentamiento político y diplomático a nivel internacional. Mientras los europeos relativizan el peligro y hacen buenos negocios, estadounidenses e israelíes insisten en que Irán conduce un programa militar clandestino destinado a desarrollar armas nucleares de manera paralela al proyecto civil[1].

El 5 de marzo de 1995 el servicio de inteligencia militar israelí (Aman) entregó al entonces premier Yitzhak Rabin y a su gabinete una evaluación estratégica anual que previamente había sido discutida durante dos meses con el Mossad (inteligencia exterior) y el Shin Beth (inteligencia interior). El informe establece que Irán es el principal enemigo de Israel y que en un plazo de tres años ese país puede acceder a armas nucleares[2].

En el mismo sentido, en septiembre de 1995 el periódico conservador británico *The Sunday Telegraph*[3] reveló que más de 10.000 soviéticos están trabajando para el régimen de los ayatolas. Irán también se ha convertido en el enemigo número uno de los EE.UU.: En el informe *Guía para la Planificación de la Defensa*, que está caratulado como "reservado", el secretario de Defensa William Perry ubica a Irán como la primera de siete prioridades que determinan la planificación militar estadounidense. Aunque por ahora ese país no posee otra cosa que ambiciones nucleares, ya ha sido incorporado al SIOP (Single Integrated Operational Plan), el plan norteamericano para la próxima guerra con armas atómicas[4]. En octubre de 1995 el Comando Estratégico de los EE.UU. (STRATCOM) estaba elaborando un "libro plateado", destinado al presidente y al secretario de Defensa, detallando los blancos iraníes, las armas asignadas, los cronogramas de ataque y una estimación de lo que eufemísticamente se denominan "daños colaterales", es decir víctimas y daños civiles.

"A los iraníes les gustaría hacer sus propios misiles pero no pueden. Les falta plutonio militar o el equipamiento necesario para producir uranio enriquecido. Sobre lo que no cabe ninguna duda es que van a hacer todo lo que esté a su alcance para conseguir armas nucleares", explicó el traficante. "Hay que tener en cuenta que estos muchachos viven en un vecindario peligroso. Sus vecinos Rusia y China tienen armas atómicas. Aunque Paquistán lo niegue, también las tiene. Israel, otro tanto, y no hay razones para suponer que Saddam Hussein haya abandonado definitivamente ese proyecto. ¿Por qué habrían de abstenerse los iraníes?", preguntó el "hombre de negocios" y de inmediato descerrajó una afirmación tajante: "Si hubieran obtenido lo que Argentina les prometió probablemente ya tendrían la bomba".

Los mercaderes y las comisiones

La participación argentina en los proyectos nucleares iraníes comenzó durante la época del Sha y se prolongó con el ascenso del ayatola Jomeini al poder en 1979. El almirante Oscar Armando Quihillalt, quien durante 15 años había dirigido el programa nuclear argentino, fue contratado como consultor de la Organización Nacional de Energía Atómica de Irán (AEOI) y en 1975 la mitad del personal extranjero en la AEOI era argentino. A partir de la década del '70, a lo largo de los '80 y hasta por lo menos 1993, es decir un año después del primer atentado, la Argentina figuró en los mapas iraníes como uno de los principales puertos de triangulación en las intrincadas operaciones de tráfico de armas.

Para los mercaderes de armas la Argentina se convirtió, en las dos últimas décadas, en una referencia frecuente por la relativa sencillez con que se obtienen los certificados —falsos— de destino final exigidos por las aduanas para otorgar los derechos de exportación.

"Existe una gran variedad de certificados falsos y sus precios varían de acuerdo a la calidad de los mismos que, como los hoteles, se clasifican según una escala de una a cuatro estrellas: se usan documentos "verdaderos-falsos" (cuando un país realmente encara una compra fraguada) y "falsos-verdaderos" (cuando un país fraguado encara una compra verdadera). El *bakshish* ("comisión", en árabe) puede llegar a multiplicar de tres a cinco veces el precio de uno de estos cargamentos ilegales entre su punto de partida y su destino", explicó el traficante.

Cada una de las informaciones aportadas por este dudoso personaje envuelto en seda y pólvora fueron posteriormente corroboradas, punto por punto, por fuentes independientes. Sin duda en un país donde desfilan personajes de la talla de Ghaith Pharaon, Monzer y Ghassam Al Kassar, es relativamente sencillo encontrar competidores o ex socios defraudados que narran historias como ésta y mencionan las comisiones de dos dígitos que cobraron distintos funcionarios argentinos. Lo difícil es encontrar las pruebas.

Cuando Carlos Menem asumió el poder, por expreso pedido de Zulema Yoma creó a la medida de su cuñado Karim Yoma la Secretaría de Asuntos Especiales de la Cancillería, un híbrido diplomático desde donde se manejaron paralelamente los acuerdos de cooperación con Italia y España junto con arriesgados negocios con Irán, Irak, Siria y Taiwán. Para desempeñarse en ese cargo Yoma contaba con los conocimientos sobre el Medio Oriente, adquiridos durante los años en que se desempeñó como oficial de inteligencia de la embajada española en Damasco, en los que logró armar una fluida red de contactos con dudosos personajes que más tarde recalarían en Argentina: Monzer al Kassar, Ghaith Pharaon y Rifat Assad, entre otros. Antes de acceder al cargo en la Cancillería, Karim Yoma ya oficiaba de lobbista iraní en Buenos Aires y proponía que Argentina concediera un status especial a sus relaciones con Irán. Según el ex negociador argentino con Gran Bretaña por el tema Malvinas, el embajador Lucio García del Solar, "lo primero que llamó la atención es que se rompió el organigrama clásico de cualquier Cancillería, donde España e Italia, que deben estar en lo que se llama Europa, fuesen extraídas de su lugar natural para colocarlas bajo la jurisdicción totalmente nueva y contra natura de alguien que las tuviese con exclusividad"[5]. En una entrevista radial, García del Solar explicó que había gran desconcierto en la Cancillería porque Yoma no respetaba la jerarquía del vicecanciller Archibaldo Lanús ni del director de Europa occidental:

—*Dentro de la Cancillería se tomaba con bastante disgusto el hecho que el señor Yoma viajaba por el mundo sin dar información correspondiente y —como usted lo señaló— a áreas totalmente ajenas a su jurisdicción como podía ser Irán.*

—No sé si Irán oficialmente se incorporó a ese cóctel de países que él dirigía. Pero que él viajó a Irán, sí. No abro juicio sobre cómo caían o no sus viajes en sí. Desde el punto de vista interno de la Cancillería era criticable —o no era bien visto— que se hubiese armado ese cóctel de países a cargo de un señor de afuera. Todo eso no cae bien[6].

Por medio de las denuncias de sus frustrados clientes supo que en septiembre de 1989, Karim Yoma intentó vender cinco submarinos Clase TR-1700 a Taiwán, como parte de un paquete que también incluía 200 Tanques Argentinos Medianos (TAM) por 300 millones de dólares. Sin embargo, las comisiones de dos dígitos exigidas por Yoma para concretar la operación que totalizaba 1.500 millones de dólares impidieron que los chinos cerraran trato. "Problemas con Yoma y su equipo; quieren apartarnos y quedarse ellos con el negocio". Esta afirmación forma parte de un extenso fax reservado que un ingeniero taiwanés y un aviador retirado enviaron al gobierno de Taiwán, en septiembre de 1990, detallando las sordas disputas argentinas[7].

Las promesas de Karim

Cuatro meses después, el 15 de enero de 1990, el secretario para Asuntos Especiales dirigió un memorándum a Carlos Menem que lleva el número 109 y los sellos de "confidencial" y "urgente". Allí le informaba que había aceptado una invitación del gobierno iraní para visitar Teherán el 14 de febrero. Yoma conformó su comitiva con funcionarios de la Comisión Nacional de Energía Atómica (CNEA) y de Yacimientos Petrolíferos Fiscales (YPF) y empresarios de firmas como SanCor, Pirelli, Astilleros Pedro Domecq e Interpetrol. Tras entrevistarse en Teherán con el presidente iraní Ali Akbar Rafsanjani, a quien entregó mensajes de salutación de Carlos Menem y del canciller Domingo Cavallo, Karim Yoma declaró que "el pueblo y el gobierno de Argentina apoyan los esfuerzos de Irán para permanecer independiente de los bloques de poder desde el triunfo de la revolución islámica en 1979". Las promesas generadas por Yoma determinaron que la agencia oficial de noticias *IRNA* abriera, en 1990, una corresponsalía en la calle Viamonte 1636 PB "A", de Buenos Aires, y acreditara a tres periodistas ante la Cancillería: Mohammad Javad Aghakanian, Ali Rabon Pour y Omar Horacio Bagnoli. Pero las expectativas iraníes se tornaron frustraciones cuando el gobierno argentino, cediendo a las presiones de sus aliados, traicionó la palabra empeñada: al finalizar la Guerra del Golfo, *IRNA* clausuró su oficina en Buenos Aires.

Otro informe —citado por Oscar Raúl Cardoso en *Clarín* [8]— consigna que Yoma comprometió a la Argentina en los siguientes rubros:

* Un acuerdo para proyectos nucleares por un total de 300 millones de dólares —50 millones por año— más la provisión de dos reactores para la central nuclear de Busheir y el suministro de plantas de irradiación de alimentos totalizando 500 millones de dólares.

* Comercialización de "crudo iraní (...)que se nos ofrece en cantidad suficiente para abastecer a los mercados importantes (a los que) ellos mismos no pueden o no les interesa vender (EE.UU., o América Latina).

* Participación argentina en el Plan Quinquenal de Reconstrucción iraní que "movilizará recursos por un monto global de compras de bienes y servicios de aproximadamente 120.000 millones de dólares, el doble de nuestra deuda externa".

Consciente de las objeciones que despertaría el acuerdo, Yoma escribió otro memorándum en el que señala que es un prejuicio no vender lo que todos venden por temor a transgredir normas internacionales o molestar a alguien: "es muy importante distinguir entre lo que es un prejuicio (no vender todo lo que el mundo vende aunque con las garantías de seguridad del caso) presumiendo que podemos molestar o incomodar a quienes erróneamente califican de riesgosa nuestra transferencia con el perjuicio real y efectivo que esta omisión representa para el país", advirtió Yoma.

El 28 de mayo de 1991, poco antes del "desfile de la victoria" que se realizó en Nueva York, el canciller Domingo Cavallo recibió en Buenos Aires al ministro de Comercio de Irán, Abdulhussein Vahaji. Al firmar un acuerdo para la compra de 60.000 toneladas de cereales, resaltó su deseo de que las relaciones bilaterales retornaran a los niveles de 1988/9, época en la que Irán había comprado 1,5 millones de toneladas de granos, convirtiéndose en el segundo cliente de la Argentina en este rubro.

En los seis meses siguientes, los negocios secretos de Karim Yoma con Irán fueron torpedeados por el canciller Cavallo y por el director de Seguridad Internacional y Asuntos Nucleares Especiales del Palacio San Martín, Enrique Candioti, y el asunto se dio por cerrado a fines de julio de ese año con la renuncia del cuñado presidencial, sobre quien siguieron lloviendo acusaciones de cobro de suculentas comisiones ilegales.[9] El último día en el cargo, un funcionario de rango menor pidió a Yoma la devolución de sus tarjetas de presentación.

Los nuevos aliados no olvidan

La opinión pública recibió una explicación por demás burda: se temía que los cereales y alimentos argentinos para Irán fueran a parar a su archienemigo Irak, violando el embargo comercial y el bloqueo naval ordenados por la ONU. Aunque Argentina trató de archivar el tema lo más rápidamente posible, ni los norteamericanos, ni los israelíes y menos aún los iraníes, olvidaron el asunto tan fácilmente. Las presiones norteamericanas sobre Argentina por la transferencia nuclear se redoblaron.

A principios de diciembre de 1991, el vicecanciller Juan Carlos Olima autorizó verbalmente a la Comisión Nacional de Energía Atómica (CNEA) —que controla el INVAP (Investigaciones Aplicadas)— a realizar el primer embarque de máquinas, herramientas y tuberías "de uso dual" —lo que implica que podía ser utilizado tanto para usos pacíficos como militares— destinado a una planta piloto para la purificación de uranio y a otra para la fabricación de combustibles. De acuerdo con los contratos, esa operación gestada bajo los auspicios de la Agencia Internacional de Energía Atómica (AIEA) ascendía a los 18 millones de dólares y era parte de un paquete que en su conjunto representaba unos 30 millones de dólares.

Un par de días después, el 11 de diciembre, el vicecanciller Olima instruyó por escrito a la CNEA —que depende de Presidencia de la Nación— para que suspendiera el envío destinado a la Organización Nacional de Energía Atómica de Irán (AEOI) que debía remitirse el 13 de diciembre de 1991 a bordo del buque Fathulkahir. A los iraníes se les dijo que el despacho estaba demorado y que saldría el 25 de diciembre en el barco Ibn-Tufail, que operaba con la empresa naviera United Shipping Co.

Las transacciones nucleares con Argentina tenían para Irán un alcance y una importancia estratégica mucho mayor de lo que oficialmente se admitió: a través del INVAP, una empresa mixta radicada en Bariloche cuyas acciones pertenecen en parte a la provincia de Río Negro y que está bajo el control de la CNEA, Argentina iba a modificar un viejo reactor norteamericano de cinco megawatts —el Triga— para que los iraníes pudiesen ponerlo en marcha con uranio enriquecido al 20 por ciento, y también proveería ese combustible, que no es apto para construir una bomba. Pese a que el contrato fue negociado bajo supervisión de la AIEA y que la provisión de uranio enriquecido al 20 por ciento no violaba ninguna de las directivas del organismo internacional, la operación despertó más que sospechas en EE.UU.

El problema no era el combustible para el pequeño reactor Triga, sino "las facilidades suplementarias" que los iraníes solicitaban a la Argentina. Ese paquete de facilidades incluía un reactor mediano —prometido por Yoma— que podía proveer en el plazo de poco más de un año el plutonio necesario para fabricar una bomba; una planta para la producción de óxido de uranio y una fábrica de deuterio para la producción de agua pesada. Combinada con el uranio natural, el agua pesada permitiría a los iraníes poner en marcha el reactor Triga de cinco megawatts y otro de 27 megawatts adquirido en China en 1991. El combustible empleado en esos reactores podría ser reprocesado para obtener plutonio militar. Si este programa hubiera tenido éxito, en la actualidad Irán ya tendría una bomba atómica.

Días después de paralizada la exportación, el gobernador de Río Negro, Horacio Massaccesi, viajó con urgencia a Buenos Aires para pedir explicaciones y se reunió con Olima, quien confesó que la causa principal de la medida habían sido las presiones norteamericanas[10]. Bastó una carta del encargado de negocios de la Embajada de EE.UU. en Buenos Aires, James D. Walsh, para que, a comienzos de 1992, el embarque permaneciera retenido en el puerto de Campana. La carta de Walsh —que está fechada el 17 de diciembre de 1991 y va dirigida a la Cancillería argentina— prueba que el *affaire* Yoma no concluyó con la renuncia de su principal protagonista: "Estamos sumamente complacidos de recibir mayores garantías de que su gobierno comparte verdaderamente nuestras preocupaciones con respecto a la naturaleza del programa nuclear de Irán. Los felicitamos por haber tomado la difícil decisión de cancelar el reciente embarque de material destinado al programa nuclear de Irán (...) Entendemos que pronto se tomará una decisión definitiva sobre éste y otros contratos vigentes con Irán". Walsh agrega que "el gobierno de los Estados Unidos no puede asumir ninguna responsabilidad financiera derivada de la muy adecuada decisión del gobierno argentino en este asunto"[11].

Los viejos socios no perdonan

El 10 de febrero de 1992, el gobierno iraní convocó al embajador argentino en Teherán, Norberto Auge, para protestar verbalmente porque la Argentina calificaba a Irán como "país no confiable". La protesta verbal iraní por el incumplimiento argentino del contrato con el INVAP cobró una dimensión distinta, un mes más tarde, con el atentado contra la embajada de Israel.

A consecuencia de esa suspensión, el canciller Guido Di Tella debió informar a legisladores justicialistas sobre los lineamientos de la política nuclear argentina. En un documento público, Di Tella reconoció que "hasta 1989 exportábamos sin preocuparnos quién nos compraba y nos asociamos con regímenes autoritarios y antioccidentales". Al dar cuenta de que esa política se terminaba, el canciller agregó: "El nuevo curso seguramente obligará a reconsiderar algunos negocios contratados. Si se llega al caso de su cancelación, será un precio que deberemos tener la inteligencia y el coraje de pagar".

Robert Gates, director de la CIA durante la administración Bush, declaró en enero de 1992 ante el Congreso estadounidense que Irán estaba gastando 2.000 millones de dólares al año en la compra de armamento, que podía resultar una amenaza para los Estados Unidos y sus aliados en el Golfo Pérsico en un plazo de tres a cinco años y que podría obtener armas nucleares antes del año 2000. En el informe de Gates se mencionaba específicamente a la Argentina, junto con Brasil y Paquistán como los principales países que suministraban tecnología para el enriquecimiento de uranio.

El sucesor de Gates en la administración Clinton, James Woolsey, relativizó, en 1993, los pronósticos de la CIA afirmando ante el Congreso que "Irán necesitaría entre 8 y 10 años para construir armas nucleares, dependiendo de la ayuda del exterior que pudiera obtener".

Menem, Bagdad y Damasco

El retraso en las ambiciones nucleares de los ayatolas y la alusión de Woolsey a "la ayuda exterior" tienen mucho que ver con el brusco giro que dio la política exterior argentina en septiembre de 1990 al enviar las naves al Golfo Pérsico. Al integrar la alianza anti-Saddam, Carlos Menem se desembarazó de un lastre tan peligroso como el misil Cóndor: en el libro *Relaciones Carnales* los periodistas Julio Villalonga y Eduardo Barcelona revelan que los servicios de espionaje estadounidenses e israelíes tenían pruebas de que durante los primeros seis meses de 1990, Karim Yoma había intercambiado varios mensajes con Bagdad referidos a la visita que Menem planificaba hacer a Irak y a Siria en marzo de 1991. Si éstos se hubieran hecho públicos, la imagen internacional de Menem hubiera quedado indisolublemente ligada a la de Saddam Hussein.

Los norteamericanos e israelíes también tenían copias de un contrato de tecnología ultrasensible que Karim Yoma había puesto sobre el escritorio de Carlos Menem, por el cual se podían transferir "todos los productos del requirente —Irak—, tales como FAS 300, FAS 320, Sigint, y también servicios, tecnologías, investigación y desarrollo"[12]. Sólo una gestión de último momento de Cavallo evitó que Menem diera el okey al contrato que ya había sido inicialado por los representantes de la Fuerza Aérea argentina en Bagdad y de la empresa intermediaria Brenco, en Buenos Aires. Los hechos se precipitaron: Menem hizo renunciar al ministro de Defensa Ítalo Argentino Lúder —que no sabía nada sobre la operación— y designó en su remplazo a Humberto Romero.

Cuando arreciaban las denuncias en su contra por el cobro de comisiones ilegales, Karim Yoma utilizó ante *Radio América* una extraña metáfora para describir su caso: "Existe una campaña que lleva más de dos años largos, con un ensañamiento, quizás el más atroz que se recuerde contra una familia en la Argentina. Yo pienso, a veces, que el calvario de la chiquita judía, Ana Frank, fue nada al lado de la persecución sistemática que se lleva a cabo contra los Yoma", dijo en abril de 1993. En 1994 volvió a ser noticia cuando se reveló que el Banco Nación había otorgado subsidios por 75 millones de dólares para el salvataje de las empresas Yoma. Si bien había 75 millones de diferencias entre la familia de Karim Yoma y la de Ana Frank, nadie podría haber imaginado que ese mismo año la Argentina se iba a convertir en el escenario para el más cruento atentado antijudío desde el Holocausto.

Los negocios controvertidos y arriesgados continuaron. Una carta con la firma de Romero prueba que el gobierno argentino comisionó al sirio Monzer Al Kassar para vender a Polonia tres submarinos TR—1700 de 2.200 toneladas al precio de 210 millones de dólares cada uno, otros dos submarinos de la misma categoría a 180 millones de dólares por unidad y dos submarinos Clase 209 de 1.100 toneladas a 60 millones de dólares cada uno[13].

Las reuniones secretas

Durante la segunda semana de mayo de 1992, es decir, un mes y medio después del primer ataque terrorista, representantes del gobierno argentino se reunieron secretamente en un país europeo con funcionarios iraníes de primer nivel para "renegociar" los convenios nucleares que habían sido suspendidos unilateralmente por la Argentina.

"De acuerdo con los contratos, esa operación ascendía a los 18 millones de dólares y era parte de un paquete que en su conjunto representaba unos 30 millones de dólares, pero cada vez que se negociaba con los iraníes uno tenía la sensación de estar haciendo malabarismos con nitroglicerina", confió una fuente cercana a esa negociación. De aquellas reuniones, que los irritados iraníes amenazaron abandonar cada vez que se mencionaba el tema del atentado a la embajada, sólo salieron "acuerdos verbales": toda nueva operación debería ser aprobada por la Agencia Internacional de Energía Atómica, y Argentina compensaría económicamente a Irán, aumentando en un 80 por ciento las exportaciones de cereales y principalmente las de armas convencionales.

Los estrategas del gobierno argentino —que nunca admitieron que esas reuniones hubieran tenido lugar— calificaron los contactos como "apuestas políticas en favor del presidente Rafsanjani, quien sufría los ataques de los sectores más radicalizados".

Para compensar moral y económicamente a Irán por los contratos nucleares incumplidos y prevenir nuevos ataques terroristas, Argentina se comprometió a proveer clandestinamente armas a los musulmanes de Bosnia que en abril de 1993 —tras el conflicto con los croatas— improvisaron su propio ejército. En dos de las seis reuniones realizadas en París, el 2 de febrero de 1993 y en un simbólico 17 de marzo, fecha en que se cumplía un año del atentado a la embajada de Israel, funcionarios argentinos tomaron la lista de pedidos de los musulmanes de Bosnia: cañones pesados, fusiles de combate FAL, misiles Pampero, minas antipersonales, granadas y las municiones correspondientes integraban la nómina solicitada.

Hubo por lo menos seis reuniones secretas en París: cuatro se realizaron en el hotel Bristol, una en el hotel Lutetia y otra en un departamento de la avenida Kleber. En el encuentro que se llevó a cabo en el hotel Lutetia participaron la hija del presidente bosnio-musulmán Alia Izetbegovic, el embajador bosnio en Suiza, Mohamed Filipovic, y miembros de los servicios de inteligencia argentinos y españoles.

Violando el embargo de material bélico impuesto por la ONU, los embarques de armas argentinas partieron en barcos de bandera croata o de conveniencia desde los puertos de Campana y Buenos Aires, y en aviones Boeing 747 —en algunos casos iraníes— desde el aeropuerto de Ezeiza y la base aérea de Tandil. En una serie de notas de investigación que le valieron el premio Rey de España, el periodista Daniel Santoro, de *Clarín*, reveló la trastienda de varias de estas operaciones:

* Un cargamento de 112 contenedores con 25.000 fusiles

FAL, 25.700 granadas, 5.750 minas antipersonales y casi 6.600.000 municiones que Fabricaciones Militares supuestamente envió en abril de 1994 a Panamá fue en realidad a Croacia. La operación era por 8.243.000 dólares y una intermediaria fantasma llamada Debrol S.A. obtuvo una comisión de 400.000 dólares.

* Los 36 cañones pesados que fueron cargados el 2 de febrero de 1995 en el puerto de Buenos Aires en el buque de bandera maltesa Rejka Express, con destino Venezuela, fueron a Croacia.

Armas al mejor postor

Según un informe de la CIA, los musulmanes necesitaban el equivalente a cinco divisiones mecanizadas del Ejército de los EE.UU. para revertir la marcha de la guerra. La escasez de armas potenció los mercados negros y enriqueció a diversos gobernantes. Entre abril de 1992 y agosto de 1994 cayeron sobre la zona armas para los distintos bandos por valor de 1.300 millones de dólares[14]. La antigua correlación entre alineamiento geoestratégico de los beligerantes y la procedencia de las armas utilizadas, típica de la guerra fría, se rompió por completo en los Balcanes. Aviones de fabricación rusa, misiles antiaéreos norteamericanos, ametralladoras pesadas suizas, explosivos y fusiles eslovacos, cañones y tanques alemanes y morteros chinos conforman los arsenales de todos los bandos. Según la revista británica *Jane's Intelligence Review*, entre abril de 1993 y abril de 1994, los iraníes gastaron 160 millones de dólares en armar a los musulmanes de Bosnia; los rusos, a los serbios; los alemanes, a los croatas y los argentinos a todos los que pudieron.

El diputado radical Jesús Rodríguez agregó un detalle relevante al involucrar al ex dirigente montonero Rodolfo Galimberti en el escándalo del desvío de armas. En abril de 1995, Rodríguez presentó un pedido de informes al Poder Ejecutivo en el que planteó que "el gobierno debe aclarar qué rol jugó el asesor de la SIDE, Rodolfo Galimberti como representante de la empresa francesa GIAT Industries en la Argentina, la que a través de su filial belga Herstal S.A. sería responsable de la triangulación de armas francesas a Croacia y al Ecuador, con punto de conexión en Buenos Aires".

El ex militante de Tacuara y ex responsable de la columna Norte de Montoneros hoy reparte su tiempo entre su joven y aristocrática esposa, Dolores Leal Cobo (27), sus negocios de ventas de armamentos y sus vínculos con viejos conocidos en la Dirección de Contrainteligencia de la SIDE, bautizada "Base Estados Unidos", por su ubicación en la calle del mismo nombre, que es la encargada de investigar la conexión local del atentado contra la AMIA. El coronel Pascual Guerrieri, un oficial de inteligencia del Ejército que tiene una vinculación orgánica con la SIDE, es el enlace con Galimberti. Guerrieri, alias "Coronel Roca", fue acusado por los organismos de derechos humanos de haber dirigido dos campos de detención clandestinos que funcionaron en los alrededores de Rosario. Según Martin Edwin Andersen, ex corresponsal de *Newsweek* en la Argentina y autor del libro *Dossier Secreto*, en 1985 el coronel Pascual Guerrieri "intervino en la campaña de amenazas contra sinagogas y escuelas judías destinada a desestabilizar al gobierno de Alfonsín[15]. Beneficiado con la ley de obediencia debida, este militar —que también trabajó como asesor de la policía secreta del dictador paraguayo Alfredo Stroessner— retornó a la SIDE apenas Carlos Menem llegó al poder.

"Él (Galimberti) estuvo en Libia y el Líbano muchos años y puede aportar información sobre el terrorismo internacional que reapareció en el país con el atentado a la AMIA", explicó el jefe de la SIDE, Hugo Anzorreguy, a la revista *Noticias*[16]. Si bien algunos integrantes del gobierno lo consultan y hasta lo frecuentan, muchos jefes militares no creen en la conversión para mejor del antiguo secuestrador y actual custodio de Jorge Born que viaja por el mundo con pasaporte diplomático en misiones supuestamente vinculadas con los Cascos Blancos.

En la primera quincena de junio de 1994, el subjefe de Ejército, general Raúl Gómez Sabaini, el titular de Gendarmería, comandante Timar Musumeci, y el fallecido subsecretario de presupuesto del Ministerio de Defensa, René Emilio de Paul, concurrieron en París a una comida organizada por la firma francesa de armas GIAT Industries. Al enterarse de que el ex montonero y representante de la empresa en la Argentina, estaría presente, dieron media vuelta y se fueron[17]. Los tres invitados que despreciaron el champagne y el caviar de GIAT se libraron de verse involucrados en un negocio turbio: concretamente, el diputado Jesús Rodríguez sospecha de que la empresa que Galimberti representa utilizó a la Argentina como punto de triangulación para proveer armas a los Balcanes.

Las apuestas argentinas

Con la tácita aprobación de la administración Clinton, Croacia se convirtió en el principal punto de ingreso para los embarques clandestinos de armas a Bosnia. Aunque en septiembre de 1993 se detuvo uno de esos envíos de origen saudita que violaba el embargo impuesto por la ONU, el tránsito clandestino de armas para los musulmanes de Bosnia vía Croacia creció dramáticamente a partir de marzo de 1993, según reconocieron la CIA y el Pentágono[18].

Los funcionarios de inteligencia que monitorean el tráfico iraní de armas y la presencia de unos 400 guardias revolucionarios que reciben instrucciones de la embajada iraní en Zagreb admiten haber detectado los embarques regulares de armas y explosivos que desembarcaban de los aviones iraníes en la capital croata o en el puerto de Split, en la costa adriática. Desde allí, las armas eran transportadas en camiones hasta las posiciones del ejército bosnio-musulmán. En los registros del *Defense & Foreign Affairs Strategic Policy* de Londres, han sido identificadas las entregas de Croacia a Bosnia de piezas de artillería de 76 y 120 milímetros, municiones y granadas durante el primer semestre de 1992.

Las "apuestas" que Argentina realizó por el presidente Rafsanjani durante aquellas operaciones secretas fueron un fracaso o alguno de los países protagonistas violó la palabra empeñada. O quizás la fragmentada realidad iraní y la libanesa sean más complejas de lo que imaginan los hacedores de la política internacional argentina.

Tal vez fue un caso de precognición presidencial, un intento de congraciarse con algún sector fundamentalista que lo consideraba un traidor a la causa árabe o una forma de saldar alguna vieja deuda pendiente, pero lo cierto es que un mes antes del atentado contra la AMIA, Carlos Menem anunció la donación a la embajada de Arabia Saudita de un terreno valuado en 20 millones de dólares para la construcción de una mezquita. Aparentemente, el arranque místico que llevó al presidente a donar el terreno para el templo comenzó a gestarse en mayo de 1992, cuando visitó Arabia Saudita y Hafez Assad se negó a recibirlo en Damasco. En esa ocasión el rey Fahd no sólo le pidió consejos sobre un buen entrenador de fútbol para la selección saudita sino que también mencionó el escándalo internacional en torno al Banco de Crédito y Comercio Internacional (BCCI), que estaba a punto de estallar y que comprometía a ambos.

En aquel momento Arabia Saudita era el BCCI y el BCCI era Arabia Saudita. Para el rey Fahd toda la investigación sobre el BCCI "era una conspiración sionista" y, en ese contexto en el que todos los países musulmanes que habían estado bajo la órbita de Karim Yoma —Siria, Irán e Irak— estaban disgustados con la Argentina, surgió la idea sobre la posible donación del terreno para la mezquita. Menem, por su parte, se veía comprometido por la presencia y la concesión irregular de ciudadanía a Ghaith Pharaon y por una supuesta venta —desmentida por el Ministerio de Defensa— de tanques argentinos TAM a Irán vía BCCI. Por otra parte, los fiscales norteamericanos habían demostrado que uno de los *modus operandi* del BBCI consistía en "comprar" el control aduanero en las terminales aéreas y marítimas en varias partes del mundo. Ese dato tiene singular relevancia si se tiene en cuenta que el 30 de agosto de 1989, unos días después de encontrarse con Pharaon, Carlos Menem creó un cargo especial en la aduana de Ezeiza para su cuñado Ibrahim Al Ibrahim, por medio de un decreto que cinco días más tarde firmó Eduardo Duhalde.

La furia saudita frente al escándalo del BCCI se debió, entre otras cosas, a que durante casi dos décadas el banco había servido como discreta cobertura para transacciones de armas entre enemigos jurados: en todas las operaciones de canje de armas por rehenes en las que participaron tanto los EE.UU. como Israel, el BCCI jugó el papel de intermediario. En los embarques de misiles Silkworm vendidos a través del BCCI a Irán e Irak había sofisticados sistemas de teleguiado fabricados en Israel. Según informes de inteligencia estadounidenses, corroborados por el diplomático saudita "arrepentido" Mohamed A. al-Khilewi, "el BCCI jugaba un papel clave en las tratativas indirectas entre Israel y algunos países árabes" y Arabia Saudita había contribuido con 5.000 millones de dólares en el programa nuclear iraquí.

El bazar nuclear

En 1993, el jefe de la inteligencia iraní Ali Fallahiyan mantuvo tratativas secretas con sus colegas de Francia y Alemania para poner fin a los actos de terrorismo chiíta en esos dos Estados, a cambio de un alivio en el pago de la deuda externa, ayuda económica y la devolución a Teherán de dos terroristas de esa nacionalidad, que iban a ser extraditados a Suiza por el asesinato del líder opositor Kazem Rajavi. El coordinador de los servicios de espionaje en la cancillería germana, el ministro de Estado Bernd Schmidbauer reconoció en 1994 ante una comisión parlamentaria que sus agentes habían entregado equipos de computación y entrenamiento a sus colegas iraníes por valor de 60.000 dólares.

Alemania, que es el principal socio comercial de Irán, también es el epicentro del comercio clandestino iraní. En la ciudad-puerto de Hamburgo, donde residen 30.000 iraníes que operan con tres bancos de esa misma nacionalidad, es donde comienza "la ruta iraní" de aprovisionamiento clandestino de material atómico y misilístico. Para adquirir componentes nucleares del tipo de los que Argentina negó a Irán, los contrabandistas iraníes emplean en algunos casos las rutas utilizadas anteriormente por Irak y Paquistán pero están fragmentando, dispersando y enmascarando sus compras de tal manera que resultan prácticamente imposibles de detectar. Hussein Alimoradian, que oficiaba de nexo entre el gobierno iraní y los disueltos servicios de inteligencia de la ex RDA —Stasi— y tuvo a su cargo millonarias transacciones bélicas durante la guerra Irán-Irak, es ahora propietario de una empresa de importación de electrónica con sede en Berlín donde trabajan varios ex agentes de la Stasi[19].

Aunque en Hamburgo, casi a diario amarran barcos iraníes y la aerolínea Iran Air tiene dos vuelos directos cada semana, la refinada red iraní cuenta, incluso, con un aeropuerto propio: en 1993 el traficante de armas Mehdi Kashani y el ex viceministro del Petróleo Mussa Khayer Habibollahi compraron en ocho millones de dólares el idílico aeropuerto civil de Hartenholm, ubicado a sólo 35 millas al norte de Hamburgo. El monto duplicaba lo que los propietarios alemanes —Heinz-Erich Schreitmuller y el dentista Reinhard Uhlig— habían pagado cuatro años antes. Por ese precio, los dos alemanes accedieron a seguir figurando como dueños en los papeles, pero la dirección de la estación aérea —que cuenta con una flotilla de doce aviones Cessna, nueve depósitos y un club de paracaidismo— pasaron a manos de un tercer iraní, Nick Ahmed Semnar.

Desde el aeropuerto de Hartenholm las mercancías ilegales son transportadas en pequeñas aeronaves a Polonia y otros países de Europa del Este y de allí, por tierra, a Viena o Bruselas donde es nuevamente embarcada en aviones de carga destinados a Irán o en camiones, hasta los puertos del Mediterráneo o el Adriático. En muy contadas oportunidades los iraníes toman posesión de sus compras ilegales en Europa o Rusia: la mayor parte de las veces las hacen trasladar a terceros países para escapar de la vigilancia de los servicios de inteligencia occidentales. Con frecuencia la carga se transborda a uno o varios barcos en aguas internacionales para evadir los seguimientos. Las operaciones iraníes cuentan con apoyo sirio y paquistaní y la mercadería frecuentemente es despachada a uno de esos dos países y luego redirigida a Irán, que ha suscripto convenios de colaboración en materia nuclear con los dos países.

Cuando se reveló el escándalo en torno del aeropuerto de Hartenholm, los tres iraníes sindicados como propietarios abandonaron Alemania. El ex viceministro del Petróleo Mussa Khayer Habibollahi, señalado por algunos servicios de inteligencia como el responsable en Europa de la adquisición clandestina de armas, desapareció de su residencia londinense mientras que el traficante de armas Mehdi Kashani se esfumó de Madrid.

Si Hamburgo es la cabecera de puente para las compras ilegales de insumos misilísticos y nucleares, la embajada de Irán en Bonn es el sitio donde se han planeado los asesinatos de más de 60 disidentes políticos en el exilio. Agentes de inteligencia iraníes, actuando bajo la cobertura que les otorgaba su acreditación diplomática en Bonn, organizaron en Alemania una célula terrorista de Hezbollah para asesinar a la opositora iraní

Maryam Rajavi durante una manifestación que se iba a realizar a comienzos de junio de 1995. Actuando con la más absoluta discreción, el gobierno alemán prohibió sin previo aviso la entrada de Rajavi a Alemania, argumentando que integra la dirigencia de un movimiento que busca derrocar al gobierno de Irán empleando la violencia, y de manera paralela —aunque sin vincularlo explícitamente— expulsó a los dos responsables de los servicios secretos iraníes.

Fracaso en Suecia

A comienzos de mayo de 1995, los servicios de inteligencia de Suecia consiguieron conjurar dos atentados contra instituciones judías y desarticular una red terrorista de Hezbollah en el país nórdico. Los atentados abortados en Suecia —uno de los cuales estaba dirigido contra la embajada de Israel en Estocolmo— son una consecuencia de las extremas medidas de seguridad adoptadas en ese país tras el atentado contra la AMIA en Buenos Aires y aportan más evidencias de que, a partir de 1993, la inteligencia iraní comenzó a ocultar sus operaciones en el exterior y a utilizar a Hezbollah como su brazo ejecutor.

Si bien los dos principales sospechosos, Faisal Ibrahim Atar y Ali Reda Abdullah, que residían en la sureña ciudad de Trollhattan, fueron detenidos el 29 de marzo, los servicios secretos suecos mantuvieron el tema en el más absoluto secreto hasta después de que se concretó su deportación de Suecia al Líbano el 5 de mayo de 1995. Los investigadores suecos afirman que el jeque Ali Hassan Roushandel, líder espiritual de la mezquita de Estocolmo vinculado a la embajada de Irán en esa capital por intermedio de su hijo —que se desempeña en la sección consular—, funciona como enlace con Hezbollah. Aunque no descartan que haya otros atentados en preparación, las autoridades suecas están examinando la posibilidad de cancelar los permisos de residencia del clérigo chiíta y de otras dos personas para desmantelar la red terrorista.

Tráfico de material nuclear y misilístico, asesinato de opositores en el exterior, uso de la cobertura diplomática para actos de terrorismo, negociaciones basadas en el chantaje y la extorsión, mezquitas utilizadas como centros de operaciones clandestinas. De Estocolmo a Buenos Aires, pasando por Bonn y París, una misma metodología. Nadie podría dudar de que los ayatolas son extremadamente consecuentes.

NOTAS:

[1] *Newsweek*, "To Build a Bomb", 15-05-1995, pág. 8.
[2] *Foreign Report*, 09-07-1995.
[3] *The Sunday Telegraph*, 24-09-1995; *Clarín*, "Bomba atómica iraní con ayuda de China y Rusia", 25-09-1995.
[4] *The Bulletin of the Atomic Scientists*, julio-agosto de 1995, pág. 80.
[5] *Ámbito Financiero*, 19-03-1993, reproducido de una entrevista de *Radio Mitre*.
[6] *Ámbito Financiero*, 19-04-1993.
[7] *Clarín*, "Una disputa por las comisiones frustró la venta de seis submarinos a Taiwán", 04-04-1993; "Kohan y Karim Yoma fueron piezas clave en la operación submarinos", 11-04-1993.
[8] *Clarín*, "Los negocios secretos con Irán", 23-09-1990.
[9] *Clarín*: "Los negocios secretos con Irán", 23-09-1990; "Historia del embarque que no fue", 01-03-1992; "Alfonsín acusó a Karim Yoma de pedir coimas a empresarios españoles", 17-03-1993; "Kohan y Karim Yoma fueron piezas clave en la 'Operación Submarinos', 11-04-1993; "Investigan los créditos italianos a Manzano, Dromi y Karim Yoma", 23-07-1993; *La Nación*: "Niegan una intervención como agentes de venta de submarinos", 06-03-1993; "Armamento y elementos nucleares argentinos en los arsenales de Irán", 03-09-1994; *Página/12*: "Los versos satánicos", 04-09-1994.
[10] *Clarín*, "Historia del embarque que no fue", 01-03-1992.
[11] Martín Granovsky: *Misión Cumplida*, Ed. Planeta, Buenos Aires, 1992.
[12] Norberto Bermúdez: *La pista siria*, Ed. de la Urraca, Buenos Aires, 1993.
[13] Norberto Bermúdez, *La pista siria*, Ed. de la Urraca, 1993, pág. 200.
[14] *El País*, 11-08-1994, citando al semanario alemán *Der Spiegel*.
[15] *Clarín*, 26-08-1994; *The Washington Times*, 24-06-1994; 01-08-1994; 09-09-1994; *Forward*, 30-09-1994.
[16] *Noticias*, "Rodolfo Galimberti: El primer trabajador", 04-09-1994.
[17] *La Nación*, "Los amigos franceses del ex montonero Rodolfo Galimberti", 18-09-1994.
[18] *Washington Times*, 24-06-1994.
[19] *Washington Times*, 25-10-1994.

6. Guerra santa en Nueva York

Fue entrenado por la CIA en Afganistán. Luego decidió trasladar el escenario de la guerra santa al corazón del capitalismo. Hizo estallar el World Trade Center de Nueva York en la misma fecha en que se cumplía el segundo aniversario de la retirada de las fuerzas iraquíes de Kuwait. Durante los 23 meses que estuvo prófugo, encabezó la lista de los criminales más buscados por el FBI. Aunque fue detenido en febrero de 1995, su identidad, su nacionalidad y sus empleadores continúan siendo un enigma. Ramzi Ahmed Yousef encarna el prototipo del nuevo terrorista *free-lance*. Su historia revela cómo un solo terrorista bien adiestrado y disciplinado, en combinación con un líder religioso que le proporcione la cobertura de una mezquita, puede utilizar un grupo de aficionados para formar una célula local.

Llegó al aeropuerto Kennedy de Nueva York el 1° de septiembre de 1992 en el vuelo 703 de la Pakistán International Airlines procedente de la ciudad paquistaní de Peshawar. Vestía al estilo afgano y mostró un pasaporte iraquí a nombre de Ramzi Ahmed Yousef. En un inglés bastante fluido dijo que no tenía visa de entrada a los EE.UU. y después de explicar que era un opositor a Saddam Hussein, solicitó asilo político. Levantando la mano derecha juró que su vida correría peligro si lo deportaban.

La agente Martha Morales, oficial del Servicio Nacional de Inmigración (INS), con cara de pocos amigos le tomó las huellas digitales y tecleó sus datos personales en la computadora: cualquier irregularidad aparecería inmediatamente en la pantalla. La mujer policía observó el baile de los palitos verdes en el monitor que compusieron tres palabras: "Nada que observar". Después de un instante de vacilación escribió las iniciales "NQO" en su registro confirmando así que la nación más poderosa de la Tierra no tenía ningún motivo para inquietarse por la presencia de ese refugiado.

Yousef había tenido más suerte que su compañero de viaje, un palestino de barba frondosa y tez oscura llamado Ahmad Mohammed Ajaj, que simultáneamente fue detenido por presentar un pasaporte falso. Cuando los agentes del Servicio de Inmigración revisaron su valija descubrieron que llevaba un pasaporte jordano, otro británico y un tercero saudita, junto a manuales para fabricar bombas. Enviaron al palestino a la cárcel por seis meses.

En el caso de Yousef, en cambio, la agente Morales había dudado. Le resultaba sospechoso que hubiera abordado el vuelo con un pasaporte iraquí a nombre de Azan Muhammad y sugirió a su superior que lo arrestaran. Pero el jefe le recordó que el centro de detención estaba repleto y le ordenó dejarlo ir. Después de devolverle el pasaporte, le entregó un turno para que se presentara ante el juez el 8 de diciembre, y lo despidió con el clásico "*Welcome to the United States, Mister Yousef*".

Un bosque de vidrio y acero

Desde el autobús que lo trasladaba al centro de Nueva York, Yousef vio las torres iluminadas de Manhattan perforando la niebla y se imaginó que esos rascacielos, símbolos del capitalismo, eran un bosque de vidrio y acero. Recordó otro viaje que había realizado en la década del 80 en un ómnibus cargado con dos docenas de jóvenes desde un punto de reunión secreto en la ciudad de Karachi, Paquistán, hasta una base de entrenamiento ubicada en la vecina Afganistán.

Allí, bajo la mirada de los instructores de la CIA y el Pentágono y los servicios de inteligencia paquistaníes, había aprendido técnicas de sabotaje y demolición que lo convirtieron en un guerrero del Islam dispuesto a llevar la guerra santa a cualquier rincón del planeta. Lo que sus maestros estadounidenses nunca imaginaron era que ese rincón podía estar ubicado en el corazón de Manhattan.

Las vidrieras resplandecientes de Broadway lo maravillaban. Contemplaba los gigantescos carteles luminosos que trepaban por los muros y le recordaban las alfombras que había visto tejer a mano en Afganistán. El espectáculo de las veredas de Broadway lo sorprendía aun más. En la esquina de la calle 43, un coro del Ejército de Salvación cantaba resueltamente: "Venid a mí, hijos de Dios", a pocos metros de un enjambre de prostitutas que se vendían al mejor postor. Había un muestrario poco común de Occidente en aquella muchedumbre. Turistas husmeando en los pornoshops, enfermos de SIDA y mendigos que pedían limosna, policías que patrullaban en pareja, carteristas en busca de víctimas y una oficina de reclutamiento del Ejército de los EE.UU.

En la calle 46, un hombre vestido de negro increpaba a los transeúntes con voz amenazadora: "El quinto ángel tocó la trompeta y vi una estrella del cielo caída en la tierra. Y dióle la llave del pozo del abismo. Abrió el pozo del abismo y subió un humo semejante al de un horno inmenso y con el humo de ese pozo quedaron oscurecidos el sol y el aire. Y del pozo salieron langostas de hierro sobre la tierra, a las que se les mandó que no hiciesen daño a la hierba, ni a cosa verde, ni a ningún árbol, sino sólo a los hombres que no lleven la señal en la frente".

"¡El fuego del infierno y la condena los espera, habitantes de Sodoma y Gomorra!", gritó el iluminado a escasos metros de Yousef, mientras dos travestis con pelucas de un rubio platinado intentaban seducir a unos soldados. "Esto es el Apocalipsis", amenazó. Luego buscó con la uña otro párrafo señalado en la Biblia y comenzó a leer: "Cuando abrió el sello cuarto, oí la voz del cuarto viviente, que decía: Ven. Miré y vi un caballo bayo, y el que cabalgaba sobre él tenía por nombre Mortandad, y el infierno lo acompañaba. Fueles dado poder sobre la cuarta parte de la tierra para matar por la espada, y con el hambre, y con la peste, y con las fieras de la tierra". El predicador miró fijamente a Yousef y le dijo: "¿Lo ve usted, hermano? El fin del mundo está cerca".

Mientras se alejaba del predicador, el eco de la voz de Frank Sinatra cantando una vieja canción le hizo pensar que el fin del mundo se presentaba como la apoteosis macabra de un musical de Broadway. A partir de aquel día, su rastro se perdió en la comunidad musulmana de Nueva Jersey donde se hizo conocer con el sobrenombre de "Rashid, el iraquí". Reapareció poco después en el Centro de Refugiados Alkifa de Brooklyn, un organismo fundado en Peshawar por el jeque Abdulla Azzam, que predica la internacionalización de la Guerra Santa y recibe subvenciones económicas de Arabia Saudita, pero que, durante la guerra afgana, había sido utilizado por la CIA para encubrir transferencias de armas y dinero realizados a espaldas del Congreso vía el Banco de Crédito y Comercio (BCCI) y reclutamiento de voluntarios estadounidenses para la Jihad[1]. Durante esos años, el Centro Alkifa enviaba unos dos millones de dólares anuales a Afganistán.

El sueño americano

Yousef fue a vivir a Nueva Jersey, donde compartió un departamento con un americano de ascendencia iraquí, Abdul Rahman Yasin, y un palestino, Mohammed Salameh. Durante los meses de junio y julio de 1992 hizo más de 40 llamadas telefónicas a su tío, Qadri Abu Bakr, un dirigente de un grupo palestino-iraquí que había permanecido 18 años en una cárcel israelí. El 14 de octubre de ese mismo año, Mohammed Salameh abrió una cuenta bancaria conjunta con Nidal A. Ayyad depositando 8.567 dólares. El 22 de ese mismo mes retiraron 8.560 dólares que Salameh transfirió a otra cuenta a su nombre.

Aunque no era un practicante fanático, Ramzi Ahmed Yousef rezaba en la mezquita Al Salam de Nueva Jersey donde predicaba el jeque Abdel Rahman. La mezquita era el sitio en que confluían los inmigrantes árabes deseosos de realizar el sueño americano y los militantes de las diversas facciones fundamentalistas que libraban entre sí encarnizadas batallas ideológicas. La ideología y las metas de estos grupos eran tan variadas como sus dialectos y nacionalidades. Con seis millones de fieles, el Islam superará numéricamente al judaísmo como la segunda religión no cristiana más importante en los EE.UU. antes del año 2000. En la pizarra de la mezquita colgaban incendiarios comunicados de los mujaidines afganos, el Frente Islámico de Salvación argelino, el Hezbollah libanés y el Hamas palestino, junto con anuncios de círculos de costura que se rigen por los preceptos del Corán.

Volviéndose hacia la Meca, Yousef invocó el nombre de Alá, "Señor del mundo, todo misericordioso y compasivo, soberano supremo del juicio final. Tú eres aquel a quien adoramos, Tú eres aquel cuyo auxilio imploramos. Condúcenos por el camino de la verdad". Yousef se arrodilló y se inclinó hacia adelante tres veces rozando el suelo con la frente, alabando el nombre de Dios y el de su Profeta. Terminada la oración se puso en cuclillas sobre la alfombra, abrió una valija y extrajo un auto de juguete a control remoto: estaba cableado con explosivos. Miró fijo hacia la cámara de video montada en un trípode y comenzó a recitar una inflamada arenga que serviría de introducción a un curso de explosivos: "Dicen que Norteamerica es la nación más poderosa sobre la Tierra. Yo no lo creo. ¿Quien ganó la guerra de Vietnam, los helicópteros escupiendo napalm o unos enanitos que envenenaban las puntas de la cañas de bambú en la selva? No fue por casualidad que los Estados Unidos y la URSS se estrellaran en Vietnam y Afganistán: chocaron con dos pequeñas naciones hambrientas y acorraladas, pueblos miserables con el orgullo guerrero herido", dijo Yousef mientras manipulaba los explosivos. "Hoy la muerte está muy repartida. El terror nos ha equiparado."

Según los fiscales norteamericanos en noviembre de 1992 Yousef compró la mayoría de los materiales utilizados en la bomba del World Trade Center y pagó 3.615 dólares en efectivo. Era un nuevo tipo de dispositivo explosivo: 560 kilos de fertilizante químico de nitrato de urea mezclado con nitrato de amonio. Según los analistas del FBI, el nitrato de urea sólo ha sido utilizado en una de cada 73.000 explosiones. En enero y febrero Ramzi Ahmed Yousef, Mohammed Salameh y Abdul Rahman Yasin mezclaron los agroquímicos para construir la bomba en un departamento de Nueva Jersey.

La fe de los vengadores

En las últimas dos décadas los grupos terroristas islámicos

han crecido y se han multiplicado integrando sus huestes con vengadores solitarios y terroristas fanáticos, como Ramzi Ahmed Yousef, que han recibido entrenamiento en Afganistán, Irán o Sudán y se distribuyen por el mundo formando el país más poderoso. Les basta la desesperación, una pistola o una bomba para imponer su gloria. Aunque utilizan una vasta gama de nombres esotéricos que aparentemente los diferencia entre sí, la lógica de estos grupos se basa en dos convicciones: la violencia es necesaria para reemplazar los gobiernos seculares árabes por teocracias islámicas, y el deber de todos los creyentes es hacer lo necesario para alcanzar esa meta.

De esta lógica se desprende que el asesinato del presidente egipcio Anwar Saddat en 1981 y el de su colega argelino Mohamed Budiaf en 1992, el atentado contra Hosni Mubarak a fines de junio de 1995, la toma de rehenes en el Líbano y los ataques contra los extranjeros en Egipto y Argelia, son métodos de acción legítimos para los grupos fundamentalistas. Entre los teólogos que adhieren a esta postura se encuentra el exiliado jeque ciego Omar Abdel Rahman quien, desde la mezquita de Nueva Jersey, explicaba que ese tipo de violencia es "una obligación religiosa" para todo musulmán sincero. Aunque fue declarado inocente de los cargos de instigador del asesinato de Saddat, Omar Abdel Rahman ha ejercido una notable influencia en el desarrollo de la organización fundamentalista sunita de los Hermanos Musulmanes, fundada en 1928 en Egipto por Hassan al-Banna. En los últimos veinte años la organización ha crecido de manera espectacular en la mayor parte de los países musulmanes y en especial en Egipto y Arabia Saudita, los dos principales aliados árabes de los EE.UU. en la región. Aún más influyentes que el exiliado jeque Omar Abdel Rahman son otros tres teólogos que representan otras tantas ramas ideológicas:

* Hassan Al Turabi, líder fundamentalista sudanés, doctor en Derecho, educado en las universidades de París y Londres, fue el inspirador del golpe de Estado incruento del general Omar el Bashir que en 1989 convirtió a Sudán en el primer régimen islámico y militar del mundo. Apodado "el Maquiavelo de Jartum", Turabi fue el artífice de un acercamiento único entre un país árabe sunita como Sudán y un país no árabe chiíta como Irán: En diciembre de 1991 estableció una alianza con Irán que terminó en la creación de una "internacional islamita" que maneja un centenar de campamentos de entrenamiento terroristas en ambos países y coordina las actividades del Frente Islámico de Salvación en Argelia, el movimiento Al Nahda (Renacimiento) en Túnez, los Hermanos Musulmanes en Jordania, el Hezbollah libanés, la Jihad egipcia y el movimiento palestino Hamas.

* Rashid Ghanoushi, líder integrista tunecino que vive exiliado en Londres, es el jefe de la organización Al Nahda (Rena-

cimiento) que tiene un "ala política" en Londres y otra "militar" en Francia e intentó derrocar al gobierno de su país. Además es cuñado de Al Turabi y este lazo de parentesco refuerza la cooperación entre los activistas de los dos países.

* Abassi Madani es el líder del Frente Islámico de Salvación (FIS), actualmente encarcelado en Argelia y acusado de conspirar para derrocar al gobierno.

Por otra parte, el imán Mohamed Said, de 40 años de edad, es el jefe máximo de la guerrilla integrista en Argelia, el Grupo Islámico Armado (GIA), responsable de la ola de atentados que sacudió a Francia en 1995. Mohamed Said, originario de la Cabilia, profesor de literatura en Argel, es un conspirador nato, un hombre sin escrúpulos políticos que conoce a la perfección los vericuetos de los aparatos internos de los partidos. Todas estas cualidades le permitieron en 1991 alcanzar la cúpula del Frente Islámico de Salvación (FIS), en un intento de ocupar las vacantes dejadas por los líderes históricos Abassi Madani y Ali Belhay, que estaban encarcelados en la prision militar de Blida.

Santón de ojos desorbitados

Para evitar la cárcel Rahman decidió abandonar Egipto. A mediados de 1990, tras un viaje a Paquistán para apoyar a los mujaidines afganos y visitar a dos de sus hijos que después de combatir en Afganistán se habían radicado allí, el jeque Omar Abdel Rahman se instaló en los EE.UU.. Había obtenido la visa a través de la embajada estadounidense en Sudán. Pese a que el nombre del clérigo estaba en una lista de personas que el Departamento de Estado considera indeseables, obtuvo sin inconvenientes la Tarjeta Verde invocando su calidad de líder religioso.

En menos de seis meses el clérigo ciego atrajo la atención del FBI: uno de sus seguidores fue encontrado culpable del asesinato del ultraderechista rabino Meir Kahane, acribillado a balazos a la salida de una conferencia en Nueva York. El fiscal de distrito y el Departamento de Policía de Nueva York, determinaron prematuramente que no se trataba de una conspiración sino de un asesinato cometido por un individuo aislado. Oliver "Buck" Revell, ex jefe de operaciones antiterroristas del FBI admite ahora que sin aquella omisión por parte de la policia y el FBI en llegar hasta el final de la investigación, probablemente el atentado contra el World Trade Center no hubiera llegado a consumarse[2].

Sus fieles dicen que es un santo y que no se lo puede hacer responsable por las acciones de los cientos de inmigrantes que asisten a sus sermones. Sin embargo, en los cassettes que graba para enviar a distintos países del mundo islámico llama a los jóvenes a liberar Egipto "de los nietos de los monos y cerdos, que han sido alimentados en las mesas del sionismo, el comunismo y el colonialismo", aunque se cuida de apelar a la violencia de manera indirecta.

Los discursos incendiarios de ese santón de 57 años y ojos desorbitados por la diabetes infantil, sirvieron más como fuente de inspiración que como elemento organizador en el atentado contra el World Trade Center de Nueva York. Algunos investigadores creen que el jeque simplemente creó un pequeño grupo amateur pero relativamente eficiente que planeó y ejecutó actos que no necesariamente fueron autorizados o dirigidos por él.

"Lo que está en la base de está nueva generación de extremistas que Yousef encarna es que quieren acelerar el cumplimiento de las metas adoptadas por los ancianos que representan a las generaciones anteriores", afirma Ghassan Salame, un experto en Oriente Medio del Instituto de Estudios Políticos de París. "Se diferencian de las generaciones previas en tres aspectos cruciales: su mayor impaciencia frente al *statu quo*; la creciente tendencia a utilizar la violencia, y su lista de enemigos, que es mucho más extensa y comprende tanto los fundamentalistas de viejo cuño, como los intelectuales musulmanes y los infieles".

Culpables por asociación

Otra faceta nueva en este tipo de terrorismo es la consideración de los EE.UU. como sustituto de sus enemigos directos, que son, en igual medida, Israel y los gobiernos árabes seculares. Para ellos, los EE.UU. —o la Argentina— son culpables por asociación, porque dan su apoyo político a Israel y a los regímenes que los fundamentalistas pretenden derrocar.

A diferencia de los secuestros de aviones o la toma de rehenes, los atentados con coches-bomba que causen el mayor daño posible a personas y edificios constituyen para estos grupos la mejor manera de castigar a los enemigos del Islam.

Si hasta comienzos de los años noventa Beirut, Trípoli o Teherán en el Líbano, Libia e Irán, respectivamente, eran las tres capitales que se asociaban con bases terroristas, secuestros de aviones y coches-bomba, hoy han sido desplazadas en el ranking por la ciudad de Peshawar en Paquistán, seguida por otras de menor renombre ubicadas dentro de Afganistán. Durante la década que duró la invasión soviética a Afganistán, Peshawar se convirtió en la base de operaciones de las milicias afganas que libraban una guerra santa (*jihad*) para expulsar a los rusos de su país. La guerra de Afganistán fue una guerra santa no sólo para los musulmanes, sino también para los norteamericanos. Hasta la retirada de los soviéticos en 1989, los mujaidines recibieron de la CIA un promedio de 1.000 millones de dólares anuales en pertrechos y armamentos sofisticados.

Una de las consecuencias más peligrosas de esta Guerra Santa es la "desaparición" de unos 5.000 misiles tierra-aire Stinger que fueron entregados por la CIA a los mujaidines y han aparecido en manos de diversos grupos terroristas. A esto hay que agregar cuantiosas donaciones de personas e instituciones privadas del mundo islámico, así como los recursos y el apoyo de los servicios de inteligencia paquistaníes, sauditas e iraníes.

Los devotos reclutas provenientes de casi todas partes del mundo que se gradúan en esos campos de entrenamiento paquistaníes, salen convertidos en guerreros del Islam dispuestos a llevar la guerra santa a cualquier rincón del planeta. Desde 1987 más de 25.000 voluntarios —unos 4.000 extranjeros incluyendo norteamericanos y sudamericanos— han pasado por los casi 1.000 centros de adiestramiento. Con el retiro soviético, la Guerra Santa se convirtió nuevamente en guerra civil. Desde entonces, unos 10.000 veteranos de Afganistán[3], como Ramzi Ahmed Yousef partieron de Paquistán para buscar nuevos escenarios donde librar las nuevas batallas de la *jihad*. Según un documento reservado de la contrainteligencia francesa, por lo menos 80 ciudadanos de esa nacionalidad y vinculados a la ola de atentados registrados en 1995 habrían sido entrenados en Afganistán[4].

Grupo de aficionados

Yousef era un terrorista bien adiestrado y disciplinado que no formó una red demasiado sofisticada sino que parece haber utilizado los recursos existentes en los grupos islámicos locales en los EE.UU., Filipinas y Paquistán. Explotó cada una de las pasiones que movían a sus reclutas: el antiamericanismo, el integrismo islámico o cualquier otra causa religiosa, nacionalista o ideológica que los motivara. La conspiración no encajaba del todo con el amateurismo de los conspiradores. Los planes eran ambiciosos pero los ejecutores eran sólo aprendices. En enero de 1993 Yousef fue a parar al hospital por una semana a causa de un choque protagonizado por Mohammed Salameh, quien después sería el conductor del coche-bomba del World Trade Center. Cómo y por qué eligió sus cómplices y sus blancos, quién financió sus actividades y sus viajes, aún forman parte del misterio. Aunque ciertas evidencias lo vinculan a Irak y a dos financistas sauditas, sus conexiones más evidentes son las que mantiene con el jeque Rahman.

A la una de la mañana del 9 de febrero Iyad Ismail, un jordano palestino de 24 años que trabajaba en una verdulería en Dallas, recibió un llamado telefónico de Yousef, quien había sido su compañero de escuela en Kuwait. El 21 de febrero abordó un vuelo a Nueva York y se convirtió en el séptimo participante en el atentado. Según los fiscales, cinco días después Iyad Ismail, acompañado por Yousef en el asiento de copiloto, condujo la camioneta cargada de explosivos hasta el estacionamiento ubicado en el subsuelo del World Trade Center. Yousef había tenido que utilizar mucho ingenio hasta encontrar un detonador adecuado para hacer estallar el coche-bomba en el garaje de las Torres Gemelas.

El World Trade Center presentaba problemas porque la inmensa estructura de acero interfería las comunicaciones, particularmente en los garages subterráneos, pero Yousef descubrió que había una solución: la carga explosiva consistía en una pasta de 560 kilos de fertilizantes —nitrato de urea mezclado con nitrato de amonio y papel de diario— acomodados en cuatro cajas que habían sido conectadas a cuatro mechas de seis metros de largo recubiertas con catéteres quirúrgicos. Los catéteres evitaban que se viera el humo y prolongaban el tiempo de la combustión de diez a casi 20 minutos. Junto a las cajas con la mezcla explosiva colocó tres garrafas de hidrógeno comprimido y cuatro contenedores de nitroglicerina que llevaban adheridos paquetes de pólvora. Conectó las mechas a la pólvora que detonaría la nitroglicerina; y esto a su vez haría explotar la mezcla de fertilizante.

La intención de los terroristas era generar una explosión en dos fases: después de que estallaran la nitroglicerina y la pasta de fertilizantes se produciría la detonación de las garrafas de hidrógeno comprimido (el hidrógeno líquido se usa como combustible para cohetes) que harían colapsar las columnas produciendo la demolición total del edificio. Sin embargo, el hidrógeno estalló antes de tiempo, y sólo intensificó la onda expansiva y de calor[5]. Si la operación hubiese resultado según los planes originales, del World Trade Center no habría quedado nada.

Con un encendedor descartable, los dos hombres encendieron la mecha ubicada entre los dos asientos, pusieron en marcha el *timer* de respaldo que les otorgaba 12 minutos para huir y abordaron otro coche que los esperaba. Un camión que bloqueaba la salida retrasó la fuga en cinco minutos. El 26 de febrero de 1993, a las 12,17, estalló la bomba. Era el día en que se conmemoraba el segundo aniversario de la retirada de las fuerzas iraquíes de Kuwait, una coincidencia que ha potenciado las especulaciones acerca de la participación iraquí.

Las cintas del FBI

Horas después de la explosión, Ismail viajó a Jordania, de

donde fue extraditado a los EE.UU. a comienzos de agosto de 1995. Ramzi Ahmed Yousef abordó un vuelo Nueva York-Karachi de una aerolínea paquistaní que había reservado dos semanas antes del atentado. Usó un pasaporte paquistaní a nombre de Abdel Basit Abdel Karim que había obtenido en el Consulado General de Paquistán en Nueva York.

El grupo de terroristas aficionados no dejó de conspirar después del primer atentado. Por el contrario, comenzó inmediatamente a elaborar un nuevo plan de ataque: en la profundidad de los túneles que atraviesan el río Hudson, algunos coches sufren repentinos desperfectos técnicos. A la hora de mayor tránsito, un par de vehículos con el capot levantado y las balizas puestas generan un embotellamiento descomunal en los túneles Holland y Lincoln y el puente George Washington de la ciudad de Nueva York. Tres minutos después de que los conductores abandonan los vehículos averiados y cerrados con llave, estallan los explosivos en su interior. "El agua va a entrar por todas partes todo se va a romper en mil pedazos, todo", dice la voz de Siddig Ibrahim Ali, en una de las cintas secretamente grabadas en su departamento de Nueva Jersey el 19 de junio de 1993. "Lo del World Trade Center, será cosa de niños comparado con esto", agregó el sudanés, recordando el atentado que en febrero de 1993 dejó un saldo de seis muertos y un millar de heridos. Emad Salem, un egipcio participante en la conversación agregó: "Será el peor golpe para la economía norteamericana". Amir Abdelgani, el tercer hombre de nacionalidad sudanesa que participó de aquella conversación estaba preocupado: "¿Serían suficientes tres minutos para poder alejarse de los coches-bomba?", se preguntó.

En otra parte de la conversación, los tres conjurados aluden a la voladura del cuartel general de las Naciones Unidas. Salem, quien en realidad era un informante del FBI que cobró un millón de dólares por el trabajo de infiltración, pregunta a Siddig Ali: "Con respecto a 'la Casa Grande', decime ¿cómo lo vas a hacer?"; Sidig Ali responde: "Sencillo, voy a estacionar el auto como siempre. Voy a ir con el vehículo que tiene las patentes" (se refiere a patente diplomática). Cinco días después una decena de integrantes del grupo vinculado al jeque Omar Abdel Rahman eran detenidos.

Explosivos indetectables

Además de ser el cerebro tras el atentado contra el World Trade Center del 26 de febrero de 1993, Ramzi Ahmed Yousef estuvo implicado en la voladura de dos aviones —uno en Filipinas, otro en Irán—, parte de un ensayo exitoso para atentar contra once aeronaves norteamericanas. Su plan consistía en abordar el avión con dos compuestos químicos que son indetectables para los actuales mecanismos de seguridad de los aeropuertos, mezclar los ingredientes en el baño del avión, colocar el explosivo y descender en la primera escala. Luego el avión estallaría en vuelo: aún hoy, la mayoría de los aeropuertos carecen de medidas efectivas para contrarrestar esta técnica que es casi infalible.

Entre el 23 de julio y el 6 de agosto de 1993 Yousef fue atendido en dos hospitales de Karachi, Paquistán. Una bomba que estaba armando para asesinar a la *premier* Benazir Bhutto le explotó en la cara y le produjo heridas en un ojo y en ambas manos. Munir Ibrahim Ahmed, un empresario árabe que importa agua sagrada islámica de Arabia Saudita para venderla en Paquistán y que "es un enemigo jurado de los chiítas, los judíos y los americanos", pagó los gastos médicos de Yousef. Se cree que Yousef participó también en los preparativos para volar la embajada de Israel en Bangkok, Tailandia, el 11 de marzo de 1994, el cual fracasó a causa de un accidente de tránsito que obligó al piloto suicida a abandonar el vehículo en plena calle.

El 6 de enero de 1995, se produjo otra explosión en su departamento en la capital filipina mientras mezclaba explosivos. Tuvo que huir precipitadamente dejando huellas digitales, materiales para bombas y una computadora portátil con detalles sobre sus futuros golpes: cuando los investigadores lograron violar el sistema de encriptado descubrieron los planes para asesinar a Juan Pablo II en Manila, hacer estallar un avión estadounidense el 12 de enero y atentar contra dos vuelos de United Airlines que viajaban desde Los Ángeles y Singapur hasta Hong Kong en los que habrían muerto 700 personas.

Con seis pasaportes distintos y un precio de 2 millones de dólares por su cabeza, este iraquí de 27 años de edad logró mantener durante 23 meses la delantera sobre las fuerzas policiales. Por lo menos cuatro agencias diferentes de los Estados Unidos, incluyendo el FBI, que lo tenía en la lista de los diez criminales más buscados, y la CIA, lo rastrearon incansablemente. Finalmente fue capturado en la ciudad de Islamabad el 7 de febrero de 1995, tras ser delatado por un integrante de su grupo, el estudiante sudafricano Ishtiaq Parker. Con la detención de Yousef se abrió una nueva pista para el esclarecimiento de los más graves atentados en los últimos años en tres continentes. Por la serie de coincidencias en el *modus operandi* y los personajes se presume que Ramzi Ahmed Yousef podría ser una pieza clave para esclarecer los dos ataques con coches-bomba registrados en la Argentina.

Ciudadano del mundo

Aunque los interrogatorios comenzaron a la mañana siguiente de su traslado a Nueva York, aún hoy los fiscales de la causa no saben casi nada sobre la verdadera identidad de Ramzi Ahmed Yousef. Los investigadores han trabajado en tres continentes para llenar los considerables baches existentes en su escueta biografía. La tarea de descubrir quién es, su nacionalidad, sus movimientos por el mundo, sus contactos internacionales y sus empleadores, se ha convertido en una obsesión para los agentes estadounidenses, israelíes, filipinos, paquistaníes y británicos.

Los expertos en terrorismo tienen varias teorías. Una sostiene que Yousef es un mercenario contratado por grupos fundamentalistas. Otra señala que es parte de una red de militantes islámicos sunitas cuyas raíces se remontan a la guerra de los mujaidines contra la ocupación soviética en Afganistán. Una tercera considera que Yousef es un agente iraquí dedicado a vengar la derrota del presidente Saddam Hussein en la Guerra del Golfo.

En Karachi, en la actualidad, se registran diez muertes diarias producto de la violencia entre militantes del fundamentalismo chiitas apadrinados por Irán y sus rivales sunitas apoyados por Arabia Saudita e Irak. La principal base de apoyo de Yousef en Paquistán estaba constituida por el S.P.P (Sipah-e-Sahaba Paquistán), un grupo de supremacistas sunitas que plantean "exterminar" a los chiitas apoyados por Irán. Según fuentes de inteligencia paquistaníes, el padre de Yousef, Mohammad Abdul Karim es uno de los comandantes del movimiento clandestino y algunos medios han vinculado a ambos con el atentado explosivo registrado en un santuario chiita en la ciudad iraní de Mashad en junio de 1994 que dejó un saldo de setenta heridos y 24 muertos.

Por momentos cuesta creer que el delgado prisionero de 27 años que escucha tranquilamente las audiencias en la corte norteamericana es uno de los terroristas más peligrosos del mundo. Sin embargo, en una entrevista efectuada en la cárcel con el diario árabe *Al Hayat* —que se publica en Londres y es de propiedad de un príncipe saudita—, Yousef se describe a sí mismo como un militante de la causa islámica y declara su apoyo a la violencia para alcanzar los objetivos de la lucha palestina. "Yo apoyo los objetivos de este movimiento. Creo que es legítimo atacar blancos en los EE.UU., porque este país es socio de los crímenes cometidos en Palestina", dijo Yousef en la entrevista de diez minutos.

Misterio de identidad

Durante su primera presentación ante la justicia norteamericana, leyó un documento de seis páginas donde explica que aunque ya se ha acostumbrado a que lo llamen Ramzi Ahmed Yousef, su verdadero nombre es Abdul-Basit Balochi. Es ingeniero electrónico y experto en explosivos. Afirma que es "paquistaní por nacimiento y palestino por elección" y que tiene familiares en Irak y en Israel; que está casado y tiene dos hijas de uno y tres años de edad que viven en la parte iraní de Baluchistán. Balochi es un nombre común en Balochistán, una región ubicada en el límite entre Irán, Paquistán y Afganistán donde abundan los traficantes y los mercenarios.

Estas confesiones no aclaran el misterio de su identidad: algunos arabistas dicen que no tiene acento iraquí; la inteligencia israelí, a partir del análisis de su voz, lo ha declarado palestino, probablemente proveniente de Jordania; el FBI piensa que puede ser un paquistaní nacido en Kuwait.

Independientemente de cuáles sean su identidad y su procedencia reales, no hay duda de que Ramzi Ahmed Yousef recibió adiestramiento como experto en explosivos durante la década de los 80 en los campamentos afganos en los que la CIA armaba y entrenaba a la guerrilla antisoviética.

También está comprobada su vinculación al grupo Alianza Islámica, liderado por el profesor Abdul Rab Rasol Sayyaf, uno de los más poderosos señores de la guerra, que recibe apoyo financiero saudita. Sayyaf fundó en 1985 la Universidad Al Dawa y Jihad (Llamado y Guerra Santa) en la ciudad paquistana de Peshawar, ubicada sobre el límite con Afganistán, que funciona como un campo de entrenamiento político-militar del fundamentalismo. Ramzi Ahmed Yousef fue uno de sus más célebres egresados.

Según su propio relato, Yousef nació y creció en Kuwait en el seno de una familia paquistaní y palestina. Su padre trabajó para las aerolíneas kuwaitíes y sus cuatro hermanos y dos tíos han vivido en Paquistán. Se mudó de Kuwait a Gran Bretaña en 1986 para estudiar en el Swansea Institute en Gales. En la ficha de admisión aparece con el nombre de Abdul Basit Mahmoud Kareem. En 1989, el año en que las tropas soviéticas se retiraron de Afganistán, se graduó como ingeniero electrónico.

Un año después, en agosto de 1990, volvió a Kuwait en la misma época en que las tropas de Saddam Hussein invadieron el país. De acuerdo con los sellos en uno de sus muchos pasaportes, partió de Kuwait City hacia Paquistán atravesando Irán por tierra el 26 de agosto de 1990. No hay evidencias que indiquen que colaboró con el gobierno iraquí de ocupación, sino que, por el contrario, parece haber formado parte del masivo éxodo de extranjeros que abandonaron Kuwait tras la invasión. Su paradero a fines de 1990, cuando los EE.UU. preparaban la coalición occidental para atacar a Saddam, es un misterio. Reaparece a comienzos de 1991 en Filipinas.

Yousef intentó entrar en contacto con un grupo islámico llamado Abu Sayyaf, que luchaba por la independencia de la parte sur de la isla de Mindanao, donde se concentra el grueso de la minoría musulmana de las Filipinas. Abu Sayyaf era entonces un grupo pequeño y desconocido liderado por Abubakar Janjalani. El terrorista llegó a su primera cita con Edwin Ángeles, un miembro del grupo que actualmente colabora con la policía, acompañado de Abdul Hakim Murad, un amigo de su infancia en Kuwait. Durante ese encuentro en un departamento de Manila, Yousef impresionó a Ángeles como "un hombre muy humilde pero muy peligroso" que quería convertir a las Filipinas en "la plataforma de lanzamiento" de una campaña terrorista mundial.

En esa oportunidad, Yousef no se encontró con Janjalani, pero a principios de 1992 pidió una nueva entrevista y fue llevado a una de las casas de Janjalani en Isabella, la capital de la isla de Basilan. En esa reunión, Yousef se presentó como miembro del comité ejecutivo de la Brigada Islámica Internacional, una organización que había reclutado voluntarios para la resistencia afgana. Yousef afirmó que se encontraba allí por encargo del jeque Omar Abdel Rahman, quien ofrecía apoyo financiero y logístico al movimiento de Janjalani.

En las Filipinas, Yousef estableció contacto con el financista saudita Mohammed Jamal Khalifa, quien —según las autoridades— es uno de los sostenes económicos del grupo terrorista de Janjalani. Ya en aquella época, un año antes del atentado contra el World Trade Center, Yousef tenía en mente un ataque en el corazón de los EE.UU. De acuerdo al expediente judicial, Yousef partió de Filipinas hacia Bagdad.

Con un pasaporte iraquí obtuvo la visa para Paquistán y llegó a Peshawar el 30 de mayo de 1992. Allí conoció a Ahmad Mohammed Ajaj, un palestino expulsado de los territorios ocupados por Israel que residía en Texas, EE.UU. Ajaj había viajado a Peshawar para hacer un curso en los campos de entrenamiento afganos. El 1° de septiembre de 1992, los dos hombres abordaron el vuelo que los llevaría a los EE.UU.[6]

El 4 de marzo de 1994 cuatro de los acusados, incluyendo a Mohammed Salameh y Ahmad Mohammed Ajaj, fueron acusados formalmente por el atentado al World Trade Center. Durante el juicio, la fiscalía describió a Yousef como el cerebro del plan, alegando que había comprado los productos químicos que se mezclaron para preparar los explosivos utilizados en el ataque. Unas pocas horas antes de la explosión del 26 de febrero de 1993, Yousef y otro hombre fueron vistos cargando nafta en la camioneta alquilada que se utilizó para llevar la bomba al estacionamiento subterráneo. Los investigadores afirman que encontraron sus huellas digitales en dos manuales para la fabricación de bombas. El 24 de mayo de 1994 ambos fueron sentenciados a 240 años de cárcel.

Ramzi Ahmed Yousef, que se ha declarado inocente, espera ser juzgado. Está incomunicado en el Centro Correccional Metropolitano de Nueva York. El 31 de mayo el juez Kevin Duffy reprendió al guardia Rick Reish por haber retirado de la celda de Yousef la cuchara, la pasta de dientes, el reloj y el Corán, con el pretexto de que el acusado pudiera fabricar con ellos un artefacto explosivo. "Éste es un caso de ramificaciones internacionales y está siendo observado por el mundo civilizado y quizás por el incivilizado", dijo Duffy.

El 1º de octubre de 1995 el jeque Rahman y nueve de sus acólitos fueron declarados culpables por veredicto unánime. A mediados de enero de 1996 Rahman y Nosair fueron sentenciados a cadena perpetua, mientras que el resto de los acusados recibieron condenas de entre 30 y 35 años de cárcel. "No seré el último, pero tampoco el primero en tener que afrontar la cárcel por la causa del Islam", dijo el jeque. En una de las pocas entrevistas concedidas poco antes del veredicto, Rahman explica por qué cree lícito utilizar un coche-bomba contra civiles en respuesta a acciones bélicas del enemigo: "Si la acción es una agresión a otros, no es buena. Si se ejecuta en época de guerra y la gente resulta herida y tiene que enfrentarse a la violencia, es un acto de intercambio de violencia."[7]

NOTAS

[1] *Time*, "BCCI: La conexión Riad", 10-08-1992.
[2] Oliver "Buck" Revell: *Conferencia Internacional de AMIA sobre La amenaza del terrorismo fundamentalista* (Transcripción), Buenos Aires, diciembre 1994, pág. 13.
[3] *Jane's Defence Weekly*, citado por la agencia AFP, 02-11-1995.
[4] *Jane's Defence Weekly*, citado por la agencia AFP, 02-11-1995.
[5] Jim Dwyer, Peter Kocieniewski, Deidre Murphy y Peg Tyre: *Two Seconds under the World*, Ed. Ballantine Books, Nueva York, 1994, págs. 33 y 34.
[6] *The Washington Post*, y *International Herald Tribune*, "Piecing together de vague trail of an explosive expert", 06-06-1995.
[7] *Time*, reproducido por *El País*, 04-10-1995.

7. El segundo atentado

Quienes escribieron el guión para el ataque contra la AMIA tuvieron una imaginación y un talento dignos de Hollywood. No se trataba de perpetrar un atentado más, ni de volar un edificio, sino de montar un espectáculo que diera una señal inconfundible de poderío, de una gran escalada bélica, porque la guerra es cada vez más una cuestión visual. Los guionistas del segundo atentado eran absolutamente conscientes de que el rostro de la violencia actual ya no es la realidad, sino la televisión. Cebados tal vez por la sensación de victoria que les infundió la impunidad con que cometieron la primera operación, estaban decididos a no plagiarse a sí mismos. No querían reeditar su *opera prima* —el ataque contra la embajada de Israel—, sino superarla sin dejar flancos débiles. Además, iban a transmitir un nuevo mensaje-advertencia: a partir de ese momento, las instituciones y comunidades judías serían consideradas blancos legítimos para vengar cada acción israelí que se pasara de la raya en el sur del Líbano. Lo supieran o no, todos los espectadores de la tragedia que iba a estrenarse el 18 de julio de 1994 serían considerados rehenes de guerra y convertidos, de allí en más, en escudos humanos de una confrontación aparentemente distante. El atentado en la calle Pasteur anunciaría que el campo de batalla había cambiado de contorno. Los libretistas decidieron también que había llegado el momento de que el resultado de la guerra comenzara a medirse por la cantidad de víctimas: el número de cadáveres sería la nueva medida de la gloria.

Para entender la trama del nuevo guión que estaba a punto de escribirse en Buenos Aires es necesario trasladar la escena al Líbano, donde algunos personajes centrales de esta historia libraban una sorda lucha de poder. Las consecuencias de esa contienda cambiarían el rostro de la Argentina.

El 29 de abril de 1993, quince meses antes del atentado contra la sede de la AMIA, se reunió el Congreso Nacional de Hezbollah. Allí se decidió su separación en dos ramas —una política y otra militar— lo que, de hecho, significaba conceder una gran autonomía operativa al ala militar, que actúa bajo diferentes nombres. Pero simultáneamente, la reelección del jeque Hassan Nasrallah como Secretario General, apoyada por el presidente iraní, produjo una fractura política. Los miembros del ala más radical, encabezada por el jeque Subhi Tufaily —personaje clave en esta historia—, se negaron a ocupar sus asientos en el nuevo Consejo Consultivo. Los disidentes también impugnaban al candidato para comandar las operaciones en el Sur del Líbano. El nombre más sonado era el de Khalil Harb, uno de "los hombres de acción" de la Jihad Islámica, pero el tema quedó pospuesto por falta de acuerdo.

Las diferencias internas se acrecentaron. Mientras el oficialismo daba pasos concretos para convertir a Hezbollah en un partido político y conquistaba ocho bancas en las elecciones libanesas, el ala intransigente liderada por Tufaily estuvo a punto de boicotear —arma en mano— esos comicios. En julio de 1993 la revista londinense *Foreign Report* [1] anunciaba que Subhi Tufaily estaba considerando seriamente la posibilidad de escindirse de Hezbollah y comenzar a realizar operaciones por su cuenta. La revista anticipaba que su organización ya tenía nombre: Ansar Allah o Partisanos de Dios, la misma que un año después, en julio de 1994, reivindicaría el atentado contra la AMIA en Buenos Aires.

Misiones de reconocimiento

Todo guión pasa necesariamente por una intensa fase de investigación en la que se hace el verdadero trabajo. Desde los primeros meses de 1993, agentes de los servicios de inteligencia iraníes o integrantes de las Brigadas Quds realizaron unas 70 misiones de reconocimiento en la Argentina. Según informes de inteligencia de varios países occidentales, el jefe de la base logística de las Brigadas Quds, Kamal Zare, estuvo dos veces en Buenos Aires y casi no visitó la embajada de Irán. Zare ingresó con un pasaporte común —no diplomático—, y permaneció tres días en la primera oportunidad y 45 en la segunda.

Es posible rastrear algunas de estas misiones de reconocimiento ya que, en la mayoría de los casos, los agentes iraníes viajan con billetes de avión emitidos en Teherán por instituciones-pantalla como la Compañía de Radio y Televisión Iraní (IRIB). Una de las pistas que ha permitido desactivar las redes terroristas iraníes es que, aunque los espías ingresen al país desde lugares distintos y en fechas diferentes, los números de sus pasajes de avión son correlativos y, en muchas oportunidades, provistos por la IRIB. Según el juez Jean-Louis Bruguiere, encargado de la lucha antiterrorista en Francia, "la IRIB forma parte de una organización con metas criminales ordenada según un esquema tripartito: Cancillería, IRIB y ministerio de Telecomunicaciones". Bruguiere parece uno de esos jueces o comisarios escépticos, incorruptibles y franceses hasta la médula, que interpretaba Jean Gabin; ha resuelto asuntos ultrasensibles como el asesinato del ex premier iraní Shapur Bajtiar. El juez, de 59 años, lanza bocanadas de humo de la pipa y describe al IRIB como "la agencia de viajes del terror". "En la preparación de los atentados, en la eliminación de los opositores y la infiltración en países extranjeros, la IRIB juega un papel fundamental porque proporciona pasaportes de servicio, pasajes de avión y motivos oficiales para la presencia de ciertos personajes en los países visitados", dice.

La pista señalada por el experimentado e imperturbable Bruguiere demostró tener bases reales: entre octubre de 1991 y noviembre de 1993, por lo menos tres delegaciones de la Compañía de Radio y Televisión Iraní (IRIB) visitaron la Argentina. Ziaeddin Ziali, uno de los personajes más influyentes de los servicios secretos iraníes, integró una de las comitivas. Orientado por sus agentes locales, Ziali eligió el blanco y formuló una lista de encargos para la célula local: explosivos, detonadores y un automóvil para construir un coche-bomba.

Coincidiendo con el último de esos tres viajes, el clérigo Moshen Rabbani que en ese momento dirigía la mezquita Al-Tawhid de Floresta comenzó a mostrar un marcado interés por los automotores. Según consta en la causa judicial, el juez Juan José Galeano comprobó que entre diciembre de 1993 y febrero de 1994, Rabbani recorrió diversas concesionarias en la avenida Juan B. Justo —la misma zona donde fue comprada la F-100 utilizada en el atentado contra la embajada de Israel— buscando un rodado muy específico: empleados y propietarios de tres agencias de automotores recuerdan que el clérigo iraní quería comprar una camioneta Trafic usada con ventanillas en la caja.

No era un vehículo tan difícil de conseguir, pero en febrero Rabbani interrumpió la búsqueda de la Trafic de manera tan intempestiva como la había comenzado. Tenía motivos más que suficientes: le avisaron —o se dio cuenta— que agentes de la Secretaría de Inteligencia de Estado (SIDE) lo seguían y lo habían fotografiado durante su peregrinación por las concesionarias. Al comprobar que había dado un paso en falso, Rabbani —que vive en la Argentina desde 1983— buscó una tabla de salvación: según consta en la causa judicial, el 30 de marzo de 1994, fue expeditivamente acreditado como Consejero Cultural de la Embajada iraní, con lo que quedó amparado por la inmunidad diplomática. Lo más extraño del caso es que después de ese incidente renunció definitivamente al sueño del auto propio.

El siervo del generoso

Moshen Rabbani es un chiíta nacido en Teherán que llegó a Buenos Aires como "refugiado" en 1983 cuando tenía 29 años, pero que ahora admite haber sido enviado al país para convertir argentinos al Islam. Dirige la mezquita Al-Tawhid en San Nicolás 674, cuyo título de propiedad está registrado a nombre de la embajada de la República Islámica de Irán. Entre sus fieles se cuenta una decena de argentinos. El estilo pedagógico, los tonos intimistas y confidenciales que Rabbani utiliza con sus seguidores, constituyen la esencia de un discurso relativamente sencillo, que opera como aglutinante del movimiento. Si en determinados momentos el líder parece dirigirse a "los otros", los infieles, los que no comulgan con su visión del Islam, los verdaderos destinatarios de sus palabras siguen siendo sus correligionarios. Es a ellos a quienes hay que confirmar continuamente. Sea arenga, lección o confidencia, lo imprescindible es que el discurso fundamentalista distinga entre "nosotros" y "ellos".

"De la actividad de Moshen Rabbani surge la Organización Islámica Argentina, registrada en el Ministerio de Relaciones Exteriores y Culto. Esta organización tiene origen en un grupo de islámicos residentes en Tucumán (mezquita El Mártir), el cual figura como sede, y posee sucursales en Buenos Aires (mezquita Al-Tawhid), en Salta y La Plata", relata un informe reservado de la SIDE. El documento sostiene que "la característica más importante de su actividad es la conversión al Islam de no árabes. Una vez que los conversos demuestran su confiabilidad son becados a Irán por dos años. Cuando regresan enseñan el farsi en las mezquitas o trabajan como empleados en la Embajada, el Centro Cultural o el Departamento Comercial".

Abdul Karim Paz, de 35 años, es uno de esos jóvenes quien —según su propio relato— hace una década encontró una revista en una estación de trenes de Mendoza, se convirtió al Islam y hoy dirige la mezquita de Floresta. Su verdadero nombre es Santiago Paz Bullrich y es hijo de la conocida anticuaria Mimí Bullrich. Era católico y aunque su familia forma parte de la alta sociedad porteña, considera que su conversión al Islam no es el resultado de una rebeldía familiar o social: "La cuestión de clases es una limitación que quita libertad al hombre. Uno tiene que tratar de llegar a lo más profundo de su identidad. Hasta la nacionalidad es una cosa accidental, esto no quiere decir que uno no respete y ame a su nación. Pero sobre todo eso tiene que estar la naturaleza humana", declaró a la revista *Gente*[2].

Paz estudió Filosofía en la ciudad sagrada de Qom y retornó a la Argentina en 1993. Haciendo honor a su nombre, que en árabe significa "Siervo del Generoso", el patricio Abdul Karim Paz abrió generosamente las puertas para la inserción en la Argentina del polémico agregado cultural iraní, Rabbani.

Aunque el clérigo dirige una congregación pequeña, el escritor español Rafael Peña Gómez Parra, autor de *Jomeini, el profeta de la guerra*, sostiene que Moshen Rabbani ocupa un cargo más importante de lo que se supone en la jerarquía religiosa iraní.

Es editor-propietario de la revista *El Mensaje del Islam*, una tribuna del oscurantismo religioso, del racismo antijudío y de la discriminación de la mujer. Es dueño, además, de dos inmuebles: una casa en la ciudad de Cañuelas y el restaurante "Freud", ubicado frente al Hospital Israelita.

Malos augurios

A pesar de que los argentinos ni se enteraron, junio de 1994 fue un mes cargado de malos augurios: mientras la Corte Suprema confesaba su incapacidad para investigar el atentado contra la Embajada de Israel dejando trascender que estaba considerando cerrar la causa, Hezbollah anticipó la inminencia de un atentado cuando finalizara el Campeonato Mundial de Fútbol y advirtió que no necesariamente lo iba a reivindicar: "Esperen a que llegue el mes de Julio", declaró un alto dirigente de la Jihad Islámica a la revista londinense *Foreign Report*[3]. "Líderes de la Jihad Islámica, el ala militar de Hezbollah planean intensificar su ofensiva contra blancos israelíes durante el mes próximo", advirtió la publicación británica, el 30 de junio de 1994, en un artículo titulado "Julio sangriento en las fronteras israelíes". El emisario de Hezbollah señaló que desde mediados de junio, las acciones de hostigamiento a larga distancia contra blancos israelíes habían sido reemplazadas por ataques conducidos por unos 500 cuadros de combate. El vocero mencionó varios aspectos de distracción que desaparecerían en julio: la finalización de los exámenes escolares, el fin de las cosechas y de la Copa Mundial de Fútbol, y negó que algunas emboscadas exitosas contra convoyes israelíes en el Sur del Líbano fueran la venganza por el *raid* aéreo israelí del 2 de junio contra una base de entrenamiento de Hezbollah en el valle del Bekka en el que murieron unos 30 reclutas.

"Ya se enterarán cuando se produzca (la venganza o la represalia). Aunque no necesariamente la vamos a reivindicar", amenazó el emisario de Hezbollah-Jihad Islámica. Algunas de las características atípicas que tendría el atentado contra la AMIA fueron anticipadas por ese comunicado. Para los hacedores de la política exterior Argentina —que desde el primer atentado mantenían tratativas secretas con los iraníes—, la amenaza de Hezbollah no debió haber pasado inadvertida. Indudablemente alguien confió demasiado en esas negociaciones o alguna de las partes se salió del libreto.

Un pequeño ejército

Los productores y realizadores del atentado contra la AMIA

establecieron una pequeña y bien disciplinada red de comerciantes, empresarios y estudiantes que funcionaba como un auténtico ejército. Cada miembro tenía funciones bien definidas y, algunos de ellos, aceitados contactos con las fuerzas de seguridad. La estructura de la red constaba de dos sectores que proporcionaron el apoyo logístico. Por un lado los llamados "agentes durmientes", que desempeñaban un papel pasivo pero esencial: proveer documentación falsa o verdadera, mantener las casas para hospedar a los comandos, oficiar de correos encargándose de los transportes menores. El otro sector estaba integrado por iraníes y libaneses miembros de Hezbollah que generalmente tienen a su cargo tareas específicas en el armado de los coches-bomba o en el transporte de los explosivos. Sus estadías breves en cada lugar los convierten en "hombres invisibles".

Los libretistas seguían obsesionados con la idea de que nadie pudiera rastrear el vehículo o seguir la pista del dinero o de los explosivos. Un argentino de familia sudanesa que tenía buenos contactos en la policía bonaerense, aportó una solución sumamente ingeniosa: en lugar de comprar una Trafic en una concesionaria podían usar un auto "doblado". De la manera más sencilla posible describió a los guionistas la existencia de una organización del bajo mundo integrada por policías, agencieros y funcionarios de compañías de seguros que se dedicaba a "duplicar" automotores.

La banda compraba vehículos incendiados o chocados que no habían sido dados de baja en el Registro de la Propiedad y encargaba el robo de otros automóviles de la misma marca, modelo y color. En un taller de "doblaje" colocaba el motor del auto siniestrado en la carrocería del robado y adulteraba la numeración del bastidor para que coincidieran. El grupo vendía los autos sin problemas porque tenía cómplices en las plantas verificadoras. El negocio, que redituaba a sus dueños 200 millones de dólares al año, ofrecía además una ventaja decisiva para los terroristas: el sistema de identificación de los vehículos en la Argentina, permite que esos híbridos de cuatro ruedas sean prácticamente imposibles de rastrear[4].

Los guionistas eran tipos rígidos, que dividían el mundo en dos categorías: "ellos" y "nosotros". Desconfiaban tanto de los "infieles" como de los "hermanos extraviados" a quienes comparaban con enfermos infecciosos porque sospechaban que en ambos grupos podía haber un caballo de Troya. Nadie debería saber, ni siquiera sospechar, en qué estaban trabajando. En cuanto lo supiera una persona de más, tendrían que poner en marcha una serie de medidas de seguridad. Cada una de esas personas debería ser vigilada y seguida veinticuatro horas al día. Sus compañeros, amigos, amantes, familiares... también.

La vida real está signada a veces por hechos que el libretista más experimentado es incapaz de imaginar. Un imprevisto confirmó los temores de los guionistas. Tres meses antes del atentado a la AMIA una mujer golpeada denunció a su marido a la policía: el ex agente de inteligencia del Ejército Alejandro Sucksdorf, ex custodio de Ramón Camps, almacenaba en el Tigre 25 kg de trotyl, 24 granadas y 10 cohetes antitanque, además de armas de mano, municiones y literatura nazi. En su indagatoria encomió a Hitler y Seineldín. La mujer golpeada afirmó que Sucksdorf se jactó de la voladura de la embajada de Israel.

Experto en doblaje

En esa fase de los preparativos entró en escena un nuevo actor de reparto: Carlos Alberto Telleldín. Tras fracasar en el negocio de los saunas y las casas de masajes, este hijo de un comisario de la policía cordobesa, se había forjado renombre como especialista en el dudoso arte del doblaje de automotores. Según consta en la causa, Telleldín capitaneaba un grupo de mecánicos, grabadores y ladrones por encargo que, en los últimos tres años, había "reciclado" por lo menos una veintena de vehículos de la concesionaria "Alejandro", entre los que se contaban tres o cuatro camionetas Renault Trafic.

No está claro si el reducidor Telleldín trabajaba por su cuenta o si en realidad era un simple empleado que manejaba una boca de expendio de Alejando Monjo, el dueño de la concesionaria "Alejandro", quien, además, tenía tratos comerciales con allegados a la embajada de Irán[5].

En los últimos cuatro años, los negocios con miembros de la Policía bonaerense y las aseguradoras habían permitido a Monjo amasar una multimillonaria fortuna que, por cierto, jamás declaró al fisco. Ganaba mucho dinero negro, compró varias propiedades y en los días en que la Trafic —que sería convertida en coche-bomba— fue retirada de su concesionaria, pasaba unas vacaciones en el Caribe: primero en Saint Marteen y luego en Aruba[6].

Según las actuaciones judiciales, alrededor de Monjo se movía una vasta red de desarmaderos, donde se cortaba la parte no utilizada de los autos robados; guincheros que llevaban y traían las unidades; especialistas en modificar la numeración de motores y carrocerías y talleres dedicados al montaje de los autos doblados. Telleldín era su hombre de confianza.

Durante la última semana de junio de 1994, Telleldín recomendó a su empleado Hugo Antonio Pérez que no se olvidara de buscar la Trafic en "Alejando Automotores". Siguiendo las instrucciones de su jefe, Pérez retiró la Trafic quemada y la transportó hasta el taller mecánico de Ariel Nitzcaner, en Villa Ballester. Telleldín nunca desembolsó el dinero y en la concesionaria la operación quedó registrada a nombre de "Carlos Teccedín"[7].

Por encargo de Telleldín, el ladrón de autos César Fernandéz "levantó" otra Trafic blanca en la que se colocó el motor de la camioneta adquirida en "Alejandro Automotores" y el falsificador Miguel Jaimes —alias El Cirujano— se encargó de regrabar la numeración del chasis con un lápiz óptico. El lunes 4 de julio de 1994 al mediodía, Pérez retiró el motor que iba a ser colocado en la Trafic y lo llevó al taller de Villa Ballester[8].

El volumen de sus negocios hubiera permitido a Alejandro Monjo tener una casa en Miami. Sin embargo, el empresario prefirió hacerse de una propiedad en Foz do Iguazú, en el lado brasileño de la triple frontera entre Argentina, Brasil y Paraguay. Según consta en la causa, el 3 y 4 de julio de 1994 Monjo y Telleldín estuvieron en esa zona, considerada el punto de implantación del fundamentalismo islámico en el continente.

La triple frontera

En la triple frontera, que además es zona franca, el contrabando de autos, armas, drogas, divisas y explosivos está a la orden del día. Los fusiles de asalto o los explosivos plásticos se compran casi con la misma facilidad que las aspirinas. Los contrabandistas trafican con bebidas alcohólicas, artículos electrónicos, cocaína, divisas y hasta bebés. Los dueños de los burdeles pagan a los traficantes para que los provean de prostitutas adolescentes. Todo lo que puede ser comprado, vendido o escondido se consigue en esa zona sin ley donde Alejandro Monjo tiene su casa de descanso.

La Federación Nacional de Policías Federales de Brasil (FENAPEF) denunció en noviembre de 1994 que Puerto Iguazú constituye el centro más importante de tráfico de armas donde se aprovisionan los grupos más importantes del país. Según los policías brasileños, allí es posible adquirir "desde un simple revólver hasta un cañón". Un informe publicado por el diario *O Globo* indica que a través de Foz do Iguazú ingresan al Brasil alrededor de 10.000 revólveres, ametralladoras, fusiles y granadas. "Las armas son compradas principalmente en la ciudad argentina de Puerto Iguazú", dijo el delegado policial de la región, Paulo Correa Long[9].

Según la policía brasileña unos 1.000 integristas de Hezbollah han llegado a la zona desde 1992. El jefe de Inteligencia de la policía paraguaya, comisario Enrique Martinetti, denunció por su parte, en septiembre de 1995, que Ciudad del Este "es un santuario de células dormidas de Hezbollah". A sus declaraciones se sumaron las del jefe de la policía nacional del Paraguay, comisario Marino Sapriza, quien dijo que la zona de las Tres Fronteras y especialmente Ciudad del Este, es "cuartel general" de terroristas[10].

Buenos amigos, malos policías

Resulta difícil creer que Alejandro Monjo y Carlos Alberto Telleldín viajaran el 3 y el 4 de julio a la triple frontera para alejarse del stress y el ruido de Buenos Aires. En todo caso, es evidente que no fueron días de mucho descanso: Telleldín volvió de Iguazú a Buenos Aires en avión y desde su llegada se mostró más nervioso que de costumbre. Había indicado a los mecánicos que colocaran un elástico para chasis largo en lugar del elástico para chasis corto, que correspondía a ese modelo de Trafic. Telleldín sabía que estaba preparando el vehículo para soportar una carga muy superior a la normal. Entre el 3 y el 7 de julio, le ordenó a Pérez que hiciera desaparecer la Trafic incendiada antes de traer la gemela, "porque si no vamos a ir presos", y agregó: "llamalo a Diego". Se refería a su amigo el policía Diego Barreda.

El reducidor de bienes robados siempre se dedicó a negocios irregulares y evitaba la cárcel pagando protección a policías de la provincia de Buenos Aires. Así fue como conoció a los oficiales Diego Barreda y Mario Bareiro, de la Brigada de Vicente López[11]. Pese a que se fraguaron los papeles de venta de la Trafic a nombre de un inexistente Ramón Martínez,

Telleldín reconoció posteriormente ante la jueza Riva Aramayo que había entregado la camioneta, como parte de pago de una deuda, a un hombre vinculado con el subcomisario Irineo Leal, jefe de la Brigada de Vicente López, a quien, por otra parte, identificó como uno de los oficiales que manejaron la Trafic poco antes de que estallara frente a la AMIA.

"Yo doy y ellos me dan". De esta manera Telleldín describió a los periodistas Román Lejtman y Raúl Kollman, de *Página/12*, su relación con la policía bonaerense. Sin embargo, el 14 de julio, cuatro días después de la entrega de la Trafic y cuatro antes del atentado, el subcomisario Leal y otros policías de la Brigada de Vicente López tirotearon a Telleldín mientras conducía un Renault 19 Chamade. Su destreza como piloto lo salvó. Los balazos pegaron en el parabrisas del vehículo.

Para que el guión terminara de la peor manera posible, los terroristas no tuvieron mayores dificultades en conseguir el explosivo que marcaba el libreto. El nitrato de amonio (NH4NO) es un producto que cuesta un peso el kilo y se puede comprar en fábricas de fertilizantes, plantas químicas, droguerías, fábricas de plásticos, de insecticidas y de explosivos. Fabricaciones Militares no lleva un control estricto del producto que va a las canteras: no es difícil apartar 300 kilos en una empresa que utiliza 5.000 kilos por semana. La mezcla de nitrato de amonio con aluminio en polvo se llama Amonal y la combinacion con gasoil, Anfo. Aún no se ha determinado cuál de esas variantes eligieron los terroristas.

A nueve cuadras del blanco

El viernes 15 de julio a las seis de la tarde, la Trafic llegó al estacionamiento Jet Parking, ubicado en Azcuénaga y Marcelo T. de Alvear, cerca de las facultades de Medicina y Ciencias Económicas. El conductor pidió una estadía de cinco días pero accedió a pagar por quince, que era el tiempo mínimo, sin poner muchas objeciones. Cuando intentó estacionar, la Trafic quedó trabada con dos ruedas en la calle y dos en la vereda. Como por arte de magia, apareció en ese momento otra persona, que se ubicó al volante, estacionó la camioneta y desapareció sin saludar[12].

Este tropiezo llamó la atención de los empleados, que observaron que la parte trasera de la Trafic estaba levantada. No podían saber que el elástico del vehículo había sido cambiado para soportar el peso de las bolsas de tierra utilizadas para dirigir la explosión de los 125 kilos de nitrato de amonio que estaban ubicados en la caja. Faltaban tres días para el atentado y el coche-bomba ya estaba emplazado a nueve cuadras del blanco.

El lunes 18 de julio de 1994, a las 9.10 de la mañana, el chofer Juan Alberto López, de la empresa de cascotería "Santa Rita" de Nassib Haddad, descargó un volquete frente a la AMIA. A los policías que estaban sentados en el patrullero estacionado a poca distancia, les llamó la atención la maniobra que durante unos minutos bloqueó la entrada y terminó colocando el volquete unos metros por delante de la puerta de la AMIA[13].

Faltaban 15 minutos para las diez de la mañana y a esa hora mucha gente iba a su trabajo. Luisa Miednik, ascensorista de la AMIA desde hace veintisiete años, entró al edificio cinco minutos antes de la explosión. Había bajado del colectivo n° 99 en Viamonte y Pasteur y le llamó la atención "el silencio de la calle". Una camioneta de Sacaan repartía el pan. En los departamentos de la calle Pasteur la gente desayunaba leyendo el diario. Los últimos momentos de vida se escurrían inexorablemente para muchos de ellos. Ninguno estaba preparado para morir, pero el coche-bomba ya avanzaba por Tucumán hacia su blanco.

Luego de hacer firmar el remito, el camión se retiró dejando un espacio entre el volquete y el patrullero, pero sólo alcanzó a recorrer 200 metros antes que el coche-bomba llegara a su blanco. A la altura de la entrada de la AMIA, el coche-bomba hizo un giro cerrado hacia la derecha y subió a la vereda entre el volquete y el patrullero, colocándose en un ángulo aproximado de 45°. La maniobra sólo fue visible para los que murieron. La bomba detonó a las 9.53.

Las huellas del terror

Sebastián Barreiro, de tres años, caminaba por Pasteur de la mano de su mamá. Iban hacia el Hospital de Clínicas y, cerca de las diez, pasaron por la puerta de la AMIA. Rosa, la mamá, se salvó. Ingrid Finkelchtein tenía 18 años y su vida estaba dedicada al grupo Duran Duran. Esa mañana había ido con su madre, con su amiga íntima Carla Josch y Analía —la hermana de Carla— a buscar un empleo. Las cuatro murieron en la Bolsa de Trabajo de la AMIA. Jorge Antúnez tenía 18 años y trabajaba como mozo en un bar de Tucumán y Pasteur. Había llegado de San Juan dos años antes y planeaba terminar séptimo grado en una escuela nocturna. David Barriga, un obrero boliviano de 28 años que trabajaba en las refacciones de la AMIA, le había pedido a su hermano Julio —capataz de la obra— que lo acompañara a una inmobiliaria porque quería comprarse un terrenito. Pero no alcanzaron a salir: Julio fue el único sobreviviente de un grupo de cinco obreros que conversaban en el momento de la explosión[14]. El atentado dejó una estela de más de 90 muertos y 200 heridos y no hubo una sola respuesta oficial satisfactoria para explicar ese delirio.

El Presidente Menem creó al día siguiente la Secretaría de Seguridad, que puso a cargo del brigadier Andrés Antonietti. Tres días después, cuando el grupo libanés Ansar Allah del jeque Subhi Tufaily reivindicó el atentado en Buenos Aires y la voladura —casi simultánea— de un avión en Panamá, que dejó un saldo de 21 pasajeros muertos, Menem amenazó con pedir la extradición de Tufaily al Líbano y reiteró su propuesta de instaurar la pena de muerte. Ambas medidas incumplidas contribuyeron a magnificar el poder ya demostrado por los terroristas. Lo peor que se podía hacer.

Sin embargo, el terror tiene sus claves y cada acto terrorista lleva inscripto un mensaje que es necesario decodificar:

1. Por lo pronto, es evidente que los terroristas no apuntaban a demoler los siete pisos de la sede de la AMIA, ya que lo podrían haber hecho el domingo por la noche mientras se jugaba el Mundial de Fútbol, reduciendo a un mínimo el número de muertos. En su libreto estaba marcada con rojo la frase que indicaba "causar la mayor cantidad de víctimas posibles".

2. Otro elemento clave en toda investigación, el tipo de explosivos utilizados, no pudo ser determinado fehacientemente: la muestra que la Policía Federal Argentina entregó a los agentes norteamericanos estaba contaminada. Era un cóctel de pentrita, hexógeno, nitrato de amonio, TNT y carburantes, una combinación tan exótica e inestable que resultaría inmanejable hasta para el terrorista más avezado. Y esto sólo pudo deberse a dos razones: la casualidad, lo que hablaría mal de la técnica de recolección; o un acto intencional, lo que sugiere la complicidad de alguien dentro de la Policía Federal Argentina.

3. Una serie de circunstancias extrañas rodeó la provisión del volquete minutos antes del atentado. Según declaró ante el juez Juan José Galeano, el encargado de la empresa Santa Rita, Raúl José Díaz, entre las 8.30 y las 8.45 de ese día, recibió el pedido de un volquete para la AMIA. Al recibir el pedido, Díaz le encomienda al chofer Juan Alberto López, que iba a llevar un volquete a la calle Constitución 2657, que entregue primero en la AMIA[15]. Sin embargo, una investigación del periodista Carlos Juvenal demostró que se trataba de una dirección inexistente, donde sólo había un baldío cerrado con una medianera, y que, a menos de 100 metros de ese lugar, había una propiedad perteneciente al ex subcomisario José Ahmed, secuestrador del empresario Jorge Sivak en 1979 y ahora preso por los secuestros de Macri, Werthein, Dudok y Meller.

En Garay al 2.800, justo a la vuelta de la casa del ex subcomisario Ahmed —quien ahora oficia de confidente de Telleldín en la cárcel— estuvo secuestrado el empresario Meller. Al lado de lo de Ahmed vive Alberto Kanoore Edul, quien el 10 de julio de 1994 llamó por teléfono a la casa de Telleldín porque, según dijo, estaba interesado en la compra de una Trafic.

La serie de coincidencias en torno a la empresa de volquetes abarca también el tema de los explosivos. Nassib Haddad, dueño de la empresa, debió justificar ante el juez Galeano, el 3 de agosto de 1994, una compra de más de una tonelada de Amonal.

4. Antes de que la camioneta Trafic pudiera ser identificada como el coche-bomba que había estallado en la AMIA, Carlos Alberto Telleldín salió del país y se hospedó en la casa de Alejandro Monjo, en la triple frontera. Allí sólo permaneció dos días y luego tomó un avión de regreso. Desde el Aeroparque, llamó a la policía para entregarse. Es posible que alguno de sus protectores le hubiera dado garantías de que pronto saldría en libertad. Mientras estuvo detenido en dependencias de la división de Protección del Orden Constitucional (POC) de la Policía Federal, Telleldín tuvo amplias libertades, fue visitado por esposas de oficiales policiales que le aconsejaron mantenerse en absoluto silencio.

La novela de Moatamer

La causa por el atentado contra la AMIA pasó por numerosas peripecias. Cuando la investigación pareció caer en un coma colectivo, los servicios de inteligencia condujeron al juez Galeano y a los fiscales Eamon Mullen y José Barbaccia a Venezuela para tomarle declaración a un presunto arrepentido iraní. Comenzaba la novela de Manucher Moatamer.

El 23 y el 24 de julio se desarrolló el interrogatorio a través de un traductor. Moatamer explicó que había trabajado en el Ministerio de Cultura, Información y Guía Islámica de Irán (Ershad), donde se encargaba de vigilar al personal diplomático de su país en el exterior. Cuando Galeano y los fiscales le preguntaron sobre los atentados en la Argentina, Moatamer dijo que cuatro personas que trabajaban en la legación diplomática iraní, fueron los responsables de la bomba en la embajada de Israel y mencionó a Abbas Zarrabi Khorasani, Mahvash Mousef Gholamreza, Ahmad Allameh Falsafi, y Ahmad Reza Ashgari. Galeano le presentó un juego de 25 fotografías y el arrepentido no sólo identificó a todos sin dificultad, sino que además brindó amplias referencias sobre cada uno de ellos[16].

Moatamer también señaló que en la sobredimensionada Embajada y el Consulado argentinos en Teherán, había grandes facilidades para expedir visas, lo que permitía el ingreso de estudiantes iraníes y garantizaba la presencia de suficiente apoyo local para consumar un atentado. "La forma, el modo y la organización del atentado están a cargo de los miembros del Hezbollah en la Embajada, que están entrenados para realizarlos... No necesitan preguntar qué tienen que hacer, ya lo saben. Cualquier Embajador tiene un código clave y de esa manera recibe la orden... El embajador ya sabe lo que tiene que hacer porque previamente se pactó... La orden de Irán es realizar el atentado, la forma la decide la gente que está en el país", explicó el testigo.

Aquí se mezcla la verdad con la ficción. Es probable que la presentación en sociedad de Moatamer haya estado orquestada por algún servicio de inteligencia y/o la oposición iraní, pero nadie que no hubiese estado en el riñón del aparato iraní hubiera podido llevar a cabo un juego de traiciones tan sutil, una conspiración tan milimétrica, tan sofisticada que incluía la identificación de sus ex camaradas. En efecto, lo más probable es que el arrepentido realmente haya sido un agente de inteligencia o un funcionario ligado a las operaciones en el exterior de la Compañía de Radio y Televisión Iraní (IRIB), pero su testimonio tenía una falla: era demasiado perfecto para ser verosímil.

Si alguien arruinó la credibilidad de Moatamer —quien hoy vive en San Francisco, EE.UU., y ha sido dotado de una nueva identidad por las autoridades norteamericanas— fue justamente el servicio de inteligencia, que montó una historia para presentarlo ante Galeano y eligió la peor forma: el caso del fugitivo que viaja de un lugar a otro del planeta, cambiando de identidad y pasaporte, alojándose en hoteles cinco estrellas por cuenta de sus perseguidores, es una historia tan repetida y tan gastada a la que ni siquiera los más avezados escritores de espionaje logran dar credibilidad.

Desde un primer momento, Galeano —en parte juez, en parte funcionario del gobierno— creyó que con el testimonio de Moatamer había esclarecido los dos atentados. También era consciente de que tenía en sus manos una causa que involucraba las relaciones entre dos o más Estados. Al bajar del avión presidencial fue directamente a Olivos para informar al presidente. Menem lo recibió con tres miembros de su entorno: Bernardo Neustadt, Gerardo Sofovich y Mauro Viale. Neustadt fue quien más insistió para que Argentina rompiera inmediatamente las relaciones con Irán. Después del encuentro con Galeano y envalentonado por sus consejeros, Menem convocó a su gabinete. Tras espantar al canciller Di Tella con la idea de la ruptura diplomática, el presidente se quedó dormido en la reunión.

El 9 de agosto de 1994, Galeano pidió la captura de cuatro funcionarios de la Embajada de Irán en Buenos Aires, señalados por Moatamer como autores intelectuales del ataque a la Embajada de Israel. El juez calificó como sospechosos a tres funcionarios iraníes que estaban en Argentina cuando voló la AMIA y los citó a declarar: el clérigo Moshen Rabbani, y los diplomáticos Gholamreza Zangeneh y Ahmad Reza Asghari[17].

Gholamreza Zangeneh, que se desempeñaba como Segundo Secretario encargado de la sección comercial de la embajada, no sólo es diplomático sino que también tiene relaciones privilegiadas con el jeque Subhi Tufaily y fue enviado a la Argentina para organizar la nueva base de operaciones de Hezbollah. Según el testimonio del arrepentido Moatamer, Zangeneh participó el 21 de marzo de 1994 en una reunión que se llevó a cabo en Teherán en la que se decidió el ataque contra la AMIA[18].

Ahmad Reza Ashgari, que cumplió funciones como Tercer Secretario desde el 11 de julio de 1991, se encontraba en Buenos Aires durante el atentado a la embajada de Israel, pero se fue de la Argentina una semana después del ataque contra la AMIA. Ashgari, quien hasta 1984 formaba parte de la Séptima División de los Guardias de la Revolución, no fue el único iraní que partió de manera precipitada a Teherán. Sobre un total de 93 estudiantes iraníes —que en su mayoría cursaban las carreras de Ciencias Económicas y Medicina en la Universidad de Buenos Aires (UBA)—, cuatro desaparecieron inexplicablemente después del atentado en la calle Pasteur.

Pese a estas evidencias, ningún ciudadano iraní fue procesado. A fines de 1995, el juez Juan José Galeano decretó el procesamiento de Alejandro Víctor Monjo, Gabriel Meli, Edgardo Yema, Marcelo Delacour, Miguel Gustavo Jaimes, Hugo Antonio Pérez, y César Antonio Fernández por el delito de asociación ilícita, y tras embargar los bienes del agenciero por 2.000.000 de pesos dispuso la libertad de todo el grupo. Simultáneamente, Galeano resolvió ampliar el procesamiento del único detenido, Carlos Alberto Telleldín, acusado por delitos menores, agregándole los cargos de "asociación ilícita, encubrimiento calificado por la habitualidad, sustitución de chapa patente, falsificación de Documento Nacional de Identidad, adulteración de la numeración estampada en chasis y motor en forma reiterada y estafa reiterada"[19]. Pero Telleldín sabía bastante sobre la conexión policial y había empezado a hablar. Cuando el rumbo de la investigación comenzó a comprometer cada vez más a la policía bonaerense, un grupo de oficiales decidió tender una trampa a Galeano. El cebo fue una banda integrada por civiles y militares retirados y en actividad, que aprovechaba los ejercicios bélicos para robar el material que después vendía. El grupo carapintada ofrecía a sus clientes panes de trotyl, detonadores, fusiles FAL y hasta un helicóptero modelo 1978 para el que estaban a punto de hallar comprador. Casi todo era cierto, menos lo fundamental: la conexión con la AMIA. Con el allanamiento a Campo de Mayo y a la casa de un diputado del MODIN, la idea de los policías era hacer saltar a Galeano.

Durante la última semana de 1995, el comisario inspector Ángel Roberto Salguero, que había conducido las investigaciones sobre Campo de Mayo, tuvo que apartarse de la causa cuando Román Lejtman y Raúl Kollman, de *Página/12*, revelaron que existía una vinculación entre el investigador Salguero y el investigado Telleldín. Desde la cárcel éste último reconoció que trataba con Salguero desde hacía nueve años. El detenido afirmó que el policía le brindaba impunidad cuando regenteaba un sauna y que se vieron poco antes del ataque a la AMIA: "Un mes antes del atentado nos vimos con Salguero y negociamos la venta de una Trafic que estaba totalmente quemada"[20], dijo Telleldín.

La exclusión del comisario inspector Ángel Roberto Salguero colocó al juez de la causa AMIA en una nueva encrucijada: Galeano ya había probado con la Policía Federal, con la Policía bonaerense, con la división de Protección del Orden Constitucional (POC) y con la Secretaría de Inteligencia del Estado (SIDE), y tras el relevo de Salguero se quedó sin expertos que investigaran las escasas pistas dejadas por los responsables del atentado.

Misterio en la Rosada

Algo extraño sucede en la Casa Rosada cada vez que se menciona el tema de las actuales relaciones de Argentina con Irán. Una serie de datos hace pensar que existe un secreto celosamente custodiado por cuatro personas: el presidente Carlos Menem, el jefe de gabinete Eduardo Bauzá, el canciller Guido Di Tella y el titular de la Secretaría de Inteligencia del Estado (SIDE), Hugo Anzorreguy:

* Después del primer atentado, representantes del gobierno argentino se reunieron secretamente con los iraníes en el exterior, prometieron armas y cereales como compensación por el contrato nuclear suspendido, pero no consiguieron impedir un nuevo ataque.

* Después del segundo atentado, y tras la reconciliación de Carlos Menem con el presidente de Siria, Hafez Assad, el gobierno argentino envió al subsecretario de inteligencia, Rodrigo Toranzo, al Líbano, donde fue recibido por el coronel Michel Rahbani, jefe de la inteligencia siria en ese país. La visita argentina de fines de 1994 no preocupó a Hezbollah ni a Irán. "Toranzo podría haber recibido la misma información en Damasco. Hafez Assad busca a cualquier precio que el Departamento de Estado lo excluya de la lista de los países que patrocinan el terrorismo y éste es solamente un gesto sirio hacia la comunidad internacional", comentó un responsable de la seguridad de Hezbollah.

* En la segunda semana de marzo de 1995, fecha en que se cumplía el tercer aniversario del atentado a la embajada de Israel, el canciller Di Tella se entrevistó secretamente con su par iraní, Ali Akbar Velayati durante la Cumbre Social de Copenhague. En esa reunión se discutió la posibilidad de recomponer las relaciones. Para ello, Argentina tendría que pagar un precio demasiado alto: garantizar que la investigación de los dos atentados no comprometa ningún interés iraní.

Ni una sobreactuación que imite la política israelí y la estadounidense, ni una parodia de la postura francesa o alemana —basada en la idea del "diálogo crítico", que, en los hechos, implica acostarse con el enemigo— podrán evitar un tercer atentado. Sólo cuando se logre dar con los culpables materiales y se consiga desarticular sus redes locales se podrá llevar adelante una política coherente y creíble en el exterior e, inclusive, negociar en otros términos con Irán.

NOTAS

[1] *Foreign Report*, "Hizbullah's second split", 01-07-1993.

[2] *Gente*, 18-08-1994.
[3] *Foreign Report*, 30-06-1994 y citado por *Al-Hayat* (diario árabe publicado en Londres), 13-07-1994.
[4] Causa judicial.
[5] Causa judicial.
[6] Causa judicial.
[7] Causa judicial.
[8] Causa judicial.
[9] *Página/12*, 24-11-1994.
[10] *Clarín*, 30-09-1995.
[11] *Página/12*, "Las nuevas condiciones", y diversos otros artículos de Román Lejtman y Raúl Kollman, 01-10-1995.
[12] Causa judicial.
[13] Causa judicial.
[14] Toker, Eliahu y otros: *Sus nombres y sus rostros: Álbum recordatorio de la víctimas del atentado del 18 de julio de 1994*, Buenos Aires, 1995.
[15] Causa judicial.
[16] Causa judicial.
[17] Causa judicial.
[18] Causa judicial.
[19] Causa judicial.
[20] *Página/12*, 27-12-1995.

8. La suprema verdad del Sarín

El blanco seleccionado para consumar el ataque, el subterráneo de Tokio, resume la imagen que de Japón se tiene en el exterior: superpoblado, pero seguro y limpio. A las 7.59 de la mañana del lunes 20 de abril de 1995, víspera del solsticio de primavera, un subterráneo arrancó con puntualidad matemática de la estación de Nakameguro, en Tokio. Se acercaba la hora pico y los vagones iban tan llenos que los empleados debían empujar a los viajeros hacia el interior para evitar las aglomeraciones en las puertas. Pocos minutos antes de la partida, un hombre con el rostro cubierto por un barbijo, se sentó en el primer vagón. "Seguramente es asmático", pensó un ejecutivo a quien sólo le llamó la atención que el hombre llevara guantes de goma, pero rápidamente olvidó el asunto y volvió la vista a la revista pornográfica que acababa de comprar.

Una vez que el tren arrancó, el hombre del barbijo puso entre sus pies un paquete envuelto en papel de diario. Con la punta del paraguas agujereó el envoltorio antes de llegar a la siguiente estación. Nadie vio el líquido que comenzó a derramarse en el vagón. Aprovechando la aglomeración, el pasajero de la máscara y el paraguas descendió del vagón y desapareció. Tres paradas después los pasajeros iban a conocer el horror.

El tren subterráneo de la línea Hibiya atraviesa el centro de Tokio. A las 8.12 tiene prevista su entrada en la estación de Kasumigaseki, cuyo barrio es el símbolo del poder estatal de la segunda potencia económica del planeta. En un radio inferior a dos kilómetros se concentran ministerios, organismos oficiales, el Parlamento y la residencia del primer ministro.[1]

Las puertas se abrieron y los empleados del subte escucharon los gritos de algunos pasajeros: "No puedo respirar"; se oyeron alaridos desesperados: "No veo, ayúdenme". En instantes el andén se convirtió en un campo de batalla. Unos respiraban con dificultad, otros vomitaban. Los menos afectados intentaban ayudar.

En ese cuarto de hora fatal, la misma crisis se desató en otras 16 estaciones de tres líneas diferentes. Los investigadores encontraron paquetes con el misterioso líquido en cinco vagones de tren que tenían previsto su paso por la estación de Kasumigaseki entre las 8.12 y 8.20 de la mañana. El objetivo del ataque era hacer el mayor daño posible en la hora pico y en una estación emblemática.[2]

En menos de 15 minutos murieron cinco personas. Otros cinco murieron al día siguiente. Entre ellos se encontraba el jefe de estación de Kasumigaseki, quien con las manos desnudas entró en el vagón a recoger uno de los misteriosos paquetes y cayó desplomado.

El caos en el centro de Tokio fue impresionante. Un millón de pasajeros bloqueados en vías y andenes. Las ambulancias ululaban sin cesar transportando a los intoxicados. Un total de 5.400 personas fueron internadas en 60 centros hospitalarios, cerca de un centenar, en estado muy grave.

Olfateando al culpable

Las autoridades policiales y el gobierno se movieron con inusitada rapidez. Las ediciones de los periódicos vespertinos estamparon en primera página y con títulos de catástrofe una palabra misteriosa: sarín.

El sarín es un gas desarrollado durante la Segunda Guerra Mundial por los nazis, que ataca el sistema nervioso y es 500 veces más mortal que el cianuro potásico utilizado en EE.UU. para las ejecuciones en la cámara de gas.[3] Entre los pocos conocedores del vocablo sarín, se encontraba Shoko Asahara, el fundador de la secta budista Aum, Verdad Suprema, que había unido rasgos de budismo tibetano con unas pizcas de mitología hindú. Bajo la excusa de buscar la perfección espiritual, la teología de Asahara combinaba el ascetismo con el sadismo. Asahara profetiza que la tercera guerra mundial ocurrirá en 1997 y que sólo un 25 por ciento se salvará recibiendo la iluminación espiritual de Verdad Suprema. El ataque con gas sarín fue un anticipo que pretendió demostrar la validez de su teoría apocalíptica.

Varios meses antes, Asahara había mencionado la palabra sarín en un sermón a sus feligreses y en varias ocasiones había exaltado las excelencias del gas letal. Residuos de este compuesto químico junto a manuales técnicos para enriquecer uranio y varios ejemplares de la novela *Perfume Mortal* de Gordon Thomas fueron encontrados en las instalaciones que la secta posee en Kamikuishiki, en las cercanías del monte Fuji, cuando los vecinos llamaron a la policía debido a los pestilentes olores que salían de los edificios de la organización.[4]

Y, aunque la policía demoró un día en montar una espectacular operación de registro en la que participaron 2.500 hombres, además de unidades del ejército especializadas en armas químicas, los medios de comunicación más sensacionalistas ya habían olfateado que Asahara —frecuentemente denunciado en la prensa por su presunta implicación en distintos tipos de incidentes— estaba en el centro de las sospechas.

En ese recinto sagrado, Asahara impartía sus enseñanzas religiosas a unos 1.000 seguidores que vivían en comunidad, tras ser obligados a entregar todas sus propiedades terrenales a la secta. Otros 10.000, según sus propias cifras, se repartían en 28 filiales por todo el archipiélago. El líder de Verdad Suprema, de 40 años, controlaba férreamente —con la colaboración de un núcleo muy reducido de fieles que funcionan como guardaespaldas— los destinos espirituales, físicos y materiales de sus seguidores.

Uno de los pocos fieles que logró escapar narró su odisea al rotativo *Ashai Shimbum*. "Me obligaban a beber 10 litros de agua caliente cada mañana como práctica ascética". El hotelero, de 64 años, contó que estaba leyendo tranquilamente en su casa cuando fue llevado por la fuerza al templo de Kamikuishiki. Entre el grupo de fieles que lo raptó estaban sus dos hijas. Si se quejaba de la dureza del camino espiritual se le recortaba la ración alimentaria. "Me dijeron que tratarían mi cuerpo para que no necesitara medicinas en los próximos 20 años, y durante tres meses me torturaron con lavajes de estómago", afirmó el que había logrado escapar.

Cada día se repetía la ceremonia del agua caliente: Tenía que tragar 30 centímetros de la manguera por donde le inyectaban dos litros de agua caliente, devolverlos, y así hasta cinco veces. Cada vez que pretendió salir, el guardián le dijo que era imposible porque afuera el aire estaba envenenado. Tras cinco meses de cautiverio, lo dejaron ir.

Canarios de asalto

Los capitanes de las columnas de asalto llevaban canarios enjaulados. No era parte de ningún ritual japonés sino un método infalible para detectar gases nocivos. Los efectivos del ejército —especializados en guerra química— iban enfundados en trajes espaciales anaranjados y los policías llevaban máscaras antigás. Al amanecer del miércoles 22 de marzo, más de 2.500 miembros de las fuerzas de seguridad penetraron en 25 dependencias del grupo religioso Aum, Verdad Suprema (Shinrikyo) todas situadas en un radio de 200 kilómetros al suroeste de Tokio.

Las fuerzas policiales pusieron especial atención en investigar las instalaciones de Kamikuishiki, una aldea situada al pie del pintoresco monte Fuji, donde residía Asahara. En uno de los salones se encontraban 50 fieles en estado de coma por las severísimas prácticas de ayuno y purificación. Seis de ellos fueron hospitalizados en estado de deshidratación y desnutrición. En la capilla encontraron a un centenar de personas que había ayunado durante una semana. Cuatro médicos pertenecientes a la clínica de la secta en Tokio, fueron detenidos por faltas de ética profesional. Según varios testimonios, uno de los rituales incluía beber la sangre de Asahara, con el argumento de que contenía un ADN especial que transmite energía y vigor espiritual.

En una publicación de 2.000 páginas titulada *Vajrayana Sacca*, editada a principios de 1995 por la secta, aparece el artículo "Guía del miedo: La aspiración judía, la conquista total del mundo". La primera parte de la nota detalla "los métodos utilizados por los judíos para dominar el mundo aprovechando la destrucción de Japón". Además del carácter antisemita de la revista aparece un artículo que, bajo el título de "Buscados: miembros de la aristocracia negra que vendieron su alma al diablo", contiene una lista de catorce personalidades, entre las que se destacan algunos miembros del gobierno japonés. Tres personajes acaparan el interés del autor: el Emperador Akihito (calificado como "emperador títere"), el representante de Japón ante las Naciones Unidas ("el Embajador ante el Infierno") y su hija, que es también la esposa del Príncipe Heredero (y es llamada en el artículo "Emperatriz de la Nación Destrozada").

Aum sostiene que los Estados Unidos están manejados por los capitales judíos, que sirven como instrumento de dominación de la Masonería. Según esta interpretación, el emperador Showa llevó a su país a la guerra contra los norteamericanos a fin de impedir que los Masones envenenaran al Japón. Desde la derrota en la Segunda Guerra Mundial, el Emperador dirige el país de acuerdo a los designios de los norteamericanos, y de hecho se ha convertido en un títere de la Masonería. Para Verdad Suprema, las Naciones Unidas son un instrumento de los Masones, que aspiran a dominar el mundo.

Vocación mesiánica

El verdadero nombre de Shoko Asahara es Chizuo Matsumoto y nació el 22 de marzo de 1955 en una familia con siete hijos. Su padre era un artesano que fabricaba alfombras de paja en la isla de Kyushu, al sur del Japón. Los problemas con su vista desde muy pequeño —casi ciego de su ojo izquierdo— lo condenaron a un internado para niños ciegos donde permaneció hasta los 19 años. La vocación mesiánica lo poseyó desde temprano: al parecer, durante su período escolar se caracterizó por comportarse como un "dictador absoluto" ante los otros niños. Terminó sus estudios con un oficio de acupuntor y grandes ambiciones: quería ser médico o político, llegar incluso a primer ministro. Viajó a

Tokio para ingresar a la prestigiosa universidad de medicina y conoció entonces a la que sería su esposa, Tomoko, quien actualmente tiene 36 años y con la que tuvo cuatro hijas y dos hijos.[5]

Fracasó en los exámenes de ingreso a la Universidad y abrió una clínica de acupuntura en Funabashi, al este de Tokio, con el apoyo financiero de sus suegros. Al principio los negocios prosperaron y Asahara expandió su comercio, dedicándose también a vender medicamentos chinos. Su primer traspié fue en 1982, cuando fue detenido por vender medicinas falsas —una mezcla de piel de serpiente, zanahorias y vinagre— a personas que padecían reumatismo y otros dolores crónicos, y tuvo que pagar una multa de 200.000 yens (2.300 dólares) y cerrar su negocio.

Luego de un par de años en que vivió como un asceta —viajando por la India y leyendo libros religiosos—, reapareció como instructor de yoga y abrió su propia escuela en Tokio en 1984. En esa fecha lanzó "Aum Shinsennokai", un grupo religioso que creyó en las palabras de Asahara, quien afirmaba haber experimentado una revelación espiritual en 1986 en el Himalaya. Prometía "superpoderes" a los jóvenes que se acercaron a la secta, a través de programas de entrenamiento. En 1987, el grupo se había ampliado y Asahara decidió rebautizarlo como Verdad Suprema de Aum. El gobierno metropolitano de Tokio le concedió el estatuto de organización religiosa registrada.

Pese al crecimiento místico, Asahara no había abandonado sus pretensiones políticas. Se presentó con veinticuatro de sus seguidores a las elecciones de diputados en 1990, pero no tuvo éxito. Probó entonces aumentar sus huestes con sermones que prometían la salvación en un mundo condenado a estallar en 1997. La garantía de supervivencia incluía el almacenamiento de provisiones y de conocimientos. Afirmaba que quedarían pocos sobrevivientes, pero que tendrían en sus manos la creación de un mundo libre de todo materialismo. A partir de entonces, Asahara fue imparable.

Sólo le faltaba algún escándalo para saltar completamente a la fama. Y lo tuvo: se convirtió en el principal sospechoso de la desaparición de la familia entera de un abogado de Yokohama que, curiosamente, representaba a un grupo de padres que intentaba alejar a sus hijos de la secta. Con una barba que le ocupaba toda la cara, y vestido con la túnica blanca que lo caracteriza, el gurú recriminó con acritud a los medios de comunicación "porque informan falsamente sobre mis actividades".

Asahara construyó un gigantesco imperio internacional que, explotando las finanzas de sus seguidores, amasó una fortuna valuada en más de 1.150 millones de dólares. Con 24 filiales y unos 10.000 adeptos en Japón, 1.000 de los cuales viven en sus comunidades, la secta atravesó las fronteras: tiene 30.000 discípulos en Rusia; oficinas en Nueva York, Bonn y Sri Lanka; y hasta una granja, en Australia, donde ensayó el gas sarín con ovejas. Para poder dirigir la secta, Shoko Asahara instauró una organización similar a la gubernamental en la que él mismo era "emperador". Los "ministerios" debían conseguir el dinero, pero para cualquier compra superior a los 2.300 dólares era necesaria la firma de Asahara.

Por lo menos once de los principales discípulos que integraban el "gabinete" de Asahara son diplomados en disciplinas científicas, medicina o ingeniería, de universidades japonesas equivalentes a Harvard, Yale o Princeton. En ese sentido, los atentados no sólo destruyeron el mito de la seguridad, sino que pusieron en tela de juicio todo un sistema educativo que ha llevado a muchos estudiantes brillantes a ofrecer sus conocimientos a la secta.

La infiltración del ejército

Mientras las autoridades inventariaban los 20 productos químicos que se hallaron por toneladas en las instalaciones de la secta —algunos indispensables para la fabricación del sarín, según la técnica del ex ejército rojo de la difunta URSS— la policía confiscó las nóminas de miembros de Verdad Suprema y se encontró con una nueva sorpresa: una veintena de efectivos de las Fuerzas Armadas integraba la secta. El director (ministro) de la Agencia de Defensa, Tokuichiro Tamazawa, confirmó la infiltración descubierta por la policía.

La secta Aum se interesaba por toda clase de armas y había reclutado tanto a militares en actividad como a retirados de las Fuerzas Armadas. Las informaciones proporcionadas a la prensa por los investigadores ampliaron a por lo menos medio centenar el número de militares que estaban organizados en dos unidades secretas y separadas: una de ellas, integrada por paracaidistas, se encargaba de las acciones violentas; y otra, formada por especialistas —pilotos de helicópteros y tripulantes de tanques—, era mantenida inactiva y como reserva para cuando la secta tomara el poder.

Una serie de revelaciones desnudaron la profunda infiltración de las Fuerzas Armadas: el manual sobre armas químicas que tenía Aum fue proporcionado en 1994 por un teniente de 38 años, el mismo que participó en el entrenamiento de los policías para el combate contra los gases tóxicos. En base a las instrucciones del manual, los líderes de la secta hicieron ingerir a sus seguidores sodio pentobarbitol, un anestésico usado como antídoto contra las armas químicas, que no se comercializa en el mercado y cuyos restos se hallaron en las muestras de sangre de los arrestados.

Shinya Asano, un paracaidista de 26 años que fue dado de baja del ejército hace algunos meses, confesó haber instalado micrófonos en la vivienda del comandante de su unidad, para obtener información de inteligencia.[6]

El sargento Shinya Asano y el soldado Takahisa Shirai, miembro de un grupo de élite dentro de una unidad de paracaidistas, participaron en un autoatentado con cócteles molotov, montado por la secta un mes antes del ataque con gas sarín. El sargento —que apareció en varios videos flanqueando a Shoko Asahara— admitió que el 19 de marzo de 1995 había consumado ese autoatentado contra un local de la secta en Tokio por órdenes del jefe de inteligencia de Verdad Suprema, Yoshihiro Inoue.

Verdad Suprema pretendía victimizarse ante la sociedad y distraer la atención de la policía frente a la creciente ola de denuncias sobre secuestros, chantajes, extorsiones, desapariciones de personas y uso ilegal de productos médicos.

El arsenal del gurú

"La parte invisible de este caso constituye la clave del problema", afirma Akihumi Ise, un conocido comentarista de Nippon TV, una de las cadenas de televisión privadas. "La policía parece saber que Aum no está sola", agregó el periodista, que sigue de cerca el tema. Según Ise, Verdad Suprema posee dos estructuras: una religiosa y política, y otra secreta, cuya existencia es conocida sólo por un selecto número de dirigentes, y probablemente está controlada desde el exterior. Ise está seguro de que el ministro de ciencia y tecnología de la secta, Hideo Murai, un graduado en física aeroespacial de la universidad de Osaka, fue eliminado porque sabía demasiado.[7]

"Hay muchos puntos misteriosos para concluir que Aum es la única responsable de todo lo que ocurrió", sostiene Takashi Tashibana, otro periodista especializado en notas de investigación que trabaja para el semanario *Shukan Bunshun*. También pone en duda que la secta Aum sea la única responsable de los atentados con armas químicas. Para dar énfasis a su hipótesis, Tashibana señala que la secta estaba infiltrada por agentes policiales mucho antes del atentado.

Otros medios japoneses profundizan en las conexiones entre la secta y el ejército, reconocidas por el propio jefe de las fuerzas de tierra, general Hisaku Tomizawa. El semanario *Shukan Hoseki* sostiene que la secta preparaba un golpe de Estado para noviembre de 1995 "con la ayuda de elementos del ejército".

La policía está convencida de que la secta tenía todos los

componentes químicos necesarios para la manufactura del sarín, como flúor y fósforo orgánico, además de ácido sulfúrico, potasio y acetato de nitrilo. El grupo consiguió gran parte de esos productos químicos a través del presidente de Kobe —una de las empresas líderes del Japón—, quien, a su vez, oficiaba de sacerdote de la secta.

Pese a las evidencias, Shoko Asahara insiste en que los productos químicos servían exclusivamente para la fabricación de semiconductores para computadoras que la secta fabrica y vende. Pese a que Verdad Suprema se financia con la venta de computadoras y controla una fábrica de semiconductores, numerosos expertos químicos, como el profesor Kan Kimura, de la Universidad Gakuin, en Tokio, han corroborado que algunas sustancias encontradas son elementos fundamentales para la fabricación del gas letal sarín.

Los "científicos" de la secta también realizaban experimentos sobre botulismo y otros virus que podían ser utilizados como armas bacteriológicas. En las reuniones que mantuvieron con colegas soviéticos, los miembros de la secta demostraron particular interés en la compra de armas nucleares, y pidieron cotización de precios para la adquisición de submarinos y aviones.

Las armas convencionales también formaban parte del arsenal de la secta. Poseían un helicóptero militar ruso y varios miembros de Verdad Suprema fueron arrestados con partes del fusil AK-47. Los investigadores creen que la secta se estaba preparando para producir copias del fusil.

Otras teorías apuntan a que la secta Moon, la Yakuza (mafia japonesa) o la ultraderecha estarían detrás de Aum, Verdad Suprema. "Es difícil que un simple gurú haya podido reunir semejante arsenal científico y militar y recurrir a métodos dignos de las mejores organizaciones clandestinas, como la codificación de las comunicaciones o la apertura de numerosas cuentas bancarias de reserva", señala un experto en cuestiones de seguridad.

La verdad sobre esta trama para cometer asesinatos en masa está en manos de Asahara, que se considera el "único iluminado espiritual" de todo Japón. Utilizando las ondas de su propia emisora, que emite desde Vladivostok, en Siberia, antes de su detención el gurú lanzó un mensaje a sus fieles: "Ha llegado la hora de despertarse para ayudarme. No tengan ningún temor a enfrentarse con la muerte".

Desayuno con Asahara

Shoko Asahara fue detenido con 117 mil dólares en el bolsillo mientras meditaba en un escondite de proporciones minúsculas en el templo de Kamikuishiki, en la madrugada del 16 de mayo de 1995. La saga en torno al gurú, que ha fascinado a los japoneses de la misma manera que el juicio contra O. J. Simpson cautivó a los norteamericanos, tuvo a la población frente al televisor durante horas. Muchos telespectadores se despertaron y desayunaron con las imágenes en directo de la operación policial. Vieron cómo cuatro horas después de iniciarse la búsqueda, los agentes gritaron "Asahara está dentro". Y lo hallaron en un escondite de nueve metros cuadrados y uno y medio de altura, vestido con su habitual túnica blanca.

"Soy la salud. No me toquen. Tampoco pongan las manos sobre mis seguidores", fueron sus primeras palabras. Después iban a escucharlo negar su participación en el atentado con sarín: "¿Cómo se puede decir que una persona ciega como yo ha participado en un ataque semejante?"[8]

Un par de horas después de ese espectacular arresto, un paquete bomba estalló en el Ayuntamiento de la capital, donde trabajan 13.000 empleados de esta ciudad. El pánico se adueñó del corazón de Tokio, una ciudad de 12 millones de habitantes.

La investigación criminal de Verdad Suprema ha sido la más costosa y la más extensa del Japón de la posguerra. El metódico sistema jurídico puede demorar por lo menos tres años en condenar a Asahara porque desde 1930 —cuando se abolió el juicio por jurado— queda en manos del juez todo el proceso. Pero, en caso de ser encontrado culpable, deberá enfrentar una condena a muerte.[9]

Una cuestión de tiempo

"El Japón que fue", "Han cambiado nuestro país" fueron los títulos que aparecieron en los periódicos japoneses más importantes a raíz del caso del sarín. No hablaban del Japón de la posguerra, ni siquiera de los vaivenes sociales producidos por el milagro económico en la década de los sesenta, sino que revaluaban el mito de la seguridad ciudadana, que quedó hecho añicos a partir de los ataques en el subterráneo. Hasta entonces la criminalidad en Japón se limitaba a hechos aislados —1,1 muertes, 1,3 robos y 1,3 violaciones por cada 100.000 habitantes — comparada con cifras septuplicadas en Occidente.

"Las civilizaciones no occidentales han tratado de ser modernas sin hacerse occidentales. Hasta la fecha, sólo Japón lo ha logrado. Las civilizaciones no occidentales seguirán intentando adquirir riqueza, tecnología, destreza, maquinaria y armamento que son parte del ser moderno. También tratarán de reconciliar esta modernidad con sus culturas y valores tradicionales. Su fuerza económica y militar en relación a Occidente aumentará. Por lo tanto Occidente tendrá que acomodarse cada vez más a esas civilizaciones modernas no occidentales, cuyo poder se acerca a Occidente pero cuyos valores e intereses difieren significativamente de los de Occidente", afirma el director del Instituto Olin de Estudios Estratégicos de Harvard, Samuel P. Huntington, en el polémico trabajo *El choque de las civilizaciones*.

En su artículo publicado en la revista *Foreign Affairs*,[10] Huntington identifica "siete u ocho civilizaciones" entre las que figuran: "La occidental, la confuciana, la japonesa, la islámica, la hindú, la eslavo-ortodoxa, la latinoamericana y posiblemente la africana", añadiendo que "las líneas de fractura entre civilizaciones constituirán las líneas de combate del futuro". Pero el conflicto dominante —dice— será entre "Occidente y el resto de las civilizaciones".

Huntington insiste en que es imprescindible que Occidente mantenga el poder económico y el militar necesarios para proteger sus intereses en relación a esas civilizaciones; que desarrolle una comprensión más profunda de la religión, la filosofía y el modo de vida de otras civilizaciones. "Será necesario un esfuerzo para identificar los elementos comunes entre Occidente y las otras culturas. En el futuro no habrá una civilización universal, sino un mundo de diferentes civilizaciones, cada una de las cuales tendrá que aprender a coexistir con las otras", afirma Huntington.

Tres meses antes de los atentados en Tokio, los servicios de inteligencia japoneses y la CIA alertaron sobre la posibilidad de que algún grupo de extrema derecha —existen más de mil grupos que cuentan con unos 120.000 adeptos— lanzara durante 1995 una ofensiva terrorista para conmemorar el 50 aniversario de la rendición nipona en la Segunda Guerra Mundial. Paul Wilkinson, profesor de la Universidad de Saint Andrew en Escocia y director del Centro de Estudios sobre Conflicto y Terrorismo de Londres fue uno de los seis expertos que realizaron el informe encomendado por el Departamento de Defensa de los EE.UU. que vaticinaba un posible ataque con armas biológicas. "Estuve en Japón en varias oportunidades y tuve estrechos contactos con las autoridades policiales y los servicios de inteligencia, pero me llevé la impresión de que ellos no consideraban que este tipo de violencia local mereciera una alta prioridad", dijo Wilkinson al *International Herald Tribune*.[11]

Otro estudio realizado en 1993 sobre las futuras amenazas terroristas a comienzos del próximo siglo, advirtió que un centenar de países tienen capacidad para fabricar gases letales y que la irrupción de ataques terroristas con armas químicas o biológicas contra los EE.UU. o contra alguno de sus aliados es sólo una cuestión de tiempo.

NOTAS

[1] *El País*, "La maldición del sarín. La odisea del atentado en el metro de Tokio de una secta precursora de la redención milenarista." 28-03-1995.

[2] *El País*, "Seis muertos y 3.200 heridos en un atentado con gas tóxico en el metro de Tokio", 20-03-1995.

[3] *The New York Times*, "Nerve gas that feeled Tokyo subway riders said to be one of most lethal known", 21-03-1995.

[4] *El País*, "Coincidencias mortales. El escritor y periodista galés Gordon Thomas publicó hace cuatro años la historia de un atentado similar al del metro de Tokio", 25-03-1995.

[5] *Página/12*, "Profeta del Apocalipsis", 17-05-1995.

[6] *International Herald Tribune*, "Japanese Army says 2 sergeants were members of Sect", 29-04-1995.

[7] *The New York Times*, "Attacker fatally stabs high official of japanese sect", 24-04-1995.

[8] *International Herald Tribune*, "Cry of desperation from japanese guru to lawyer", 18-05-1995.

[9] *International Herald Tribune*, "Japan's ploding courts may take years to rule on sect", 17-05-1995.

[10] *Foreign Affairs*, "El choque de las civilizaciones", 26-08-1993.

[11] *International Herald Tribune*, "U.S. foresaw a gas attack in terror study", 22-03-1995.

9. Apetito de muerte en Oklahoma

Describir una personalidad digna de Dostoievsky como la del autor del atentado de Oklahoma no es tarea fácil. ¿Aventurero? ¿Psicópata? No existe el psicópata en estado puro ni el aventurero total. Buena parte de la comedia de los asuntos criminales es la apreciación de cuán prácticos, razonables, gentiles, cuerdos, inteligentes y llenos de candor son los aventureros que lo arriesgan todo. A partir del momento de su captura, el ex veterano del Golfo Timothy McVeigh fue descripto como una suerte de autómata. Sin embargo, en julio de 1995, cuando la revista *Time* publicó la primera entrevista con él bajo el título "La cara del terror", los periodistas se mostraron sorprendidos de que se tratara de un tipo tan normal. Ésta es la afirmación más terrible que los norteamericanos han escuchado sobre Timothy McVeigh.

Aunque le hubiera gustado pisar a fondo el acelerador del Mercury amarillo modelo 77 y dar rienda suelta a su pasión por la velocidad, hizo un gran esfuerzo para que la adrenalina no lo traicionara. Condujo sin violar una sola regla de tránsito por la ruta nacional 35 hacia el norte. Llevaba casi una hora de apacible marcha y ya estaba por entrar en Kansas cuando, a la altura de Perry, lo detuvo el patrullero Charles Hanger. Hanger es famoso por su celo policial. En el café Kumback, donde recala todos los días para desayunar, uno de los cocineros ha colgado en un marco la boleta que le hizo Hanger por "exceso de velocidad": manejaba a 90 kilómetros por hora en vez de 88, la máxima permitida.

El muchacho de aspecto solitario, casi perturbado, que el 19 de abril de 1995 conducía el Mercury, había cometido sólo un error: el auto no tenía chapa en la parte de atrás. Hanger le pidió el carnet de conductor y los papeles del auto que había comprado cinco días antes en una concesionaria de la ciudad de Junction. Había entregado su rural Pontiac 1983 y 250 dólares para comprar aquel Mercury amarillo. Todo estaba en orden. Pero cuando el conductor se inclinó para cerrar la guantera, Hanger advirtió que llevaba en el cinturón un cuchillo comando con una hoja dentada de trece centímetros y una pistola calibre 9 milímetros. Más tarde, cuando el policía retiró el cargador de la Glock 45, comprobó estaba cargada con balas Black Talion especiales para atravesar chalecos blindados. Hizo bajar a McVeigh de su auto y lo llevó a la comisaría para interrogarlo. Durante el trayecto, el detenido intentó esconder en el tapizado del patrullero la tarjeta de un negocio de venta de armas y municiones ubicado en un suburbio de Chicago. Junto al nombre de David Paulsen, uno de los propietarios, había garabateado que necesitaba más TNT para el 1º de mayo. Durante todo el procedimiento, el sospechoso se comportó con suma urbanidad: "Sí, señor", decía; o "Por supuesto, señor". El policía llegó a imaginar que le gustaría un tipo así para tenerlo de yerno.

Quedó arrestado sólo porque el patrullero no quería dejarlo ir sin verificar sus antecedentes. "¿De dónde viene usted?", le preguntó. "De Michigan, contestó el detenido. "¿Y qué anda haciendo por acá?" "Estoy dando vueltas por el país", dijo. A Hanger le pareció extraño que el sujeto vestido de traje y borceguíes militares no llevara ninguna valija. Por ley, no podía retenerlo en prisión más de 48 horas, es decir hasta el viernes 21 por la mañana. Pero cuando lo iba a dejar marchar, Hanger cayó en la cuenta de que el detenido se parecía al identikit de John Doe Nº 1, uno de los dos hombres buscados por el atentado con coche-bomba al edificio federal Alfred Murrah de Oklahoma.

"El momento está próximo"

Timothy James McVeigh detenido por el patrullero Hanger 80 minutos después de la explosión, pasó su cumpleaños número 27 en la celda de una prisión federal en las afueras de Oklahoma. Está acusado del acto terrorista más sangriento en la historia de los Estados Unidos y si resulta culpable, seguramente será ejecutado. McVeigh se considera "prisionero de guerra", se niega a hablar con la policía y a todo lo que se le pregunta responde con su nombre y su grado militar. Lo que obsesiona a sus interrogadores es por qué su huida de la escena del crimen estuvo tan mal planeada: no tenía un equipo de apoyo para la eventualidad de ser detenido y llevaba encima sólo 250 dólares.

Este buen muchacho de la América profunda, que había ganado dos estrellas de bronce en la guerra del Golfo, se oponía al control de armas por parte del gobierno federal y estaba obsesionado con la muerte de David Koresh en Waco, recorrió un largo camino hasta ese lunes en que compró un paquete de maní, alquiló tres videos y una camioneta Ryder, la llenó de explosivos y la detonó en pleno centro de Oklahoma el miércoles por la mañana.

El 31 de marzo, tres semanas antes del atentado en Oklahoma, estacionó un viejo y oxidado Pontiac en la puerta del motel Kingman ubicado sobre la legendaria ruta 66 en Kingman, Arizona[1]. Para el recepcionista del motel no cabían dudas de que ese hombre con cara de piedra y cabeza rapada, que vestía ropa de camuflaje, borceguíes negros y un bolso verde oliva, era un soldado. Por si quedaba alguna duda, cuando Timothy McVeigh llenó el registro de pasajeros consignó la base militar de Fort Riley, en Kansas, como su domicilio.

Durante los siguientes 12 días, el soldado de apariencia anoréxica permaneció en su cuarto, de guardia, saliendo sólo ocasionalmente para pagar la cuenta y comer algo, cada vez menos. "Se alimentaba sólo con leche y cereales", recordó un empleado. Mc Veigh tenía un irrefrenable apetito de muerte. Quería llenarse de nada. No tuvo visitas, no hizo llamadas telefónicas, no movió el Pontiac del lugar en que había quedado estacionado. Ni siquiera prendió el televisor. Un silencio mortal invadía aquella habitación de persianas bajas y puerta cerrada con doble llave, donde McVeigh compartía su soledad con media docena de pistolas que limpiaba obsesivamente dos veces por semana. McVeigh llevaba una vida de cárcel. Estaba programado para el desastre. Y éste se le aproximaba a gran velocidad. No se sabe cuándo decidió hacer caso a ese impulso interior, físico y mental, que desde tiempo atrás le decía "El momento está próximo. No podrás detener tus impulsos por más de diez meses, por más de diez días".

McVeigh tuvo una infancia gris en aquel mortecino suburbio obrero de Pendeleton, cerca de Buffalo, que parecía un enorme cuartel. Allí pasó los primeros años de su vida junto a su padre, un mecánico de autos, y su hermana Patricia. Era un niño solitario pero seguro, que se tornó más hosco desde que la madre se fue de la casa cuando él tenía 16 años. La idea de que no había sido lo suficientemente bueno como para retener a su madre lo había atormentado desde entonces. En la escuela secundaria se lo recuerda como un estudiante común que siempre obtuvo notas mediocres. Compitió, sin sobresalir, en los equipos escolares de cross-country y de atletismo. El libro de graduados de la escuela correspondiente al año 1986 ofrece algunas claves de sus aspiraciones. Debajo de su fotografía, escribió: "Tómalo como venga. Compra una Lamborghini. Chicas de California."[2]

Para McVeigh la violencia comenzó como el deseo de luchar para salir de una trampa. Probablemente, la única lección que este joven solitario y fascinado por las armas y las computadoras aprendió en la escuela fue que la fuerza y la capacidad para infligir dolor podrían marcar la diferencia.

Después de terminar el colegio, trabajó como guardia de seguridad en una transportadora de caudales en la ciudad de Buffalo. "Un día apareció con una carabina recortada y dos cananas de balas cruzadas sobre el pecho, además de las dos o tres pistolas que habitualmente portaba. Parecía Pancho Villa", recuerda Jeff Camp, quien trabajó con él durante ocho meses entre 1987 y 1988. McVeigh se enfureció cuando el supervisor lo mandó a cambiarse. Era la época en que Rambo hacía furor en las pantallas y él parecía haberse escapado de una película[3].

Capacidad para matar

El 24 de mayo de 1988, McVeigh se enroló en el ejército y allí conoció a Terry Nichols. No hay mucho para hacer en los alrededores de Fort Riley, Kansas. Los soldados llenan el infierno del ocio con revistas como *Soldier of Fortune* (Soldado de Fortuna), en la que auténticos o supuestos mercenarios cuentan sus hazañas en los paraísos de la guerra, desarrollan teorías conspirativas, intercambian mensajes en clave y ofrecen sus servicios al mejor postor. James William Gibson, autor del libro *Warrior Dreams* (Sueños de guerrero), señala que la aparición en 1975 de esa publicación y de la cultura militarista coincide con la derrota estadounidense en Vietnam. Gibson señala que a partir de ese momento la tradicional película de guerra en la que los reclutas novatos son formados por un sargento rudo para pelear contra el enemigo por una causa justa, fue remplazada por las películas tipo Rambo en las que el héroe traicionado se convierte en un renegado que lucha contra su propio gobierno.

El camino hacia el terrorismo puede estar configurado por factores fortuitos así como por la influencia conjunta de las predilecciones personales y de los incentivos sociales. En el libro *Orígenes del terrorismo...*[4], Albert Bandura, presidente de la Asociación Estadounidense de Psicología, afirma que "es en la conducta militar donde se revelan de forma más sorprendente los cambios radicales que se producen en el comportamiento destructivo a través de la justificación moral. La parte más difícil del entrenamiento no consiste en conseguir que los soldados arriesguen sus vidas sino en desmontarles el mecanismo visceral que les impide matar a gente que no conocen y que no odian. El desarrollo de la capacidad para matar suele evolucionar a través de un proceso en el que es muy posible que los reclutas no sean plenamente conscientes de las transformaciones que experimentan. El entrenamiento desinhibidor suele llevarse a cabo dentro de un medio de intensas influencias interpersonales. Los reclutas se sumergen profundamente en la ideología y en el desempeño del papel que se les ha asignado dentro del grupo. Inicialmente se los estimula a realizar actos desagradables que pueden tolerar sin demasiada autocensura. Gradualmente, van aprendiendo a imitar la conducta agresiva de otros soldados más experimentados, y poco a poco se van debilitando su incomodidad y su autorreproche ante niveles cada vez más elevados de crueldad. Las diferentes prácticas de desconexión forman una parte integral del entrenamiento. Con el tiempo, pueden llegar a cometer —con la mayor insensibilidad— actos que al principio consideraban aborrecibles. La creciente autodesinhibición se acelera si se presentan los cursos de acción violentos como actos que sirven a un imperativo moral y si se despoja de sus cualidades humanas a la gente elegida como blanco".

McVeigh y Nichols integraban una unidad tipo "COHORT" (Cohesion Operational Readiness and Training) que intentaba mejorar la cohesión interna y la capacidad de combate manteniendo unidos al mismo grupo de soldados, durante tres años desde el entrenamiento hasta el momento de entrar en acción. En teoría, las unidades COHORT, habían sido ideadas para actuar como relevos colectivos porque el Pentágono había comprobado que el mayor número de bajas se producía durante las primeras horas de combate entre los refuerzos asignados individualmente a las unidades ya formadas. Sin embargo, con el tiempo los comandantes comprobaron que las primeras víctimas de las unidades COHORT fueron sus propios integrantes: condenados a convivir aislados durante tres años, los soldados terminaban odiándose, desertando o suicidándose.

Una guerra en el desierto

Ese verano McVeigh le regaló a su amigo y compañero de armas John Fulcher el libro *Los Diarios de Turner*, una novela escrita por el ex profesor de física y miembro del partido Nazi norteamericano, William Pierce, en la que un grupo de "mercenarios arios" ataca y destruye el cuartel general del FBI con una bomba casera, similar a la empleada en el atentado de Oklahoma. El libro, que ha vendido 185.000 ejemplares, se convirtió en la Biblia de los extremistas de ultraderecha y particularmente de McVeigh.

Nunca salió con mujeres, aunque sus compañeros de cuartel no creen que fuese homosexual. "Jugaba al soldado 24 horas por día, los siete días de la semana", recuerda su compañero de armas Marion Curnutte. "Una máquina de guerra nunca se detiene", decía McVeigh mientras afilaba su bayoneta. Para él no había francos o licencias, lo que seguramente influyó para que fuese ascendido a sargento cuatro meses antes de la Guerra del Golfo. "El entrenamiento —dice Albert Bandura— no sólo inculca la justicia moral y la importancia de la causa para la acción militante, sino que también crea un sentido de elite y aporta recompensas sociales de solidaridad y la estima del grupo por destacarse en las acciones terroristas. Las personas socializadas para lamentar el asesinato como moralmente condenable pueden transformarse rápidamente en hábiles combatientes, capaces de sentir poco remordimiento e incluso cierto orgullo ante el hecho de cobrarse una vida humana."

A comienzos de 1991 en las arenas de Arabia Saudita Timothy McVeigh fue testigo de la aparición de una nueva forma de guerra. La línea de fuego o el frente no estaba en las trincheras de arena y hormigón en las que se habían parapetado desde hacía meses los iraquíes. Ése no era el escenario donde se iba a librar la batalla principal: la nueva doctrina bélica estadounidense postulaba una batalla en todas las dimensiones: distancia, altura y tiempo. Cuando la *CNN* hacía vivir en directo el heroísmo de los que disparaban misiles de largo alcance, el frente se hallaba en la retaguardia, en los flancos y por encima de donde McVeigh se encontraba. Eso es la tecnología. A la tecnología realmente no le importa qué puede suceder después, sólo desea triunfar en el punto en que está.

Irak constituyó la primera aplicación en gran escala de la doctrina actualizada de Combate Aeroterrestre que, como trabajo intelectual, mereció la atención del suplemento literario de *The New York Times* y que fue oficializada recién el 1° de agosto de 1991, un año después de la invasión iraquí a Kuwait.

Durante la Operación Tormenta del Desierto, McVeigh fue artillero en uno de los cuatro vehículos blindados Bradley pertenecientes al primer pelotón de la Compañía Charlie, integrante del segundo batallón de infantería mecanizada. La Compañía Charlie, equipada con topadoras y palas mecánicas, y escoltada por vehículos Bradley, recibió la misión de enterrar vivos a los iraquíes en sus propias trincheras en la ofensiva final aliada. Al primer pelotón —al que pertenecía McVeigh— se le encomendó la tarea de proteger las unidades que "limpiaban" con métodos poco convencionales las trincheras enemigas.

Cada vez que el Bradley artillado con un cañón de 25 milímetros, sistemas de misiles y una ametralladora pesada pasaba por encima de aquellos cuerpos arrumbados en las trincheras iraquíes, McVeigh comprobaba que el mundo —como la Guerra del Golfo— era bello porque ganaba el mejor.

Por su desempeño en el frente, McVeigh recibió dos Estrellas de Bronce y la medalla de la liberación de Kuwait, entre otras condecoraciones. Pese a que alardeaba de cómo había capturado a 500 iraquíes en una operación, sus compañeros de unidad recuerdan cuando un solo iraquí se le apareció con los brazos en alto y abrió fuego con el cañón de 25 milímetros ubicado en la torreta. "Estaba impresionado porque con un solo disparo le había arrancado la cabeza a un iraquí a 1.100 metros de distancia", relata Kerry King, un soldado que se incorporó al pelotón después de la guerra. Aunque siempre hablaba sobre el tema, nunca superó la idea de que el coraje no consistía en matar, sino en estar dispuesto a morir. Esa vaga pero equivocada idea se tornó decisiva para su existencia.

Durante esa guerra, que duró cien horas, por momentos tuvo la sensación de que Occidente se enfrentaba a sí mismo, a través de un enemigo interpuesto que se llamaba Saddam Hussein. Después de la guerra su paranoia se tornó más y más obsesiva con un creciente temor hacia cualquier acontecimiento real, a las distintas formas de violencia que esconde la sociedad norteamericana, a cualquier placer demasiado concreto. McVeigh terminó obsesionado con la idea de pasar a la acción.

Derrotado por sus superiores

Cuando regresó a su base en Fort Riley, Kansas —ubicada cerca del negocio de la ciudad de Junction donde presuntamente alquiló la camioneta amarilla utilizada en el atentado—, su ambición de convertirse en el soldado perfecto lo llevó a solicitar el ingreso en las Fuerzas Especiales del Ejército, tan célebres por sus boinas verdes como por los abominables crímenes cometidos en Granada, Panamá y el Golfo Pérsico.

McVeigh pasó con facilidad los tests de aptitud física: marchar durante 90 minutos cargando una bolsa de 45 libras, correr tres kilómetros, nadar 50 metros en dos minutos con ropa y botas de combate, pero no consiguió terminar el curso de preselección de tres semanas en el que participó en Fort Bragg en abril de 1991. Flaqueó en los tests de aptitud psicológica[5].

Probablemente McVeigh integraba ese 10 o 15 por ciento de veteranos del Golfo que sufrieron y sufren de neurosis de guerra. "En agosto de 1992 un reservista de 33 años que se había desempeñado como supervisor contabilizando los muertos iraquíes, me trajo fotos que él y sus amigos habían tomado de tanques quemados, bunkers ensangrentados y cuerpos carbonizados. Él y otros veteranos habían visto la destrucción en su verdadera escala. El público norteamericano la vio por TV en una versión aséptica e impersonal", dice Bill Sautner, un terapeuta de los veteranos de guerra. "La tragedia de los veteranos reside en la imposibilidad de elaborar, compartiendo con el resto de la gente, la experiencia del horror concentrado en una guerra de cuatro días". Perseguidos por estos recuerdos, los veteranos de las sucesivas guerras e intervenciones norteamericanas que en su momento fueron recibidos como héroes, son hoy muertos sociales: 271.000 son *homeless*, una cifra casi equivalente a la de los iraquíes muertos en esas cien horas de guerra[6].

"El Ejército de los Estados Unidos de Norteamérica lamenta comunicarle que usted integra el 57 por ciento de jóvenes aspirantes cuya solicitud para ingresar en las Fuerzas Especiales, ha sido rechazada", decía la lacónica cédula redactada en ese idioma burocrático que a McVeigh siempre le había costado entender. No se lo dijeron, pero esos militares de escritorio habían decidido que era inepto porque —aunque podía cumplir órdenes— no tenía iniciativa suficiente para tomar decisiones. Había tratado de hacer bien su trabajo pero —como Rambo— fue saboteado y derrotado por sus superiores.

"La soledad me ha seguido toda la vida, donde sea. En bares, en autos, en calles, en tiendas, en todas partes. No hay escapatoria. Soy el gran solitario", confesó. Cuando se disipó el espejismo de que los generales, los capitanes y los jefes de compañía amaban a todos los individuos por igual, los grupos paramilitares comenzaron a ocupar el vacío que el ejército había llenado en este muchacho desesperado por encontrar a su enemigo. De aventurero violento, McVeigh pasó a ser un veterano desilusionado del Ejército y sediento de venganza contra el gobierno.

En diciembre de 1991 pidió la baja del ejército y se enroló definitivamente en el ejército secreto que estaban formando los grupos de extrema derecha: "Quiero estar preparado para cuando sobrevenga el Apocalipsis", dijo. Con su paso a la semiclandestinidad, comenzó a utilizar el "nombre de guerra" Tim Tuttle. Tuttle es el personaje que encarna Robert De Niro en la película *Brazil*, de Terry Gilliam, una especie de Robbin Hood bueno y simpático que es perseguido por una policía política parecida a la Gestapo o la KGB.

Atacar al Estado

Navidad de 1991: "Mi vida ha tomado de nuevo otra dirección. Los días se suceden con regularidad. Cada día es idéntico al otro. Es como una larga cadena interminable. Y de pronto, ocurre un cambio..." Impulsado por una búsqueda angustiosa de significado para el tormento solitario que venía soportando, Timothy McVeigh había pasado muchos años de su vida reuniendo pruebas. Las conclusiones están en sus cartas. En esa búsqueda obsesiva de identidad había llegado a la conclusión de que había que atacar al Estado. Se había alistado en una confrontación imaginaria y creía ser soldado en una batalla contra la sociedad. Al golpear al establishment estaba intentando destruir, en realidad, al enemigo que llevaba adentro.

El 11 de febrero de 1992 revisó con ansiedad las páginas del diario *Lockport Union-Sun and Journal*, del estado de Nueva York, donde había ido a la escuela secundaria. Pasó por alto los avisos a página entera que anunciaban las ofertas de comida congelada de las grandes cadenas de supermercados y se detuvo ante una carta de lectores que llevaba el título "Estados Unidos enfrenta dificultades". Dobló el diario y comenzó a leer el artículo que llevaba su firma con sumo cuidado:

"La delincuencia está fuera de control. Los delincuentes no tienen ningún temor al castigo. Las prisiones están superpobladas, así que saben que no quedarán presos durante mucho tiempo. Esto engendra más delincuencia, en un patrón cíclico que se intensifica.

"Los impuestos son ridículos. No importa lo que 'prometa' un candidato político, aumentarán. Unos impuestos mayores son siempre la respuesta a la mala administración del gobierno. Ellos meten la pata, nosotros sufrimos. Los impuestos alcanzan niveles cataclísmicos, sin que se vislumbre una declinación.

"El 'Sueño Americano' de la clase media casi se ha desvanecido y en su lugar la gente sólo lucha por comprar la comida de la próxima semana. ¡Dios quiera que el auto no se descomponga!

"El 'Sueño Americano' lo erosionan más los políticos, al aprobar leyes que se supone sean un 'arreglo rápido' cuando en realidad están concebidas para asegurarle la reelección a algún funcionario. Estas leyes suelen 'diluir' un problema por un tiempo, hasta que el problema regresa con mayor fuerza en una forma peor (de la misma manera que una variedad de bacteria se altera a sí misma para derrotar a un medicamento conocido).

"Los políticos están fuera de control. Sus salarios anuales son superiores a lo que una persona común verá en toda una vida. Se les ha confiado la facultad de regular sus propios salarios y han violado esa confianza de manera flagrante para vivir en un lujo propio.

"¿El racismo va en aumento? ¡Créalo! ¿Podría ser ésta la manera en que las frustraciones de los Estados Unidos se ventilan? ¿Es válida esta frustración? ¿Quiénes son los responsables de este lío? En momentos en que el mundo ha visto el fracaso del comunismo como un sistema imperfecto para gobernar un pueblo, la democracia parece ir por el mismo camino. Nadie ve el panorama 'global'.

"Quizás tenemos que combinar ideologías para lograr la utopía del gobierno perfecto. Recuerde, la idea de un sistema de atención médica patrocinado por el gobierno fue idea de los comunistas. ¿Acaso sólo los ricos tienen derecho a una vida larga? ¿Eso quiere decir que sólo porque una persona es pobre, es un ser humano inferior y no merece vivir tanto, porque no usa corbata en el trabajo?

"¿Qué será lo que hará falta para abrirles los ojos a nuestros funcionarios elegidos? ¡Los Estados Unidos están en una decadencia seria!

"No tenemos ningún té proverbial para arrojar (*Se refiere al té que arrojaron los colonos británicos en un acto de repudio a la corona antes de la revolución americana*). ¿Deberíamos hundir, en cambio, un barco lleno de importaciones japonesas? ¿Será inminente una guerra civil? ¿Tendremos que derramar sangre para reformar el sistema actual? Espero que no llegue a eso. Pero bien podría."

El cerebro de un fanático

El 10 de marzo de 1992, McVeigh escribió una segunda carta al periódico que tiene una tirada de 18.500 ejemplares, en la que hablaba del hombre "como un cazador, un predador, y defendía la cacería como una forma más humana de matar a los animales en lugar de sacrificarlos en mataderos después de haberlos criado". Estas cartas son interesantes porque demuestran que McVeigh, como la mayoría de los terroristas del mundo, se sentía a la defensiva y no a la ofensiva; se sentía coaccionado en lugar de ejercer él la coacción; se sentía justificado por lo que estaba haciendo y por lo que iba a hacer, y de ninguna manera culpable. Desde el punto de vista psicológico, la clave más importante para comprender a los terroristas es que tienen la sensación de estar defendiéndose contra un mundo agresivo, malvado, intruso y sanguinario. McVeigh se veía a sí mismo como una víctima inocente de un Estado agresivo, intruso y represivo preparado para usar la violencia con tal de conservar el poder y reprimirlo a él y a otras "personas honradas". De hecho, casi todos los terroristas creen que sus blancos, individual y colectivamente, no sólo son culpables por lo que hacen y representan, sino también porque oprimen y maltratan a los extremistas.

McVeigh, que pesaba escasos 40 kilos, no era un simple vegetariano, ni se había tornado en un adepto de la cultura *light*. Al mismo tiempo que había llenado su cerebro de un fanatismo digno de un ángel exterminador, había dejado de comer, como si hubiera querido llenarse de vacío. No en vano los asesinatos con alevosía requieren estómagos a prueba de bomba.

Entre el primer y el segundo artículo al diario *Lockport Union-Sun and Journal*, del estado de Nueva York, escribió una carta al diputado italo-americano John Lafalce en la que criticaba una ley de ese estado que prohibía el ingreso de "sustancias nocivas" y de armas de fuego: "Soy un firme creyente en los derechos dados por Dios a la defensa personal", se lee en la carta fechada el 16 de febrero de 1992. "¿Puede otra persona o un ente gubernamental decir a alguien que no debe estar en condiciones de salvar su propia vida?", se pregunta. Tras el atentado de Oklahoma, el diputado Lafalce entregó al FBI la carta de McVeigh que venía en un sobre con la leyenda "Soy de la NRA", la National Rifle Association, el lobby más importante de los EE.UU. para la defensa de las armas personales.

Cuando escribió esas cartas integraba una escuadra de misiles antitanques de la Guardia Nacional y ganaba 150 dólares al mes. Se fue de la Guardia en junio de 1992 con el difuso argumento de "incompatibilidad de empleos".

Adeptos para la causa

En otoño de 1993, McVeigh llegó a Decker para quedarse en la granja de James Nichols, el hermano mayor de su amigo del ejército, Terry Nichols. Decker tiene 90 habitantes, una oficina de correos y un solo bar con un cartel que dice "¿Dónde carajo está el bar de Decker?[7]. Los vecinos de esa pequeña comunidad agrícola describen a McVeigh como un amante de las armas que siempre llevaba una pistola en su cintura y opinaba que el gobierno federal estaba conspirando para negarles a los norteamericanos su derecho "constitucional" de poseer armas. "Era un joven engreído con un montón de cosas raras en su cabeza y realmente molesto por lo de Waco," dijo Phil Morawski, un granjero amigo de los Nichols. "Sentía que había ido a la guerra y peleado por su país y había vuelto y había encontrado al gobierno norteamericano forzando a los individuos".

Según Morawski, McVeigh pasó dos semanas en Waco durante el sitio de 51 días para demostrar su apoyo a David Koresh, el líder de la secta davidiana. Después de mudarse a Michigan siguió obsesivamente las alternativas del sitio. Escuchaba religiosamente a Chuck Carter, un ultraderechista conductor de televisión de Florida y a menudo sacaba el tema de Waco con los hermanos Nichols.

McVeigh también mostró señales de la característica paranoia de muchos militantes de la extrema derecha. Le dijo a Morawski que él creía que el ejército le había inyectado un chip de computación en la nalga para que el gobierno lo pudiera controlar.

El ambiente cerrado de Michigan ofrecía un lugar ideal para incubar el creciente odio de McVeigh hacia Washington y especialmente hacia las agencias involucradas en el sitio contra los davidianos. La masacre de Waco fue un punto de inflexión para la mayoría de los miembros de los grupos antigubernamentales y de derecha que reivindican el derecho a portar armas. "Todos aquí piensan que el gobierno está perdiendo control," dijo Ron Dore, de 44 años, un mecánico campesino que bebía en la taberna de Decker. "Estamos muy cerca de ser un estado militar, como solían ser los rusos."

En la granja de los Nichols, McVeigh tuvo la oportunidad de

adquirir una pseudo filosofía para apuntalar su odio creciente. Los hermanos Nichols eran conocidos extremistas que se oponían a pagar impuestos federales y creían que el gobierno estaba intentando controlar cada aspecto de su vida, incluyendo el clima. James se negaba a tener un número de seguridad social y a pagar las boletas por exceso de velocidad argumentando que los tribunales no tenían jurisdicción sobre él. Terry escribió a las autoridades locales renunciando a su derecho a votar y declarando: "Existe una corrupción total en todo el sistema político, desde el gobierno local para arriba". Los vecinos dicen que McVeigh pasó seis meses en la granja trabajando para Nichols y viajando a exposiciones de armas junto con Terry, que también era un fanático de las armas.

Las ferias de armamento y supervivencia son parte de un circuito de grupúsculos de ultraderecha que, a través de las computadoras, vincula a los extremistas de distintas partes del país y les proporciona escondites cuando son buscados por la justicia[8]. El FBI sospecha que durante esa época McVeigh puede haber participado en 13 robos "firmados" en los que los asaltantes consiguieron más de 150.000 dólares. Esto explicaría por qué viajaba ininterrumpidamente por los EE.UU. pagando sus gastos en efectivo aunque en el último año no tenía medios de vida conocidos.

En septiembre de 1993 participó en la convención anual de mercenarios que la revista *Soldier of Fortune* realizó en Las Vegas. "Vagaba entre los asistentes a la convención tratando de conocer gente, de ganar adeptos", recordó uno de los presentes. "Las armas eran su ideología y su ideología eran las armas. Las armas, solamente las armas".

Cuando McVeigh se fue de la granja, se cree que pasó un tiempo en Arizona y luego en Kansas, adonde Terry se mudó después de separarse de su mujer. Según varios residentes de Decker, McVeigh y los hermanos Nichols experimentaban haciendo pequeñas bombas con químicos caseros y botellas de plástico. "Las tiraban en el patio y se podían escuchar los estallidos," dijo Dan Stomber, un vecino. "Le escuché decir a James: "Estamos cada vez mejor en esto. Estamos descubriendo lo que sirve y lo que no."

"Como un cuadro de Rembrandt"

Alrededor del 22 de diciembre de 1994, Timothy McVeigh y su amigo Michael Fortier recorrieron cada uno de los nueve pisos del edificio federal de Oklahoma con la excusa de que buscaban trabajo. En su reconocimiento del blanco para el atentado no pueden haber dejado de observar que en el segundo piso había una guardería que en esos días estaba decorada para Navidad[9].

Si McVeigh alquiló la camioneta el lunes 17 y la estacionó frente al edificio federal de Oklahoma el miércoles 19 poco antes de las 9.02, cuando se produjo la explosión, esto significa que dispuso de un día para montar la bomba en el vehículo. Durante esas dos noches el terrorista se alojó en la habitación 25 del hotel Dreamland de Junction bajo el seudónimo Robert Kling.

El 16 de abril, tres días antes del atentado, llamó por teléfono a Terry Nichols desde Oklahoma y le pidió que lo fuera a buscar y lo llevara a Junction. Ese día McVeigh estacionó su Mercury amarillo modelo 77 en un lugar seguro para la fuga. El 18 de abril en el parque estatal Geary Lake de Kansas, McVeigh y Nichols mezclaron, armaron y cargaron los 20 barriles de explosivos fabricados en base a una mezcla de un fertilizante —nitrato de Amonio— y gasoil en el camión amarillo de la firma de alquiler "Ryder". "¡Qué lindo césped que va a crecer en el jardín de Terry!", pensó Gerraldine Hodson, una vecina que observó cuando Nichols desparramaba el sobrante de nitrato de amonio utilizado para la bomba en el jardín de su casa dos días después del atentado.

"Es como un cuadro de Rembrandt, una obra maestra en la que se conjugaron la ciencia y el arte", dijo —refiriéndose al atentado de Oklahoma— el coronel Bo Gritz, quien se postuló a presidente de los EE.UU. por la ultraderechista Aryan Nation de Idaho, tres días después del atentado al programa *20/20* de la cadena *ABC*. La Nación Aria incluye a políticos como David Duke, el ex líder del Ku-Klux-Klan que estuvo muy cerca de ser senador republicano por Luisiana en 1990. Dos años antes, Bo Gritz —que sirvió de inspiración para el Rambo de Sylvester Stallone— fue su compañero de fórmula para la vicepresidencia por el partido Populista. El slogan de campaña de este veterano comandante de los Boinas Verdes en Vietnam era "Si los votos no lo logran en el '92, las balas tendrán que hacerlo en el '96".

El terreno de las Milicias

Tras el atentado de Oklahoma, las Milicias de extrema derecha han experimentado un crecimiento notable, tanto en el número de sus militantes como en su influencia en la sociedad norteamericana. Sus dirigentes estiman en millones el número de ciudadanos que reciben entrenamiento militar para hacer frente al Gobierno.

Las Milicias funcionan en más de dos tercios del país. De acuerdo al *Washington Post*, la Milicia de Kansas —que cuenta con unos 500 miembros— afirma haber reclutado un número importante justamente en Fort Riley, la base militar donde prestó servicios Timothy McVeigh[10]. Las emisoras de radio que difunden sus ideas han aumentado su audiencia. Y el propio Congreso les reconoció carta de ciudadanía a mediados de junio al llamar a declarar a algunos de sus principales dirigentes, que se presentaron en el Capitolio con uniformes de combate.

Ken Adams, presidente de la Confederación Nacional de Milicias Ciudadanas y dirigente de la Milicia Michigan, afirma que los grupos integrados en su organización "han aumentado un 25 por ciento desde la tragedia de Oklahoma". "Estamos creciendo rápidamente, no porque seamos violentos o repugnantes, sino porque somos americanos auténticos tratando de recuperar nuestro país", asegura Adams. Según ese líder extremista, uno de los más escuchados en los EE.UU., los medios de comunicación, al tratar de desacreditarlos, les han hecho un gran favor. "La cobertura que ha dado la prensa ha permitido al pueblo saber quiénes somos y en qué creemos".

"El número de miembros de las Milicias se ha duplicado desde nuestro informe de octubre de 1994, y ha crecido especialmente después del atentado", afirma Abraham Foxman, director de la Anti-Defamation League (ADL), una organización judía que vigila los movimientos de las organizaciones racistas y fascistas. La ADL ha detectado también que las milicias están modificando su estrategia para hacerse menos vulnerables a la policía. Se están dividiendo en unidades más pequeñas, a fin de evitar las filtraciones, y están realizando más entrenamientos clandestinos.

Foxman calcula que el número de norteamericanos afiliados a las Milicias podría rondar ahora los 30.000. Ken Adams afirma que esa cifra es "un chiste" y que el número real de miembros alcanza los siete millones.

El senador Alan Specter, que participó en las audiencias sobre las actividades de estos grupos, informó que existen 224 organizaciones paramilitares fuertemente armadas operando en 39 estados. Cuarenta y cinco de ellas, según él, están directamente vinculadas con bandas neonazis.

Uno de los extremistas que prestó testimonio ante el Congreso, James Johnson, que dirige una milicia en Ohio, aseguró que este movimiento representa "una de las fuerzas mejor armadas sobre la faz de la Tierra".

Mark Koernke, presunto cerebro de la operación de las Milicias, afirma que existen ya 2.070 organizaciones que adiestran periódicamente a sus miembros en el uso de armas de guerra. El FBI ha informado que todavía no dispone de cifras fiables sobre la verdadera extensión de las Milicias. Pero lo que parece claro es que esos grupos han conseguido convencer a miles de norteamericanos de que existe una gran conjura internacional, dirigida por las Naciones Unidas y de la que forma parte el Gobierno de

Bill Clinton, para privar a los norteamericanos de sus tradiciones y su libertad[11].

Los terroristas norteamericanos no aspiran al poder gubernamental. Su objetivo es disminuirlo. No pagan impuestos, no llevan patentes en sus vehículos, rehúyen ser numerados en el control de la tarjeta de la Seguridad Social como signo de su libertad individual. Son americanos al estilo del *cowboy*. A diferencia de lo que sucede en otras regiones del mundo, los terroristas norteamericanos no pretenden el poder, ni la independencia, ni buscan objetivos absolutos. Pero hay un antes y un después de Oklahoma. Hasta ese momento concentraban sus ataques en asuntos aislados. De tanto en tanto cometían atentados contra clínicas abortistas, unas veces contra la aprobación de impuestos, otras contra la restricción de armas o contra ramas del aparato estatal. Una seguidilla de atentados contra redes ferroviarias, instalaciones eléctricas y aeropuertos, indica que las Milicias han pasado a una nueva fase de su estrategia militar. Probablemente la atmósfera política nacional e internacional haya contribuido a convertir lo que antes eran explosiones menores y asesinatos individualizados, presidentes incluidos, en la antesala de una matanza a la libanesa.

El nuevo orden internacional, en el que los EE.UU. se integran a través de sus organizaciones trasnacionales, ha superado los límites de lo tolerable para muchos ciudadanos. ¿Tropas norteamericanas en Bosnia bajo el mando de generales extranjeros? ¿Fuerzas de pacificación en Somalia dependientes de la ONU? ¿Qué clase de país independiente y hegemónico es aquel que pone a sus hombres bajo las órdenes de un oficial extranjero?

Aunque el ultraderechista movimiento de las milicias no haya sido responsable directo del atentado cometido en Oklahoma, su fanatismo constituyó un fertilizante invisible y tan potente como las bolsas de nitrato de amonio que Paul Shufield, propietario de un negocio de agroquímicos en Kingman, admitió haberle vendido un año antes del atentado a su empleado, un muchacho de la América profunda llamado Timothy McVeigh.

NOTAS

[1] *The New York Times*, "Life of Solitude, Obsession and Anger", 04-05-1995.

[2] *The New York Times*, "Visiting Suspect's Past: Could He Has Done It?, 23-04-1995.

[3] *The New York Times*, "Life of Solitude, Obsession and Anger", 04-05-1995.

[4] Walter Reich y otros, *Orígenes del terrorismo: Psicología, ideología, teología, estados mentales*, Ed. Pomares Corredor, Barcelona, 1992, págs. 199-200.

[5] *The New York Times*, "Life of Solitude, Obsession and Anger", 04-05-1995.

[6] *The New York Times*, "Victorious, but not in peace", 28-5-1995.

[7] *The New York Times*, With Extremism and Explosive, A Drifting Life Found Purpose", 28-05-1995.

[8] *The New York Times*, "Bomb Suspect Felt at Home Riding the Gun-Show Circuit", 05-07-1995.

[9] *Newsweek*, "Inside the plot", 05-06-1995, pág. 20.

[10] *Washington Post*, 30-04-1995.

[11] *El País*, "Crecer a bombazos. El atentado en Oklahoma fomenta la popularidad de las Milicias en los EE.UU.", 22-06-1995.

10. La guerra de la generación X

Dan Webber se sentía feliz por haber tomado la difícil decisión de alejarse de Washington, esa ciudad frívola e insufrible, con sus problemas mundanos, como la competencia despiadada, la criminalidad a la vuelta de cada esquina... No se arrepentía de haber abandonado una promisoria carrera como asesor en el Senado de los EE.UU. para convertirse en asistente de un juez en la idílica Oklahoma. Esa mañana, cuando despidió a su hijo Joseph, de tres años, en la puerta de la guardería, pensó que había formado una hermosa familia. A esa misma hora, dos hombres jóvenes que tripulaban un camión de alquiler de la empresa Ryder y maniobraban en el estacionamiento del edificio Alfred Murrah convirtieron en pocos minutos aquella escena familiar en el símbolo de lo siniestro. A las 9:02 del 19 de abril de 1995 se produjo la explosión que dejó un saldo de 166 muertos en Oklahoma. Veinte minutos más tarde Dan Webber encontró a un policía que llevaba a su hijo en brazos. El rostro de Joseph estaba salpicado de vidrios astillados. Sus tímpanos habían estallado por la explosión y tenía un brazo quebrado. Pero estaba vivo.

Jorge Cohen, el jefe de prensa de la embajada de Israel en Buenos Aires, pasó frente al escritorio de Marcela, su secretaria, y caminó por los pasillos hasta un despacho ubicado en el ala opuesta del edificio. En el teclado de la máquina japonesa indicó la cantidad de fotocopias que necesitaba. Cuando oprimió el botón verde que llevaba inscripta la palabra "COPY", la luz blanquecina que emitió la máquina congeló el sonido atroz de la explosión. A las 14:47 del miércoles 17 de marzo de 1992, Cohen vio el infierno reproducirse ante sus ojos. Fue como si la fotocopiadora hubiese enloquecido repentinamente multiplicando hasta el infinito las imágenes dantescas: gente arañando montañas de cemento, hierro y vidrios en busca de sobrevivientes, cuerpos calcinados, quebrados o aniquilados en las veredas de la afrancesada calle Arroyo, torrentes de sangre corriendo por las alcantarillas, calles nevadas por un temporal de esquirlas de cristal, árboles y postes de alumbrado arrancados de cuajo por el huracán de fuego, vecinos aterrorizados asomados a ventanas descalabradas por la metralla.

Los acontecimientos siniestros —o grotescos— exigen el lugar común, porque lo terrible, al igual que lo desagradable, cae dentro del estereotipo. En este final de milenio, el infierno más que una metáfora es parte de la vida cotidiana porque las cámaras fotográficas y de televisión proporcionan infiernos cada vez más diversos y sencillos de digerir a audiencias cada vez más masivas. No sólo el Apocalipsis ha sido secularizado sino que la sensación de una catástrofe inminente es reforzada en los medios de comunicación por imágenes de niños reducidos a vientres hinchados y piernas esqueléticas, cuerpos mutilados: Bosnia, Ruanda, Auschwitz, Hiroshima son los nuevos nombres del infierno. Cuando fue rescatado de entre los escombros, V. Z. Lawton, uno de los sobrevivientes de Oklahoma, lo resumió ante las cámaras de TV de una manera elocuente: "No es Jerusalén. No es Bagdad. No es Bolivia. Es Oklahoma".

Hace cuatro años sucedió en la embajada de Israel en Buenos Aires; el 26 de febrero de 1993 fue en el World Trade Center de Nueva York; el 18 de julio de 1994 en la AMIA; el 20 de marzo de 1995 en el subterráneo de Tokio; el 19 de abril de 1995 en Oklahoma. Tras haber presenciado cualquiera de esas escenas dantescas no caben dudas de que una temporada en el infierno es eterna porque lo que estalla y nos hace pedazos es, casi siempre, lo que está más cerca de nosotros y no queremos ver.

Bosnia en miniatura

"Nos engañamos si creemos que reina la paz sólo porque podemos ir a comprar el pan sin que un francotirador nos reviente la cabeza. En realidad, el nuevo orden mundial se encuentra bajo el signo de la guerra civil. Todo vagón de metro es ya una Bosnia en miniatura". La afirmación del filósofo alemán Hans Magnus Enzensberger en su libro *Perspectivas de guerra civil* adquiere las características de una dramática profecía cuando una secta de japoneses iluminados bombardea los subterráneos con gas sarín o cuando la apacible Oklahoma se transforma en cuestión de segundos en una réplica de Sarajevo.

El informe *Patterns of Global Terrorism* elaborado anualmente por el Departamento de Estado norteamericano es el *Guinness* de los récords del terrorismo. En su última edición (abril de 1995) lleva en tapa una foto del atentado contra la AMIA y señala que durante 1994 hubo 321 ataques terroristas internacionales, lo que representa una disminución en comparación con los 431 de 1993, y el número más bajo desde 1971. La cifra de ataques más alta fue en 1987, cuando llegó a 665. Entre los ataques de 1994, 66 fueron contra Estados Unidos, comparados con 88 en 1993. Sin embargo, es un error creer que ésta es una tendencia exclusivamente favorable: efectivamente el número de ataques de terroristas internacionales disminuyó a su cifra más baja en 23 años pero el número de víctimas —314 muertos y 663 heridos— registra un significativo aumento debido al atentado contra la

AMIA de Buenos Aires, donde murieron unas 100 personas y otras 200 resultaron heridas. *Patterns of Global Terrorism* señala que "Hezbollah, cuyo patrocinante principal es Irán, tuvo responsabilidad en el atentado contra la AMIA". Cinco sobre ocho países que apoyan al terrorismo están gobernados por regímenes fundamentalistas, pero el informe no incluye los ataques realizados por grupos o individuos locales, por lo cual el atentado de Oklahoma, el más sangriento registrado en territorio estadounidense, no ingresará en el *Guinness* del terrorismo a menos que el Departamento de Estado adecue el criterio a los nuevos tiempos. Por lo pronto, el coordinador de la sección de antiterrorismo del Departamento de Estado, Philip Wilcox, reconoció que las actividades terroristas realizadas por grupos locales está en aumento.

"El terrorismo", dice Pierre Kaufmann, "no es un accidente en la evolución contemporánea, sino la forma límite de una ilusión dirigida solidariamente por la exaltación de la culpa, y por el movimiento centrífugo de una civilización en expansión".[1]

El terrorismo no es obra de personas mentalmente trastornadas sino que es un fenómeno político por excelencia y, por lo tanto, explicable en términos políticos. Es, además el resultado de un prolongado proceso de deslegitimación del régimen o de la sociedad establecida, cuyo comienzo es casi siempre no violento y aparentemente no terrorista. En general, este proceso no afecta a individuos aislados que se convierten en terroristas por su cuenta, porque son personas mentalmente trastornadas, porque tienen un bajo concepto de sí mismos o necesitan una compensación desmedida. En lugar de eso, afecta a un grupo de verdaderos creyentes que desafían a la autoridad mucho antes de que comiencen a reclutar seguidores o cometan el primer atentado.

El problema central consiste en determinar cuándo consideran las organizaciones extremistas que el terrorismo es útil. Una organización o la facción de una organización puede elegir la vía del terrorismo porque ya no espera que funcionen otros métodos, o porque considera que éstos consumirán demasiado tiempo dada la urgencia de la situación y los recursos superiores del gobierno. Por ejemplo, Sendero Luminoso, en Perú, tardó diez años en crear una estructura organizativa clandestina antes de lanzar la campaña de violencia de 1980. Quienes practican el terrorismo afirman con frecuencia que no tuvieron otra opción sino ésa, y de hecho es cierto que el terrorismo aparece a menudo después del fracaso de otros métodos. En la Rusia del siglo XIX, por ejemplo, el fracaso de los movimientos no violentos contribuyó al surgimiento del terrorismo. En Irlanda, el terrorismo surgió después del revés del constitucionalismo. En el conflicto palestino-israelí, el terrorismo hizo su aparición tras el fracaso de los esfuerzos árabes en una guerra convencional contra Israel[2].

Asesinos quisquillosos

Los primeros terroristas rusos —a quienes Albert Camus en la novela *El rebelde* llamó "asesinos quisquillosos"— estaban preocupados por atacar exclusivamente a funcionarios que representaran símbolos del poder. Entre 1881 y 1914, promovieron su causa mediante el asesinato de figuras políticas destacadas. Pero la pauta cambió, en parte como respuesta a la crítica según la cual había ventajas en permitir que individuos "despreciables" sobrevivieran como símbolos de un régimen odiado, en parte debido al elevado costo de eliminarlos, y a que había otros blancos disponibles que eran más fáciles.

Tal como indican las muertes de Anwar Saddat en Egipto (1981), Bechir Gemayel en el Líbano (1982), Maurice Bishop en Granada (1983), Indira Ghandi en la India (1984), Olof Palme en Suecia (1986), Rajiv Gandhi en la India (1991), Mohamed Boudiaf en Argelia (1992), Luis Donaldo Colosio en México (1994) y Yitzhak Rabin en 1995, así como los frustrados atentados contra Ronald Reagan, Juan Pablo II, José María Aznar, el rey Don Juan Carlos y Hosni Mubarak, el recurso del magnicidio está lejos de haber desaparecido, por el contrario adquiere —cada tanto— características de brote epidémico. El nuevo escenario es el de los ataques suicidas, similares a aquel del que fue víctima Rajiv Gandhi en 1991, que murió asesinado por un "admirador" que se acercó a abrazarlo cargado de explosivos. Bill Clinton sobrevivió a tres intentos de asesinato en los últimos tres meses de 1994, incluyendo un ataque aéreo suicida contra la Casa Blanca.

Los avances tecnológicos en armas, explosivos, transporte y comunicaciones mejoraron el potencial destructivo del terrorismo. Por ejemplo, los revolucionarios y los anarquistas del siglo XIX creían que la invención de la dinamita equilibraría la relación entre el gobierno y los opositores. En 1885, Johann Most publicó un panfleto titulado *La ciencia de la guerra*, en el que se abogaba explícitamente por el terrorismo. Según Paul Avrich[3], los anarquistas consideraron la dinamita "como una fuerza igualitaria, que permitía a los trabajadores comunes levantarse contra los ejércitos, las milicias y la policía, por no hablar de los pistoleros a sueldo de los patrones". Se creía que, al proporcionar un arma tan poderosa y tan fácil de ocultar, la ciencia había dado una ventaja decisiva a las fuerzas revolucionarias.

A fines de la década del 60 aparecieron dos de las tácticas terroristas más importantes de la era moderna: los secuestros diplomáticos en América latina y los secuestros de aviones en el Medio Oriente. Las dos fueron innovaciones significativas porque implicaban el uso de la extorsión y el chantaje. En 1968 —el año en que nacieron Timothy McVeigh y Ramzi Ahmed Yousef— se registró el mayor número de secuestros diplomáticos y aéreos en el mundo. No se trató de una epidemia sino que este fenómeno fue una respuesta predecible ante el crecimiento del poder estatal. Frente a esto, los secuestros y la toma de embajadas o de edificios públicos fueron intentos de manipular las decisiones políticas de los gobiernos.

Según Karen Gardela, directora del banco de datos sobre terrorismo de la Rand Corporation, los años 80 fueron el período más violento de la historia: 4.000 atentados en el mundo implican un aumento del 33 por ciento con respecto a la década del 70. El número de víctimas causadas por el terrorismo se duplicó durante ese período y la cantidad de atentados que produjo la muerte de 10 o más personas aumentó en un 135 por ciento.

El gran espectáculo

Los expertos distinguen dos tendencias particularmente inquietantes para la década de los 90: la toma de rehenes y el terrorismo como "gran espectáculo", que hizo su aparición a fines de los años 80 con el atentado contra el vuelo 103 de Pan Am que estalló sobre Lockerbie. El próximo peligro —anuncia Bruce Hoffman, Director del Centro para Estudio sobre el Terrorismo y la Violencia Política en la Universidad de St. Andrews, Escocia— consiste en el uso de misiles portátiles. Todo lo que los terroristas tienen que hacer es ubicarse cerca de los aeropuertos y apuntar correctamente. Prácticamente no hay protección alguna contra este tipo de atentados[4].

El retrato robot de un encapuchado con anteojos oscuros y bigote es la única aproximación a la imagen del asesino que el FBI persigue desde hace 17 años, y a quien ha bautizado como "Unabomber"(combinación de palabras que mezcla universidad y bomba). En septiembre de 1995, el enigmático asesino prometió poner fin al envío de paquetes bomba a universidades y centros de investigación tecnológica después de que *The Washington Post* y *The New York Times* accedieron a publicar un manifiesto de 35.000 palabras sobre su ideología que ocupó siete páginas en cada uno de esos diarios.

En 17 años de actividad, Unabomber ha regado sus 16 paquetes bomba por todo el país, desde el estado de Washington hasta la ciudad de Washington, siempre desde remitentes diferentes. El FBI sólo ha llegado a saber que se trata de un hombre blanco, entre los 30 y los 40 años, con el pelo rubio rizado, con buen nivel de educación, sin duda con entrenamiento en explosivos y, seguramente, un solitario sin familia ni amigos. En el último tiempo el cerco contra él parece haberse estrechado en el área de San Francisco, donde hizo su más reciente reaparición y donde la policía cree que tiene establecido su cuartel general.

Aunque sus comunicados están siempre redactados en la primera persona del plural, los expertos aseguran que Unabomber no es una organización sino un individuo.

Vistas desde una perspectiva histórica, todas las manifestaciones del terrorismo, tuvieron un origen común: estuvieron relacionadas con la aparición de la democracia y el nacionalismo. Las injusticias existían desde mucho antes, las minorías habían sido oprimidas, a distintas naciones se les había negado su independencia y los gobiernos autocráticos habían sido la regla y no la excepción. Pero a medida que fueron extendiéndose las ideas de la Ilustración y se hizo cada vez más fuerte el poder de atracción del nacionalismo, las condiciones aceptadas durante siglos se convirtieron en intolerables. Sin embargo, los movimientos de protesta armada sólo tenían posibilidades de éxito si las clases gobernantes estaban dispuestas a aceptar las nuevas reglas y esto excluía la represión violenta. Dicho en pocas palabras: los grupos terroristas sólo podían enfrentarse a los gobiernos no-terroristas con cierto grado de confianza. Tal era la paradoja del terrorismo moderno.

Yo elimino, tú eliminas

El terrorismo es una tentativa de utilización de la violencia como motor de la historia que reposa sobre la negación total de los valores tradicionales. "Eliminar" es el verbo típicamente terrorista. Sus protagonistas son personajes como Timothy McVeigh, el veterano del Golfo que hizo estallar un camión de explosivos en Oklahoma; Shoko Asahara, el gurú de la secta Verdad Suprema que anticipa el fin del mundo gaseando a los usuarios del subterráneo de Tokio; o Ramzi Ahmed Yousef, el combatiente de la guerra de Afganistán y presunto "cerebro" del atentado contra el World Trade Center de Nueva York.

Estos verdugos de finales de milenio son una de las más brutales manifestaciones de la emergencia de un nuevo totalitarismo que adopta formas distintas pero un contenido casi idéntico: neonazismo y xenofobia en Occidente; fundamentalismo islámico —o judío— en el Medio Oriente; milenarismo apocalíptico en Oriente.

El fundamentalismo islámico no es un movimiento de regreso piadoso a las fuentes del Islam, como intentan explicar numerosos especialistas, sino un fenómeno político nuevo. Es el fruto de una lectura selectiva y tendenciosa del Corán por gente que ha cursado estudios universitarios, en muchos casos carreras científicas y técnicas. Es un engendro nacido del apareamiento salvaje entre el mundo musulmán y el occidental. Por eso, no hay que equivocarse. Los líderes del fundamentalismo islámico no son unos parias enloquecidos. Son tipos inteligentes que conocen Occidente mucho mejor de lo que Occidente conoce el mundo musulmán. Las civilizaciones no occidentales han tratado de hacerse modernas sin hacerse occidentales. Hasta hace poco sólo Japón parecía haber logrado esto con relativo éxito. La irrupción de Verdad Suprema lo desmiente: once de los principales líderes de esta secta milenarista que pretendía escenificar el apocalipsis son graduados de honor en carreras técnicas o científicas de las principales universidades japonesas.

"Si el grupo terrorista tiene como proyecto expresar la brecha de un mundo abandonado, lo hace con un acto de destrucción y no con un discurso. En fin, esa destrucción constituye un paso hacia el acto en el que el sentido permanecería implícito. Simboliza expresamente el estallido, en el medio de una sociedad mundializada, de unas tentativas respaldadas por la cultura de una colectividad normativa. En definitiva, la empresa terrorista no proviene del delirio sino de la ilusión, por cuanto no contradice lo real, sino que expresa su vacuidad. Y esto significa también que la empresa terrorista tiene por función, como toda ilusión, enmascarar por desplazamiento la culpa originaria: no es inmoral, y menos amoral, sino hipermoral —y es contra esta hipermoralidad que el grupo terrorista se defiende".[5]

Hay un paralelismo llamativo entre los grupos de ultraderecha norteamericana, los fundamentalistas islámicos y la secta Verdad Suprema de Japón. Para todos y cada uno de ellos, el terrorismo asume una dimensión trascendental, por lo cual sus ejecutores están liberados de las inhibiciones que habitualmente afectan a otros terroristas. Mientras los terroristas seculares consideran que la violencia indiscriminada es contraproducente, los terroristas motivados por razones religiosas no sólo la consideran moralmente justa, sino necesaria. Ya sea a través de textos sagrados o de autoridades eclesiásticas que se atribuyen la palabra divina, la religión sirve como fuerza legitimadora del terrorismo masivo. Se trata de una mutación intelectual, moral, social y política. Según Bruce Hoffman[6], lo más alarmante de estos nuevos actos de terrorismo es la total falta de inhibición por las consecuencias políticas, prácticas o morales que anteriormente limitaban los actos de destrucción masiva.

El autismo suicida

Con el fin de la guerra fría el mundo se convirtió en el escenario de nuevas formas de guerra y de un fenómeno terrorista cualitativamente distinto: su única y última razón es matar por matar, con lo que se convierte en el retrovirus de lo político. Pero el cambio fundamental se ha registrado entre aquellos que llevan adelante los actos de terror. El rasgo esencial y la constante de esas nuevas formas de violencia es el autismo de los combatientes. El filósofo Enzensberger señala que, al contrario de sus predecesores clásicos, el guerrillero o el partisano que venía pertrechado con un bagaje ideológico y luchaba por fines nobles, los terroristas actuales "se caracterizan por un rasgo totalmente nuevo y paradójico: su total falta de egoísmo, una pérdida tan total y radical del yo que incluso el principio regulador de la propia supervivencia no funciona. Estos clones infantiloides de los nuevos movimientos asesinos sienten un total desinterés por la propia vida".

El autismo suicida incorpora, por lo demás, una nueva masculinidad: "frente al antihéroe antiguo, que se enfrentaba a un oponente poderoso (Estado, capitalismo), el autista está movido por el principio contrario: cuanto más fácil, mejor. Razón por la que preferiblemente se ceban en los más indefensos convirtiendo en sus blancos predilectos personas o lugares que hasta hace poco hubieran quedado descartados casi automáticamente. Para Hans Magnus Enzensberger ese fenómeno "está reforzado por la televisión que convierte al autista en modelo y a la matanza en entretenimiento principal de las masas".

En el fascismo visceral de ese muchacho de 27 años, blanco, anglosajón, norteamericano por varias generaciones, patriota y creyente, llamado Timothy McVeigh, ha desaparecido todo vestigio de legitimación, la violencia se ha desligado de justificaciones ideológicas; no hay panfletos que intenten explicar nada. Lo mismo ocurre con Ramzi Ahmed Yousef, que tiene la misma edad que McVeigh y es el cerebro del atentado contra el World Trade Center de Nueva York. En su caso, no sólo su verdadero nombre y su nacionalidad son parte de un enigma, sino que ni siquiera se sabe con certeza si forma parte de una red de militantes islámicos o simplemente es un terrorista *free-lance* contratado por grupos fundamentalistas.

Superados la guerra fría y el equilibrio atómico del terror, desaparecidas las convicciones, las ideologías han quedado reducidas, para mucha gente, a disfraces intercambiables. Para los nuevos ultraderechistas y neonazis que aborrecen la política y a los políticos, la ideología es una máscara, la historia un disfraz.

Los sociólogos explican que esta forma de violencia está protagonizada por ciudadanos cada vez más jóvenes que se sienten derrotados ante su situación económica sin presente y sin futuro; un lumpemproletariado casi adolescente, desesperado. Son los perdedores que, lejos de unirse bajo una misma bandera, van acelerando su destrucción.

Son pequeños grupos aislados que no responden a ningún otro tipo de desafío que los miedos mediocres e interiorizados en las capas populares. Es el fascismo visceral, cotidiano y poco solemne que se está incubando en las calles de las grandes y pequeñas ciudades en distintas partes del mundo. Cuando esta ideología se apodera de las sociedades sumidas en la desocupación y la recesión, siempre aparece algún grupo de iluminados que carece del lenguaje hablado o de la gestualidad, se viste con ropa de camuflaje o de cuero y recurre a la cachiporra, la molotov o el coche bomba para expresarse.

Se refleja a través de ellos la ideología de un mundo sin esperanza ni horizontes en la que los negros, los judíos, los inmigrantes, los homosexuales o cualquiera que sea distinto, ocupa un lugar que no merece. En ese contexto, toda diferencia se convierte en un riesgo mortal. No tienen nada personal contra sus víctimas, por eso les da lo mismo masacrar inválidos, indigentes, débiles mentales, ancianos o niños. No conceden el menor valor a la vida propia ni a la del prójimo, pero tienen padrinos a altísimos niveles que incluso se permiten una mueca de asco ante la sangre.

La nómina de sus patrocinadores abarca un vasto arco de predicadores del fanatismo religioso ultraconservador que incluye al líder de la mayoría republicana en la Cámara de Representantes, Newt Gingrich.

El vacío de los '90

Por su edad y su posición, el fascista visceral forma parte de la generación X, retratada en la novela del mismo título del escritor norteamericano Douglas Coupland. X es el símbolo de la indefinición por excelencia, de la vaciedad de los años noventa. Los de la generación X tienen que arreglarse con menos. Menos esperanzas, menos prestigio, menos futuro, menos trabajo. Pero, insólitamente, no se revelan contra el sistema, como hicieron los jóvenes de las generaciones anteriores, no protestan, no explotan.

El fin de las oportunidades laborales, el declive de las opciones consumistas se ha recibido como una fatalidad natural. "No produce estallido, sino una implosión al modo desconcertante que ilustró hace años la mayoría silenciosa. De manera acorde, al compás de la recesión, sin sublevaciones, esta juventud ha dejado de pugnar por el éxito, la fama y el dinero... No son culpables, pero tampoco son jodidas víctimas". Los X carecen de furor reivindicativo. No se han gestado como rebeldes, sino como residuos. No se sienten solidarios, sino individuos... No constituyen un movimiento; se encuentran, en su mayoría, desocupados.

No toda la generación X forma parte del fascismo visceral. Pero en la desesperación extrema está su germen, como en el del fascismo clásico estaba el del desclasamiento, la violencia, el odio al liberalismo, el menosprecio al otro y el racismo. El fascismo viene del fondo de los siglos, y es posible que se proyecte hacia el futuro tal como es o con cualquier otro nombre que pueda tomar. En ese sentido, es un error creer que, cuando la historia se repite, lo que se dio en forma de tragedia necesariamente se reproduce en forma de comedia.

En el pasado, razones políticas, morales y prácticas fueron suficientes para impedir que organizaciones terroristas utilizaran el "terrorismo ABC" (atómico, biológico y químico), pero estas barreras ya no existen para los actuales terroristas étnicos o políticos. Una cosa es cierta: el umbral del terror tecnológico ya ha sido superado. Los tecno-terroristas cuentan con un arsenal cada vez más sofisticado de armas y medios, ya sea explosivos altamente efectivos como pudo comprobarse en Nueva York, Buenos Aires y Oklahoma, gases tóxicos como se vio en Tokio, y no pasará demasiado tiempo antes de que estos modernos ángeles exterminadores desplieguen armas biológicas o nucleares.

"Tiempos difíciles se avecinan", anuncia el Apocalipsis. Lo peor es que creíamos que estos tiempos ya se habían ido y, al parecer, sólo están empezando. Por eso nos hace temblar cualquier fanático que se nos acerca y nos dice:"El fin del mundo está cerca".

NOTAS

[1] Pierre Kaufmann, en *Lo inconsciente de lo político*, Fondo de Cultura Económica, México, 1979.

[2] Walter Reich y otros. *Orígenes del Terrorismo: Psicología, ideología, teología, estados mentales*, Ed. Pomares Corredor, Barcelona, 1992.

[3] Paul Avrich, *The Haymarket Tragedy*, Princeton University Press, 1984, pág. 166.

[4] *Courrier International* y *Los Angeles Times*, "Les armées s'éclipsent, les terroristes arrivent", 03-01-1991, pág. 7.

[5] Pierre Kaufmann, en *Lo inconsciente de lo político*.

[6] *International Herald Tribune*, 27-04-1995.

11. Los ocho factores del nuevo terrorismo

A la especie humana siempre le ha costado admitir que también en la propia familia puede estar el infierno. Nadie quiere aceptar que vivimos junto a nidos de fanáticos que aparentan ser buenas personas, educadas y corteses. Sucedió en Oklahoma, en el subterráneo de Tokio, en Israel con el asesinato de Yitzhak Rabin y sucede en Argentina, donde anónimos ciudadanos sueñan con ser mesías o salvadores de su patria y predican mensajes de odio y destrucción a ciegas.

El terrorismo siempre ha engendrado emociones violentas pero imágenes de naturaleza muy distinta. A fines del siglo pasado, el terrorista se corporizaba en un anarquista extranjero, siempre tirando bombas, desgreñado, con una barba negra y una sonrisa satánica (o de perturbado) y, además, fanático, inmoral, siniestro y ridículo al mismo tiempo. Dostoievski y Conrad proporcionan descripciones más complejas pero fundamentalmente similares. Durante este siglo la índole del terrorismo ha cambiado extraordinariamente. No sólo en lo que se refiere a sus métodos, sino también en cuanto a los propósitos de su lucha y a la personalidad de la gente que participa en él.

Los análisis más simplistas consideran fanáticos irracionales a los terroristas. Ésta es una de las más típicas y peligrosas formas de subestimación del terrorismo. Incluso las formas más extremas e inusuales de comportamiento político pueden seguir una lógica interna, especial, estratégica. Hay pautas individuales y sociales de comportamiento que un análisis estratégico puede poner al descubierto pero la predicción del terrorismo del futuro sólo puede basarse en teorías que expliquen las pautas del pasado. Si bien los terroristas alemanes de la Fracción del Ejército Rojo fueron, en su momento, los más radicales o sanguinarios no puede ignorarse que, antes que ellos, los fascistas alemanes habían sido los más sanguinarios y radicales que se hubiera conocido.

Ninguna definición podría abarcar todas las variedades de terrorismo que han aparecido a través de la historia pero ocho factores han confluido en los últimos años para generar la actual escalada en las distintas formas y variantes del terrorismo:

* **EL PRIMER FACTOR** es el escape de la religión —y en alguna medida del nacionalismo— de sus controles y concepciones tra-

dicionales. Al mismo tiempo que el mundo se globaliza, porque la economía, los mercados, las comunicaciones desconocen todas las fronteras, la gente busca nuevos modelos en los cuales poder identificarse. Es una especie de refugio contra la globalización. Este resurgir súbito y aparentemente inexplicable del nacionalismo, de la religión en general y del integrismo en particular sólo se torna comprensible en el contexto del enfrentamiento de civilizaciones. A escala mundial, la vuelta de la religión constituye el reflejo de la búsqueda desesperada de algo que sustituya los recuerdos del marxismo, el nacionalismo, el cientificismo.

Según Bruce Hoffman, experto militar de la Rand Corporation, los 13 principales grupos que practicaban el terrorismo en 1968 —como el grupo Baader Meinhof en Alemania— tenían un carácter ideológico. En 1990, sobre 74 grupos conocidos, 58 eran separatistas o nacionalistas, 12 tenían una identidad fuertemente religiosa y solamente 15 contaban con una línea política definida. Paul Wilkinson, una de las máximas autoridades mundiales en el tema, que se desempeña como profesor de Relaciones Internacionales en la Universidad de St. Andrews, Escocia, señala que en la década del 60 no había ni un solo grupo terrorista que tuviese motivaciones religiosas. En la actualidad, el fanatismo religioso produce un 20 por ciento de los actos terroristas en el mundo y tiene un carácter cada vez más violento, como lo muestra el ataque con gas sarín en el subterráneo de Tokio por parte de la secta Aum. El concepto de "terrorismo como espectáculo" que se basa en la idea de "hay mucha gente mirando, no son necesarios demasiados muertos" fue válido solamente durante la época en que los grupos terroristas respondían a una lógica política. El "terrorismo-espectáculo" no se adecua a los fanáticos religiosos que consideran a los infieles como "deshumanizados y descartables". La ferocidad aumenta más todavía en los casos en que el nacionalismo y la religión actúan como aliados.[1]

Según Gilles Kepel, autor de *La Revancha de Dios*, "los movimientos de re-islamización, rejudeización y recristianización se han colado por las brechas generadas por la crisis de los Estados y las ideas (enfrentamiento derecha—izquierda, caída del Muro de Berlín y la derrota del socialismo), y saben utilizar un lenguaje que es inteligible para muchos de los desencantados que la posmodernidad ha dejado en la cuneta".

El fundamentalismo islámico, pese a proclamar su adhesión al Libro o a la palabra de Dios, es post-literario. Es menos racional que el de sus predecesores, más selectivo con respecto a sus verdades y menos abierto a los argumentos porque depende mucho más de la imagen y del discurso transmitido por los medios electrónicos masivos. Sin embargo, si bien la pérdida de la autoridad religiosa tal vez sea más evidente en la sociedad católica que en la musulmana, la hindú o la budista, se registra en todas: las estructuras utilizadas para vigilar y reprimir la conducta y el culto religioso están erosionadas. Lo mismo que ocurre con las religiones y sus respectivas iglesias es válido para los Estados. Parece ser que cada religión genera una forma característica de terror. En el Islam, casi todos los rebeldes han utilizado el asesinato como instrumento; y, más importante aún, muchas sectas estaban comprometidas con él o eran, de hecho, cultos de asesinato[2]. Por su parte, los terroristas judíos y cristianos —casi siempre milenaristas— son contradictorios; su objetivo consiste en producir una lucha social catastrófica, y actúan como si creyeran que el infierno debería preceder al paraíso[3].

En Israel los colonos ultraortodoxos organizaron el "Complot del Templo", una conspiración para volar los santuarios sagrados musulmanes construidos sobre las ruinas del segundo templo, el lugar más sagrado del judaísmo. Sin embargo, no consiguieron que ningún rabino autorizara el plan. El 25 de febrero de 1994 el doctor Baruj Goldstein mató a sangre fría a 60 palestinos e hirió a otros 300 que oraban en la Tumba de los Patriarcas. Goldstein y los otros conjurados abrigaban la esperanza de que, de ese modo, pudiera construirse el tercer templo, un acontecimiento que precipitaría la llegada del Mesías.

* **EL SEGUNDO FACTOR** es la naturaleza de la guerra, en la que la distinción entre civiles y combatientes prácticamente ha dejado de existir a partir de conflictos como el de Bosnia, Ruanda o Chechenia.

Cada período de la historia ha estado signado por un modo de producción y por un modo de destrucción. Del mismo modo que la producción en serie fue el principio nuclear de la economía industrial, la destrucción masiva es el principio nuclear de la guerra en la era industrial. La guerra no sólo aceleró el proceso de industrialización difundiendo, por ejemplo, el principio de las piezas intercambiables, sino que incorporó la estandarización, no sólo de las armas, sino también del adiestramiento, la organización y la doctrina militares. En ese sentido, la Segunda Guerra Mundial reveló el terrible potencial de la industrialización de la muerte. Los nazis asesinaron a seis millones de judíos en un auténtico estilo fabril, creando cadenas de montaje para la muerte.

La guerra del Golfo fue otra muestra de las nuevas formas que adquiere la actividad humana aplicada a la tarea de suprimir a sus semejantes de forma sistemática, a gran escala y con entusiasmo. Ambos bandos entendían que se trataba de una matanza industrializada y jamás sabremos cuántos civiles y cuántos soldados iraquíes murieron.

"Nuestro modo de guerrear refleja nuestro modo de ganar dinero", dice el gurú de la nueva derecha norteamericana, Alvin

Toffler, en *Las guerras del futuro* y, a renglón seguido constata que en nuestro tiempo convergen explosivamente tres líneas distintas de la evolución militar: el alcance, la velocidad y la mortalidad han llegado a sus límites extremos en el mismo momento de la historia, lo que constituye una revolución en el concepto de la guerra[4].

Partiendo de la comprobación de que cada vez los civiles son, en mayor medida, los blancos principales en las guerras actuales, el historiador militar israelí Martin van Kreveld sostiene que la distinción tripartita entre gobierno, ejército y sociedad civil se está disolviendo. Joseph Nye, secretario adjunto de Defensa para asuntos de Seguridad Internacional de los EE.UU., admite que "las naciones que en este momento se enfrentan a la ausencia repentina de una amenaza exterior de larga data —como Europa Occidental, Asia Oriental y Estados Unidos, por ejemplo— han encontrado, al tratar de resolver la forma en que sus militares pueden atender mejor los retos de una nueva era, que algunas veces las relaciones entre civiles y militares se han tornado más conflictivas. Con frecuencia el debate tiene temas tan básicos como la definición de lo que constituye una amenaza a la seguridad nacional", dice Nye.

Durante la época de la guerra fría, las grandes potencias no invirtieron recursos multimillonarios en defensa para impedir la guerra sino para mantenerla fuera de sus fronteras. En la actualidad, cada vez más, las amenazas provienen del interior y por ello es necesario revisar los supuestos estratégicos más básicos: "En la necesidad de definir las nuevas amenazas, muchas naciones han descubierto que el papel de los militares en la promoción de la seguridad es ahora menos importante. A menudo los actuales peligros para la seguridad nacional tienen origen interno. La existencia de Rusia se ve amenazada por movimientos secesionistas internos. Las democracias latinoamericanas se enfrentan el reto de los poderosos carteles de drogas. En el Oriente Medio, los militares islámicos radicales constituyen una amenaza desde sus fronteras. Y en los EE.UU. el presidente Clinton ha hecho especial hincapié en el tema de la seguridad económica. Como consecuencia de esto, entidades no militares (policía, Departamento de Justicia, Departamento de Comercio, etc.) han sido llamadas a proteger la seguridad nacional y muchas fuerzas militares han visto su presupuesto reducido. Para muchos países esta concentración en lo interno representa una amenaza real a las relaciones estables entre civiles y militares". Tal vez porque resulta demasiado horrible su contemplación, todavía se tiende a desestimar la posibilidad de que estallen guerras dentro del territorio de las mismas grandes potencias o que se produzcan conflictos locales que arrastren a éstas contra su voluntad. La verdad aterradora es que puede estar llegando a su fin la era del homicidio marginado, cuando las contiendas eran libradas por pequeños estados en lugares lejanos.

Paralelamente al cambio en la doctrina de la guerra, las sociedades civiles se están tornando más violentas. Esto explica por qué el terrorismo no necesariamente es un factor externo sino que, en situaciones de extremo disenso o amenaza, el terrorismo interno pide prestado al terrorismo internacional su lenguaje, su ropa y sus armas. El resurgimiento de la pena de muerte en los EE.UU. es parte del mismo proceso. Con el aumento de la criminalidad y la violencia es cada vez más frecuente el surgimiento de grupos civiles o parapoliciales que, como los escuadrones de la muerte, aplican tácticas bélicas de "captura y destrucción" en las operaciones que realizan en sus propias ciudades. Para Martin van Creveld, un historiador militar israelí que asesora al Estado Mayor de su país, a las Fuerzas Especiales norteamericanas y a la CIA, la guerra del siglo XXI ya está entre nosotros: "El escenario es Río de Janeiro porque el gobierno ha tenido que enviar al ejército a ocupar las favelas". "No habrá una Tercera Guerra Mundial, porque las guerras del futuro no serán entre Estados, sino entre y contra otras organizaciones", asegura. Tampoco habrá un nuevo Auschwitz: "Para organizar un Auschwitz, es necesario un Estado. El Holocausto no fue un acto de guerra, violento por necesidad, sino un programa concebido de manera fría e intelectual, un ejercicio de management burocrático. Ninguna otra organización que no sea un Estado podría haberlo consumado"[5].

* **EL TERCER FACTOR** es el impacto que tienen a nivel global la cultura de la violencia y la confrontación. Antes de cumplir los 12 años cada niño norteamericano ha presenciado 8.000 asesinatos y 100.000 actos de violencia por televisión[6]. Pero también hay que tener en cuenta que en 1994, 16.000 personas murieron en los EE.UU. a causa de las armas de fuego. En ese sentido, culpar a la televisión o a Hollywood de la violencia cotidiana sería una ingenuidad. La aceptación de la creciente violencia, tanto en la vida real como en la ficción en el mundo occidental, tiene un efecto legitimador sobre aquellos que planean su uso con fines personales, criminales o políticos. Se ha llegado a un grado de tanta "familiaridad" con las acciones terroristas que —a diferencia de lo que ocurría hace una década— hoy es relativamente sencilla la planificación, el reclutamiento y la ejecución de operaciones complejas.

A un miliciano libanés que se alimenta permanentemente con películas estadounidenses policiales o de guerra y que asiste a los recurrentes bombardeos que, con el visto bueno estadounidense, realiza la aviación israelí contra los civiles libaneses, le resulta perfectamente natural planificar un atentado contra víctimas civiles norteamericanas. Aunque en el arte siempre hay una dimensión moral, ideológica, el cine no necesariamente tiene la obligación de moralizar. Sin embargo una de las posibles claves de la decadencia del cine americano está en su reducción a estratagemas, a citas, a efectos especiales, y en el contraste alucinante entre el puritanismo sexual de los Estados Unidos y la obscenidad con que se exhibe, se comercializa y se exalta la violencia de las armas de fuego. El verdadero efecto de la violencia no es el del hombre que vuela en pedazos a través de una ventana, sino lo que deja ese hombre tras de sí: una viuda, una madre... un hijo... Todo el mal de la humanidad se ha transformado en imágenes y con ellas somos alimentados. Lo que más miedo da no es tanto la extensión apocalíptica del crimen sino la naturalidad con que se acepta y practica.

El gusto por los guiones que terminan de la peor manera posible refleja la necesidad de dominar el miedo ante lo que parece incontrolable y expresa una complicidad imaginativa con el desastre. El sentimiento de malestar o de fracaso cultural da lugar a un deseo de barrerlo todo. Nadie desea una peste, una catástrofe, un atentado, pero, sería una oportunidad de volver a empezar. Y —como señala Susan Sontag en *El SIDA y sus metáforas*— volver a empezar es muy moderno y particularmente muy norteamericano.

En un artículo titulado "Caballo de Troya" publicado en la revista dominical del diario *El País*[7], el periodista y escritor Juan Cueto constata que los pueblos siempre han batallado a sangre y fuego por sus reliquias y relatos: "En un primer tiempo, por un cáliz, por una piedra negra, por un trozo de madera, por una sábana, por una tumba. Y desde los siglos XV o XVI, por relatos encuadernados: por exégesis de la Biblia, por versículos del Corán, por lecturas caprichosas del Manifiesto, por seguir al pie de la letra el Mein Kampf, por ediciones de bolsillo tipo Camino o por esos célebres fascículos dogmáticos y encuadernables de Wojtyla". Sin embargo, en este fin de siglo y de milenio, la humanidad ha decidido cambiar de formato sus relatos beligerantes. Según Cueto ya no guerrearemos por libros, sino por películas. "El cine, en el año de su centenario, se ha revelado como la metáfora narrativa de recambio: ese popular relato de hora y media en el que se reconoce, se habla y se pelea la sociedad global".

En una atmósfera social donde el crimen ocupa el puesto número uno entre las preocupaciones de los norteamericanos, aumentan los embarazos de adolescentes, se extiende la droga o el superindividualismo es ley, la actual cruzada ultraconservadora encabezada por Newt Gingrich ha encontrado su ocasión religiosa y patriótica perfecta: El *Contrato con América* se presenta extractado en forma de decálogo, que reinventa la imagen de un Moisés provisto de un nuevo programa. Moisés portaba las tablas de la ley bajo el brazo; bajo el brazo, en el bolsillo de la cartera, Gingrich lleva siempre la cartulina plastificada con los diez mandamientos.

No es casualidad que el lenguaje religioso se combine con el discurso político. Para los nuevos conservadores, los sesenta fueron tiempos de pecado y la sociedad sufre hoy sus consecuencias tanto en la calle como en los medios de comunicación, que son considerados la Sodoma del entretenimiento audiovisual. Más oración, menos Estado, menos prevención, más punición; menos ayuda pública, más esfuerzo de los individuos, más castidad, más censura es la fórmula de estos cruzados. Los directores de cine Oliver Stone y Quentin Tarantino, entre otros, alertaron sobre el peligro de que Newt Gingrich y el candidato republicano a la presidencia Bob Dole recurran nuevamente a una caza de brujas semejante a la impulsada por el senador Joe McCarthy. "Éste es el argumento más viejo que existe: cuando hay un problema en la sociedad se culpa a los guionistas, se culpa al teatro", dijo Tarantino a *The New York Times*.

El cine como relato dominante sólo es el caballo de Troya para descolonizar la televisión, el cable, el satélite, las autopistas de la información, los supermercados, las telecompras, la educación, las mitologías adolescentes y, claro está, la religión del cuarto de estar. Cierto que en esta nueva guerra de relatos, las bajas no mueren, se evita la sangre. Sólo hay muertos vivientes. Ésa es la exacta definición del fracaso. Será por eso que si uno apaga el televisor se convierte en un inocente.

* **EL CUARTO FACTOR** es el auge de la toma de rehenes y escudos humanos. En este final de siglo los conflictos armados han ido acompañados de atrocidades que van desde el genocidio a la guerra nuclear pasando por los ataques indiscriminados con armas tóxicas contra la población civil. Sin embargo, el auge de las comunicaciones instantáneas ha determinado que la antigua táctica de la toma de rehenes se haya convertido en una de las armas que más recientemente se ha incorporado al arsenal de la guerra moderna. Imágenes de civiles con los ojos vendados, encadenados a potenciales blancos del enemigo, constituyen un nuevo ingrediente en la lógica de la guerra actual. La toma de rehenes y el uso de "escudos humanos" es a la voluntad política el equivalente del *zapping* en la cultura moldeada y dominada por la televisión. Entre 1979 y 1981 los estudiantes iraníes que ocupaban la embajada norteamericana en Teherán mantuvieron a los diplomáticos como rehenes durante 444 días, dando nacimiento a un género de programa televisivo denominado *America Held Hostage* (América en calidad de rehén), que ahora se ha convertido en *Nightline* de la cadena *ABC*. En la antesala de la Guerra del Golfo, Saddam Hussein se convirtió en el vulgarizador comercial del mercado del rehén utilizando escudos humanos para mostrarlos por TV y más tarde liberarlos. En junio de 1995 los serbios de Bosnia tomaron como rehenes a los Cascos Azules de la ONU para evitar los bombardeos de la OTAN contra sus depósitos de armas pesadas. Casi simultáneamente los rebeldes chechenos ocuparon un hospital con 2.000 personas. Los rehenes implorando por sus vidas frente a las cámaras de TV confieren a los conflictos remotos un rostro y una dimensión humana al mismo tiempo que ponen en evidencia la vulnerabilidad de las naciones modernas e industrializadas. No es casual que el gobierno francés recomendara a las cadenas de TV que "oscurecieran electrónicamente" los rostros de los soldados capturados por los serbios. Expertos en antiterrorismo e historiadores militares coinciden en que este final de milenio estará signado por la toma de rehenes. Algunos de ellos como Martin Kramer, director del Centro Moshe Dayan para Estudios del Medio Oriente, consideran que el ataque contra la AMIA marca un cambio en la táctica de Hezbollah[8]: la elección de un blanco judío en lugar de uno israelí indica la voluntad de convertir a las comunidades judías en rehenes o escudos humanos frente a los ataques de Israel. Esto plantea un problema bastante complejo ya que Israel ha sostenido a rajatabla la política de no negociar frente a la toma de rehenes judíos, lo que determina una ecuación riesgo-beneficio bastante compleja para ambas partes. Israel toma represalias en el sur del Líbano en cada oportunidad en que Hezbollah ataca con cohetes Katiushas los asentamientos en el Norte del país, pero no lo hace cuando los blancos de los atentados son judíos de la diáspora. Si el atentado contra la AMIA fue cometido por elementos fundamentalistas, es una flagrante violación de los estrictos códigos morales que impone el Corán para la Jihad y esto explicaría por qué no ha sido reivindicado. Sin embargo, para Kramer puede convertirse en el primero de una larga lista de ataques en una escalada bélica en la que las comunidades judías serán usadas como rehenes y escudos humanos.

* **EL QUINTO FACTOR** que modela las nuevas formas de terrorismo es el surgimiento de las nuevas diásporas. El fenómeno de la migración internacional reapareció en la década del '60 y hoy está en una escala comparable al período 1880-1920, período en que se produjeron gigantescos desplazamientos humanos hacia los EE.UU. y hacia el Cono Sur. La modernización en las comunicaciones y la posibilidad de viajes extremadamente baratos, sumados a la internacionalización de la educación y la globalización del trabajo implican la existencia de diásporas que —a diferencia de lo que ocurría en el pasado— se mantienen a medio camino entre la separación y la integración.

Algunos integrantes de esas comunidades pueden proveer dinero, logística y cobertura para trasladar el escenario de la guerra al país anfitrión por medio de acciones terroristas: el informe *Patterns of Global Terrorism:1994* elaborado por el Departamento de Estado norteamericano sostiene que el ataque contra la AMIA y la voladura en Panamá de un avión que transportaba 12 judíos "demuestra la presencia de Hezbollah en América latina, especialmente en las zona de las tres fronteras entre la Argentina, Brasil y Paraguay". Hezbollah, sin embargo, no actúa exclusivamente por cuenta propia, sino por encargo de Irán.

Las diásporas juegan un papel importante inclusive en aquellos hechos que a primera vista tienen un carácter meramente local o doméstico: un 15 por ciento de todos los colonos israelíes en los territorios ocupados ha nacido en los EE.UU. y su sobrerepresentación entre los militantes de los movimientos extremistas es aun más elevada. Baruj Goldstein, el ultraderechista colono israelí que perpetró la masacre en la Tumba de los Patriarcas, había emigrado de Brooklyn, Nueva York, en 1983. Goldstein era discípulo del rabino Meir Kahane, el fundador de uno de los grupos más extremistas de Israel, asesinado en Nueva York en 1990.

Aún hoy, la principal base de reclutamiento del grupo Kahane Haj está en los EE.UU. En el libro *Los fanáticos de Sión*[9] el periodista neoyorquino Robert Friedman retrata el movimiento de colonos israelíes en Cisjordania. De las entrevistas con ellos surge la figura de estos ex patriotas desencantados con Norteamérica que en Israel recibieron masivos subsidios y ametralladoras UZI, se casaron con nativas y construyeron sus hogares de clase media en lugares estratégicamente pensados para frustrar los sueños de un Estado palestino.

Un número importante de los integrantes de la secta davidiana eran británicos y australianos, mientras que las armas químicas utilizadas por la secta Verdad Suprema en los ataques contra los subterráneos del Japón fueron provistas por sus adeptos en Rusia. Numéricamente, la rama más poderosa de la secta Aum: Verdad Suprema es la rusa, con unos 20.000 discípulos. Verdad Suprema ha llegado a alquilar las ondas de una emisora rusa para evangelizar en japonés desde Siberia. La ramificación rusa se enfrenta actualmente con una notable cantidad de juicios entablados por los padres de algunos de los reclutados, que son obligados a permanecer dentro del grupo. La única escapatoria parece ser la entrega de bienes materiales. Verdad Suprema también está instalada en Bonn, Nueva York y Sri Lanka. Un veloz camino para una institución que inició su marcha en el registro oficial nipón en 1987.

* **EL SEXTO FACTOR.** Una potencia hegemónica con enormes recursos tecnológicos y financieros tiene amplias opciones para emplear medios tanto violentos como pacíficos con miras a lo-

grar sus fines. Los medios violentos incluyen todas las variadas formas de terrorismo, y Estados Unidos como potencia hegemónica ha utilizado —o auspiciado el empleo de— todas. En la mayoría de estas modalidades, los Estados Unidos no son el único país en hacerlo, sino un país cuantitativamente importante y, en ocasiones, incluso, supremo, como terrorista y patrocinador del terrorismo. En Vietnam y particularmente en My Lai, las fuerzas armadas de los EE.UU. demostraron que eran capaces de una barbarie comparable a la de los británicos en China, los holandeses en Indonesia, los franceses en Argelia o los alemanes en Polonia. Los EE.UU. han constituido y ayudado a fuerzas que practican el terrorismo de Estado en cuatro formas:

1. Con la protección y rehabilitación de los cuadros fascistas derrotados en la Segunda Guerra Mundial. Los EE.UU. no sólo ayudaron a la huida y dotaron de nuevas identidades a los criminales de guerra sino que promovieron el ascenso a la riqueza y al poder en Alemania del 90 por ciento de los responsables del nazismo. Incluso veinte años después de la derrota de Hitler, el 75 por ciento de los jueces en Alemania occidental eran hombres que habían sido miembros del partido nazi.

2. Con la invasión directa o por medio de terceros que instalan o protegen a gobiernos u organizaciones terroristas.

3. Con la subversión encaminada a derrocar a gobiernos democráticos.

4. Con el entrenamiento y el suministro de armas a las fuerzas de seguridad y a los dictadores militares. Instalada en 1946 en Panamá y posteriormente trasladada a Fort Benning en 1984, la Escuela de las Américas ha entrenado a más de 59.000 militares latinoamericanos en técnicas de contrainsurgencia, lucha contra el narcotráfico, técnicas de comando, inteligencia militar, operaciones de propaganda y acción psicológica; se ha ganado el apodo de "escuela de los dictadores". Porque entre sus ex alumnos se cuentan destacados promotores de la guerra sucia y el terrorismo de Estado en cada uno de los países del continente. El escándalo en torno al caso Berríos reveló inesperadamente que la antigua red de coordinación represiva del Cono Sur, conocida como Operación Cóndor, sigue funcionando como una red de ayuda entre antiguos represores del terrorismo de Estado. Escuadrones de la muerte y desapariciones, doctrina de la Seguridad Nacional, guerra de baja intensidad.

La trasnacionalización del terrorismo de Estado se corresponde con la trasnacionalización de la economía y tiende a asegurar no solamente la hegemonía local de las oligarquías en el poder, sino la hegemonía militar, política y económica de los EE.UU. en el plano mundial.

Si inicialmente el terrorismo de Estado era una mercancía

destinada a los condenados de la Tierra, en la actualidad se está registrando una transformación desde este terrorismo patrocinado por Estados, que centraba sus ataques en los símbolos del poder enemigo —como el ataque contra los marines en Beirut—, al terrorismo por cuenta propia que tiene como blanco principal a la población civil.

* **EL SÉPTIMO FACTOR.** Como complemento del fenómeno del terrorismo cuentapropista se registra una creciente participación —por razones económicas o ideológicas— de militares, ex militares o miembros de los servicios de inteligencia en los nuevos grupos terroristas. Las naciones que apoyan el terrorismo y los antiguos miembros de los servicios de seguridad e inteligencia que se han convertido en empresarios del terrorismo (ayudados por redes internacionales de antiguos oficiales de inteligencia, ex militares, funcionarios gubernamentales y traficantes de armas) no sólo colaboran en la entrega de elementos letales sino que han pasado a formar parte del universo terrorista.

La historia de los ex agentes de la CIA Ed Wilson y Frank Terpil, que en 1977 se cambiaron de bando y vendieron 20 toneladas del explosivo C-4 (o Semtex) provenientes de los arsenales estadounidenses a la Libia de Moammar Kadafi, se ha convertido en un caso de manual en toda la bibliografía especializada en antiterrorismo. Para su transporte clandestino, el C-4 —el explosivo favorito de los terroristas porque es fácil de camuflar— había sido escondido en tambores que aparentemente contenían un producto para espesar pintura y fue trasladado sin inconvenientes desde el aeropuerto de Los Ángeles al de Frankfurt y de allí a Trípoli en un vuelo de Lufthansa.

Terpil ocultaba sus operaciones clandestinas con eufemismos propios de un negocio legítimo "que satisfacía las necesidades del consumidor" bajo la denominación de la empresa Intercontinental Technology. Para evitarse cualquier autocensura por contribuir a atrocidades humanas, se negaba a conocer los propósitos para los que se utilizaban sus mercancías. En el documental titulado *Frank Terpil: Confesiones de un hombre peligroso*[10] le preguntan si se ha sentido perseguido por las imágenes del sufrimiento humano causado por sus productos. Terpil explica que ahuyentar los pensamientos acerca de las consecuencias perjudiciales liberaba sus acciones de las prohibiciones de la conciencia: "Si realmente pensara en las consecuencias, seguramente no habría entrado en este negocio..., hay que borrar los pensamientos de la mente", dijo. Luego le preguntaron si sentía remordimientos por suministrar equipo de tortura y consejos tácticos a la Uganda de Idi Amin; Terpil respondió que la gente de la empresa Dow Chemical no pensaba en las consecuencias de vender napalm.

Para producir hechos atroces no se necesitan personas monstruosas sino condiciones sociales favorables. El doctor Baruj Goldstein, que perpetró la masacre de Hebrón, ostentaba el grado de capitán en el ejército hebreo. Emad Salem, un ex coronel del ejército egipcio que integraba la célula que dinamitó el World Trade Center de Nueva York, se convirtió posteriormente en informante del FBI. Tanto en el atentado a Oklahoma, como en el caso de la secta Verdad Suprema se ha comprobado la participación de militares. En Chile, ex miembros de los servicios de inteligencia amenazaron con atacar con gas sarín el subterráneo de Santiago cuando se conoció la confirmación de la sentencia contra el general Manuel Contreras, ex jefe de la DINA, la policía secreta pinochetista.

La historia de las atrocidades cometidas durante la guerra sucia en la Argentina corrobora que, dadas las condiciones sociales apropiadas, hasta personas decentes y ordinarias pueden ser inducidas a cometer actos extraordinariamente crueles. En la Argentina, la principal fuente de deslegitimación social y desconexión moral fueron el terrorismo de Estado y la política de desaparición de personas que más tarde —punto final, obediencia debida e indulto mediante— impusieron el criterio de una responsabilidad difusa o desplazada por la cual los funcionarios que cumplen con órdenes superiores, sólo ejecutan una subfunción en la empresa.

La investigación de los dos atentados terroristas cometidos en la Argentina cuenta aún con pocas pistas firmes pero con tres coincidencias sumamente llamativas: dos meses antes del atentado a la AMIA, el juez Roberto Marquevich sostuvo que un arsenal encontrado en la propiedad del ex oficial de inteligencia Alejandro Sucksdorf en El Tigre podría tener relación con el atentado a la embajada de Israel. El 2 de diciembre de 1995 el juez Juan José Galeano allanó el Batallón de Ingenieros 601 en Campo de Mayo e hizo detener a ocho militares, dos de ellos carapintadas, con armas, explosivos y detonadores. El 3 volvió a Campo de Mayo para allanar la Escuela de Aviación Militar. Otro agente de inteligencia —Carlos Alberto Telleldín— fue quien proporcionó la Trafic utilizada como coche-bomba en el ataque contra la AMIA. Un tercer oficial de inteligencia, el capitán Héctor Vergez admitió a mediados de 1995 haber ofrecido dinero a Telleldín para que reconociera a los libaneses detenidos en Paraguay y desviara la mirada sobre la conexión local del atentado. Un principio que guía todas las investigaciones sobre terrorismo afirma que "Una vez casualidad (Sucksdorf), dos veces coincidencia (Telleldín), tres veces (Vergez), actividad del enemigo". Esto es válido hasta en la Argentina donde la realidad es repetitiva, desesperadamente repetitiva.

* **EL OCTAVO FACTOR** es el recambio generacional y el aumento del terrorismo *freelance*. En este fin de siglo que ha dado lugar al surgimiento de una nueva galería de villanos, pareciera que los viejos terroristas no mueren ni se retiran a la actividad privada, sino que después de haber cautivado la imaginación de multitudes y haber sido útiles a los servicios de inteligencia más diversos, se convierten en moneda de cambio para los gobiernos a los cuales sirvieron.

Desde noviembre de 1982 y hasta enero de 1994, Carlos Ilich Ramírez —alias el Chacal— vivió con su esposa y sus dos hijos en Damasco (Siria) bajo la protección de Hafez Assad y estuvo asociado con Monzer Al Kassar en el rentable tráfico de drogas provenientes del Valle del Bekaa, la zona del Líbano donde opera Hezbollah bajo la impasible mirada de 40.000 efectivos sirios.

Según David Yallop, autor de *Hasta los confines de la Tierra*, en 1987 el terrorista Carlos y su socio Monzer Al Kassar se reunieron en Buenos Aires y Río de Janeiro con los dos capos de narcotráfico colombiano, Jorge Ochoa y Gonzalo Rodríguez Gacha. Las tratativas que se clausuraron en Medellín respondían al proyecto sirio de canalizar drogas desde América del Sur hacia el mercado europeo. La búsqueda de nuevas rutas se precipitó a partir de marzo de 1986, cuando las autoridades italianas confiscaron tres toneladas de hachís, varios kilos de heroína y base de morfina a bordo del carguero de bandera hondureña "Fidelio", tripulado por doce militares sirios y un grupo de mafiosos sicilianos.

La posterior radicación en la Argentina de Monzer Al Kassar estuvo vinculada con aquella empresa en la que participaban tanto el terrorista Carlos como el entorno de Hafez Assad y su ministro de Defensa, Mustafá Tlass. Sin embargo, una serie de hechos imprevistos obligaron a más de un gobierno a cambiar de planes y a más de un terrorista a cambiar de domicilio.

Para Carlos Menem, el estallido del Yomagate en marzo de 1991 y la embarazosa presencia de Al Kassar en la Argentina desembocaron en un abrupto enfriamiento de las relaciones con Damasco. Para Hafez Assad, la Guerra del Golfo significó convertirse —primero— en pieza clave de la coalición anti-Saddam y luego en actor privilegiado del proceso de paz. Desde ese momento, la presencia de Carlos en Damasco comenzó a tornarse incómoda para el presidente sirio que el 28 de noviembre de 1991 intentó deportarlo a Libia. Kadafi no vaciló y se lo mandó de vuelta.

Poco después de la cumbre Clinton-Assad que se llevó a cabo en Ginebra en enero de 1994, el presidente sirio —cumpliendo un pliego de condiciones occidentales preestablecidas— envió a su protegido Carlos Ilich Ramírez a Sudán bajo el pretexto de "preparar un gran atentado". Pero el atentado planeado por Assad no lo tenía como protagonista sino como víctima: era un atentado contra su libertad. A mediados de agosto de 1994, el terrorista más famoso de los últimos tiempos ocupaba una celda de alta seguridad en París. Sin embargo, sus antiguos empleadores no parecen contar con la posibilidad de que Carlos declare ante el juez Jean-Louis Bruguiere.

"Habrá mucha gente, como el presidente sirio Assad o el presidente iraquí, Saddam Hussein, que preferiría verlo muerto", afirma el escritor británico David Yallop. "Es una enciclopedia andante", dijo, "no sólo por los atentados terroristas de que es responsable, sino por todo lo ocurrido en el área en los últimos 25 años".

Sólo una generación separa a los terroristas del World Trade Center, del subte de Tokio y de Oklahoma de sus antecesores Carlos Ilich Ramírez, Michael Townley, Steffano Della Chiae, pero la distancia entre ellos hay que medirla en años luz. A diferencia de lo que ocurre en nuestros días, en el pasado los criminales eran personas creyentes. Querían dejar sentado que mataban o morían en nombre de algún ideal. Acataban férreamente lo que antes se daba en llamar una ideología, por muy abominable que ésta fuese. Los nuevos criminales de este final de milenio como Ramzi Ahmed Yousef, Shoko Asahara y Timothy McVeigh se caracterizan por su total falta de convicción. La violencia se ha desligado totalmente de las justificaciones ideológicas.

NOTAS

[1] *International Herald Tribune*, "Religous Fanaticism Fuels Terrorism", 31-10-1995.

[2] *The Assassins: A radical sect in Islam*, Londres, Weidenfeld and Nicholson, 1967, pág. 128.

[3] *Orígenes del terrorismo: psicología, ideología, teología, estados mentales*, Walter Reich y otros, Ed. Pomares Corredor, Barcelona, 1992, pág. 136.

[4] Alvin Toffler, *Las guerras del futuro*, Ed. Plaza & Janés, pág. 51 y 52.

[5] *Newsweek*, "Wars of the 21st. Century", 17-05-1995.

[6] *El País*, "La televisión alimenta la fascinación hacia las atrocidades", entrevista al psiquiatra Luis Rojas Marcos, 18-09-1995.

[7] *El País Semanal*, 28-05-1995.

[8] Kramer, Martin, *Commentary*: "Jihad Against the Jews", 10-1994, pág. 38.

[9] Robert I. Friedman, *Zealots for Zion: Inside Israel's West Bank Settlement Movement*, New York, Random House, 1992.

[10] D. Schorr, *Frank Terpil: Confessions of a Dangerous Man*, Boston, WGBH Educational Foundation, 1982.

12. El ABC del terrorismo y la "A" de atómico

Los altoparlantes del aeropuerto Franz-Josef Strauss en Munich anuncian que el vuelo 3369 de Lufthansa, procedente de Moscú, acaba de aterrizar. Junto a la puerta del Boeing 737, que estaciona frente a la manga 109, dos funcionarios judiciales se mantienen escondidos y examinan a los pasajeros. En la sala de equipajes C otros agentes se preparan para intervenir. Los funcionarios identifican y detienen a un pasajero bajito de pelo oscuro que lleva una valija Delsey de color negro. Un segundo hombre, el español Julio Oroz Eguía, de 49 años, que ha ido a recoger al colombiano Justiniano Torres Benítez, de 38, también es detenido. El contenido de la valija confiscada el 10 de agosto de 1994 alcanzó fama mundial: plutonio.

Auténtico símbolo del horror nuclear, el plutonio apenas existe en estado natural; es una obra genuina de la tecnología humana. Su gran ventaja comparativa sobre el otro totem atómico, el uranio 235, es que se requiere menos cantidad para lograr un artefacto tres veces más poderoso. Ésta y otras propiedades llevaron a americanos y rusos a crear, desde los inicios de la guerra fría, grandes complejos para obtenerlo. Ya en 1949 se puso en marcha el primer gran reactor de producción masiva en Cheliabinsk-65 (Osersk) —la planta Mayak, que significa "faro" en ruso—, al que siguieron en años posteriores más reactores en esta ciudad secreta de los Urales y en dos más de Siberia: Krasnoyarks-26 (Zheleznogorsk) y Tomsk-7. Krasnoyarks-26 es la única central nuclear subterránea del mundo que produce plutonio y Tomsk-7 —habitada por 197.000 personas— es donde se produjo un grave accidente nuclear en 1993. Según la agencia *Interfax* en el Combinado Químico Siberiano, situado en Tomsk-7 se han acumulado 20.000 contenedores con uranio y plutonio militar obtenido de las cabezas nucleares que han sido desmontadas.

Aunque en cualquier reactor se produce plutonio, éstos fueron diseñados para obtener mayores cantidades y en mejores condiciones. Una parte del plutonio obtenido se transportaba a los centros de diseño y producción de prototipos: Arzamas-16 (Kremliov), habitada por 80.000 personas, y Cheliabinsk-70 (Snezhinsk), ubicada en los Urales. La mayor parte iba a las plantas de producción en serie de cabezas nucleares, situadas en otras ocho ciudades secretas: Penza-19 (Zarechni), en la Rusia europea; Zlatoust-36 (Triokhgorn); Krasnoyasrk-45 (Zheleznogorsk); Sverdlovsk-44 (Novouralsk) y Sverdlovsk-45 (Lesnoi). Después se montaban en misiles, torpedos para submarinos, bombas de aviación o proyectiles de artillería y se desplegaban para mantener el equilibrio del terror.

El plutonio 239 y el uranio 235 altamente enriquecido (con un grado de pureza superior al 90 por ciento) son componentes básicos tanto de las bombas atómicas como de las bombas H o termonucleares. En las primeras, el plutonio, el uranio o ambos combinados experimentan —por la acción previa de explosivos convencionales— una reacción en cadena que libera en una fracción de segundo energías que se cuentan en kilotones (equivalentes a miles de toneladas de trinitrotolueno o TNT). En los artefactos termonucleares esta explosión atómica no es más que la mecha que "enciende" el combustible de fusión. La deflagración que genera se mide en megatones (equivalentes a millones de toneladas de TNT).

Al llegar Mijail Gorbachov al poder esta secuencia se invirtió: comenzó la retirada de las armas, la separación de las cabezas de los misiles y bombas, y el desmantelamiento de las cabezas en las tres ciudades donde años atrás se fabricaron en serie y también en Arzamas-16. Al concluir la guerra fría todo el proceso fue desmantelado menos la última fase: el plutonio 239 no puede volver a ser inocuo uranio 238. "Las reacciones nucleares no son reversibles", explica un físico nuclear.

Un secreto de fuego

El colombiano Torres y el español Julio Oroz Eguía, pensaban ganar una fortuna en Occidente con el plutonio procedente del desmoronado imperio soviético. El tercer hombre del trío, el español Javier Bengoechea Arratibel, de 61 años, fue detenido en un hotel de Munich cuando intentaba vender 363,4 gramos de plutonio apto para fabricar armas nucleares y 201 gramos del metal litio-6, un elemento clave para la fabricación de la bomba de hidrógeno.

La bomba de hidrógeno es el otro refinamiento supremo descubierto por el hombre en su carrera por alcanzar la destrucción masiva. Contrariamente a lo que ocurre con la bomba atómica corriente —que es el resultado de la aplicación práctica de una teoría científica universalmente conocida— la fabricación de una bomba H depende de un secreto, el secreto más colosal desde que los troglodítas aprendieron a dominar el fuego, y —también— uno de los más celosamente guardados del planeta. Decenas de miles de físicos competentes conocen el principio de la bomba atómica, pero sólo medio millar, o quizás menos, poseen la fórmula mágica de la bomba de hidrógeno. El matemático Stanley Ulham, de origen polaco, fue el cerebro que descubrió el secreto de la bomba H. Por una ironía del destino, la mañana que hizo su fatal descubrimiento, el científico estaba tratando de demostrar en un pizarrón que era imposible construir esa bomba. Estaba a punto de terminar su explicación cuando tuvo una repentina intuición. Habría podido borrarlo todo de golpe con un trapo, pero en menos de una hora de frenéticos cálculos puso en descubierto el terrible secreto. Intuyó sus alcances y excitado le dijo a su mujer: "Esto va a cambiar el mundo".

Lo terrible del caso, es que cuando se conoce la fórmula —si ya se tiene una bomba atómica— bastan unos cuantos productos químicos de uso relativamente corriente para construir una bomba de hidrógeno que cabe en un cilindro del tamaño de un barril de petróleo.

Los dos hemisferios de plutonio 239 con un peso de 2,4736 kilogramos y un detonador ruso tipo Sverdlov 6 que componen la bomba atómica son necesarios para provocar la masa crítica que, a su vez hace explotar la bomba H. El resto de los materiales, como el cloruro de litio que se utiliza para la fabricación de algunos acumuladores y transformadores eléctricos y el agua pesada, se pueden conseguir con relativa facilidad en todo el mundo.

Nunca antes se había detectado un contrabando tan peligroso. La detención en Munich hizo que las autoridades alemanas lanzaran un alerta rojo. Tanto Washington como Tokio pidieron que se los mantuviera informados sobre el caso. Sucesos como éste señalaban cuál era "la mayor amenaza a largo plazo para la seguridad de los EE.UU.", opinó el director del FBI, Louis Freeh.

En tres días los periodistas consiguieron superar el secreto de sumario impuesto por la justicia. "Se vende plutonio", tituló *The New York Times*, mientras que el periódico sensacionalista alemán *Bild am Sonntag* calculó que "el plutonio de contrabando basta para envenenar el agua potable de toda Alemania". El semanario *Der Spiegel* dedicó su nota de tapa al chantaje nuclear mientras que el diario *Neue Zurcher Zeitung*, de Suiza, habló de una "pesadilla apocalíptica". La amenaza del terrorismo nuclear se convirtió en tema de simposios y congresos en todo el mundo.

Sin embargo, en abril de 1995 el semanario *Der Spiegel* reveló que la historia del mayor contrabando de plutonio constituyó una refinada puesta en escena cuyo guión fue escrito en la ciudad de Pullach, donde tiene su sede uno de los tres servicios de espionaje alemanes, el BND (Bundesnachrichtendienst). La Operación Hades era un engaño a gran escala con un doble objetivo: por un lado, demostrar que este nuevo y terrible peligro procedente del Este es real; y por otro, justificar el presupuesto de 730 millones de dólares anuales que insumen los 6.300 analistas, espías y confidentes del BND que, tras la desaparición del "peligro comunista" busca nuevos adversarios y motivos para seguir existiendo. El nombre clave con que fue designado el contrabando de plutonio del BND fue Operación Hades: en la mitología griega, el dios de los infiernos.

El plutoniogate

En mayo de 1995, una semana antes de que comenzara en Munich el juicio contra los dos españoles y el colombiano, la revista *Stern* reveló que el viceministro ruso de Asuntos Atómicos, Victor Sidorenko, estaba involucrado en la operación. Durante esos días de agosto en que se produjo la detención de los tres traficantes, Sidorenko iba a realizar una visita oficial al ministro del Medio Ambiente del Estado federado de Baviera, Thomas Goppel, para discutir el proyecto conjunto de un reactor atómico de agua pesada en la ciudad de San Petersburgo. Sin embargo, el motivo real del viaje —según *Stern*, que cita fuentes de la Oficina Federal contra la Criminalidad (BKA)— era supervisar la negociación y llevar a Moscú los 350 millones de marcos obtenidos en la transacción.

A mediados de julio de 1995 el tribunal de Munich condenó a los españoles Javier Bengoechea y Julio Oroz a tres años de cárcel, y a tres años y nueve meses, respectivamente, y al colombiano Justiniano Torres, a cuatro años y 10 meses, por haber participado en un intento de compraventa e introducción de plutonio en Alemania. Los jueces consideraron atenuante el hecho de que el contrabando de plutonio salió adelante gracias a un típico montaje policial. El juez exculpó a las autoridades policiales y al espionaje alemán (BND) por haber llevado el plutonio a Alemania, aunque dijo que tanto la policía de Baviera como la Fiscalía de Munich se habían movido "en una frontera peligrosa"[1]. A comienzos de 1996 el político socialdemócrata Konrad Porzner, que desde octubre de 1990 presidía el servicio de espionaje alemán (BND), tuvo que renunciar a causa del escándalo.

La Operación Hades terminó siendo una suerte de "plutoniogate" para los servicios alemanes que, una vez más confirmaron la hipótesis que Chesterton llevó a la ficción en *El hombre que fue jueves*: si los terroristas no existieran, los servicios de inteligencia se ocuparían de crearlos. Por otra parte, Alemania es uno de los países a los que le cabe mayor responsabilidad en la proliferación de tecnología dual —es decir para uso civil y militar— en países acusados de propiciar el terrorismo a nivel internacional. De acuerdo con un informe del Centro Simon Wiesenthal titulado "Armas de Destrucción Masiva: Los casos de

Irán, Siria y Libia", sobre un total de 300 empresas que proveyeron "tecnología ABC" (atómica, bacteriológica o química) a esos tres países, cien son de origen alemán y por lo menos cinco de origen argentino. Por lo tanto, no es necesario ir a Moscú o Kazajstán, para rastrear a los traficantes del terror.

Al lado de la puerta de Brandeburgo, en Berlín, a escasos 500 metros del Reichstag, donde hace casi medio siglo un soldado soviético hizo ondear la bandera con la hoz y el martillo, rusos de civil ofrecen a los turistas por unos marcos los restos del otrora glorioso Ejército Rojo; gorras de oficiales, relojes, condecoraciones y toda la parafernalia militar imaginable. Nada tiene de extraño que en otros lugares más discretos se trafique con armamento o lo que sea con tal de paliar un poco la miseria. Tras el derrumbe de la Unión Soviética, creció el peligro de que sus científicos nucleares, privados de sus empleos y de sus salarios, pudieran vender sus conocimientos técnicos a Libia, Paquistán y otros países hambrientos de armas atómicas a cambio de dinero.

Según el coordinador de los servicios secretos en la Cancillería germana, el ministro de Estado, Bernd Schmidbauer, desde la reunificación alemana se han detectado 800 casos de tráfico con material radiactivo. "No todos son de igual gravedad", señala el responsable del espionaje alemán, pero no se precisa al agente 007 para rastrear esas operaciones ilegales: los equipos de varias cadenas de televisión, públicas y privadas, han conseguido "inmortalizar" las compras de plutonio. Con la cámara oculta, utilizada por otras televisiones de todo el mundo para las bromas más inocentes, la cadena *RTL* filmó esta conversación entre un supuesto comprador y un ex militar del Ejército ruso, que se quedó a vivir en Alemania:

—(...) Representamos a un empresario. El dinero no es problema.

—Entonces, ¿quieren plutonio? Un momento, eso tengo que anotarlo. ¿Y cuánto quieren? ¿Medio kilo o media tonelada?

—Como prueba, un kilo, luego si nos interesa, aumentaremos el pedido.

—No hay problema. Podemos hacerlo así.

Sueños de destrucción

En 1991, un ciudadano suizo y tres de sus cómplices fueron arrestados cerca del Lago di Como con una pequeña cantidad de plutonio ruso, en un incidente que pasó prácticamente desapercibido para los medios informativos. La detención de esos correos permitió al juez italiano Romano Dolce y a la policía suiza impedir la venta de 29 kilos de uranio que había sido robado de Rusia. El diligente juez italiano no dejó el caso, sino que descubrió que ex oficiales de la KGB, que tenían una oficina en Viena, eran los responsables de la operación.

En otra operación —que involucraba a compradores libios— el juez Dolce consiguió detener a un ingeniero electrónico austríaco llamado Dezider Ostragonac, quien, durante los interrogatorios, señaló al ex coronel de la KGB, Aleksander Victorovich Kuzin y a otros cinco oficiales de los servicios secretos —algunos aún en actividad— como responsables de las transacciones ilegales. Según consta en el expediente, durante los interrogatorios Ostragonac le dijo al juez que ese grupo no sólo traficaba con uranio y plutonio sino también con armas pesadas y que sus actividades tenían la tácita aprobación de las autoridades moscovitas. "Cuando los oficiales rusos obtienen la aprobación —dijo Ostragonac—, la mercancía se mueve a Irak, Irán, Israel, Siria, Líbano, Libia, Sudáfrica, Arabia Saudita, Paquistán, India, Argentina...". Ostragonac explicó que la empresa Impex dirigida por el ex coronel de la KGB, Kuzin, es una subsidiaria austríaca de la empresa búlgara Kintex, que también desempeña un papel crucial en el tráfico de armas[2].

El portavoz de la Agencia Internacional de la Energía Atómica[3] (AIEA) reconoció que un kilo de plutonio bastaría para fabricar un artefacto nuclear "si se tratara de alguien muy experto que deseara una pequeña explosión y dispusiera de la tecnología sofisticada necesaria". Los temores ante la posibilidad de que países no nucleares logren materiales radioactivos se incrementaron después de que se hallaran dos cargas de plutonio 239 en Alemania, supuestamente procedente de Rusia.

Según el Consejo de la Defensa de los Recursos Naturales, con sede en Washington, la AIEA y otras autoridades nucleares exageran cuando afirman que se requieren entre cinco y ocho kilos de materiales nucleares para fabricar una bomba. Pero cinco kilos de plutonio bastan para fabricar una bomba como la que fue lanzada sobre Nagasaki hace 50 años. Christopher Paine, coautor del informe del Consejo de Defensa de los Recursos Naturales, estima que con un kilo de plutonio puede fabricarse una bomba de un kilotón, que provocaría la destrucción de una manzana de 40 edificios y mataría a miles de personas. Los expertos saben desde hace 40 años que se puede fabricar una bomba con poco material. "El criterio empleado hasta ahora es anticuado, técnicamente erróneo y claramente peligroso en vista de los cargamentos hallados recientemente de materiales rusos a la venta en el mercado negro", dijo.

"Desde un punto de vista técnico, creo que hay gente en los laboratorios de los Estados Unidos a los que si se les dijera que tienen que fabricar un arma con menos materiales radiactivos, la producirían. Pero eso es algo muy diferente a sugerir que un país o un grupo que desea tener armamento nuclear la pueden fabricar con una cantidad tan pequeña", dijo el portavoz de la

AIEA, agregando que una bomba nuclear "no es algo que se fabrica en el sótano de un laboratorio". Los intentos del presidente iraquí Saddam Hussein de fabricar armas nucleares son un ejemplo relativo de lo difícil que es para un Estado sin tecnología ni experiencia producir una bomba atómica.

Gran parte de las técnicas precisas para la producción de armas nucleares (quizá no de los tipos más poderosos, pero bastante potentes) ha quedado diseminada al alcance de quien las busque: un terrorista, un chiflado maníaco o una nación paria. ¿Quiere fabricar una bomba? ¿Dispone de una computadora? Bueno, conéctese con la base de datos del Sistema Internacional de Información Nuclear de la Agencia Internacional de Energía Atómica; recurra a los numerosos textos disponibles en bibliotecas y consiga un ejemplar de un libro clandestino titulado *Basement nukes* (Bombas nucleares de sótano). Michel Golay, profesor de ingeniería nuclear en el Instituto Tecnológico de Massachusetts, asegura: "Lo que hoy en día resulta un secreto es cómo fabricar una buena arma, pero no cómo hacer un arma".

Herencia maldita

En palabras del *Moscow Times*, "las fronteras de Rusia se han convertido en coladores a través de los cuales escapa todo tipo de mercancía en cualquiera de sus estados físicos, líquido, sólido y gaseoso". A pesar de que las operaciones de contrabando —por ahora— son a nivel de miniatura, la magnitud del problema del plutonio en Rusia no se mide en gramos sino en toneladas: cuando finalice el desmantelamiento de bombas nucleares previsto en los acuerdos de desarme para los comienzos del siglo XXI habrá —según estimaciones norteamericanas— cien toneladas de plutonio militar ruso que habrán perdido su función original de contribuir a la disuasión nuclear y a las que, por el momento, no se sabe qué destino darle. Lo que es peor, mientras no se les encuentre un destino definitivo deberán permanecer en contenedores de acero inoxidable y bajo vigilancia en un país en proceso de descomposición que ha perdido casi toda la confianza sobre su capacidad de vigilar una sustancia tan tentadora.

El plutonio es la herencia maldita del primer medio siglo de relación del hombre con la energía atómica. Por culpa del plutonio que generan las plantas nucleares al producir electricidad no se sabe aún qué hacer con los residuos radiactivos que producen estas centrales. Su vida media es de 25.000 años, lo que quiere decir que un kilo de este metal tarda 250 siglos en convertirse en medio kilo y 2.500 siglos en reducirse a un gramo. Tamaña longevidad hace que la solución de enterrarlo a la espera de que se convierta en inocuo no acabe de convencer a los técnicos, sobre todo si se tiene en cuenta que es extremadamente venenoso:

un microgramo, la millonésima parte de un gramo, es más que suficiente para provocar leucemia al que lo ingiera o inhale. Enterrar estos residuos, además, supone crear minas artificiales que se convertirían en objetivos militares o terroristas, aunque al estar el plutonio mezclado con otros elementos radiactivos, su utilización para fabricar bombas requiere un largo y complejo proceso previo.

De cualquier bomba nuclear que se desmantele, por tanto, se extraerá uranio 235 altamente enriquecido, plutonio 239 o ambos. Este uranio de calidad militar —aunque el desguace nuclear lo produzca en cantidades mayores a las de plutonio—, no representa problemas especiales. Se puede volver a mezclar con uranio 238 (inútil para bombas) y se rebaja su proporción hasta el tres o el cuatro por ciento, que es la que se utiliza en el combustible de las centrales nucleares que producen electricidad. En el proceso que comprende tanto el enriquecimiento para darle calidad militar como el "empobrecimiento", para que pueda ser usado en centrales, se habrán sacrificado miles de millones de dólares en el altar de la guerra fría y la disuasión, pero el peligro de que un tercer país lo utilice fácilmente para fabricar sus propias bombas habrá desaparecido.

La situación radicalmente nueva de la década de los noventa confirma la advertencia formulada en 1975 por el estratega nuclear Thomas Schelling: "En 1999 no seremos capaces de regular las armas nucleares en todo el mundo más de lo que ahora podemos controlar el tráfico de armas cortas de fuego, la heroína o la pornografía". Todo esto induce a que algunos pesimistas duden de que sea posible un control total de las armas nucleares. Pocos se muestran tan sombríos como Carl Builder, analista de estrategia de la Rand Corporation. Builder cree que los principales problemas nucleares del futuro no procederán de las naciones-Estado, sino de lo que Alvin Toffler en su obra *El cambio del poder* denominó "gladiadores nucleares". Éstos son organizaciones terroristas, movimientos religiosos, empresas y otras fuerzas no nacionales; muchas de estas asociaciones —señala Builder—, podrían acceder a las armas nucleares. A la lista de riesgos posibles es preciso añadir otro, en buena parte pasado por alto: no sólo los gobiernos, los terroristas y los jefes del narcotráfico sino también los jefes militares desencantados pueden estar buscando armas nucleares.

"Como la pólvora," indica Builder, "las armas nucleares se difundirán... Iré aun más lejos para afirmar que, si no durante mi vida, tal vez en un futuro previsible, llegarán a proliferar hasta el nivel individual. Será posible que alguien fabrique un artefacto nuclear con materiales comerciales accesibles". Familias de la mafia, fieles del culto davidiano, maoístas de Sendero Luminoso, nazis serbios e incluso individuos aislados podrían extorsionar a naciones enteras. Peor todavía, Builder considera: "No cabe disuadir a un adversario con la represalia atómica si no existe sociedad definible a la que amenazar". En consecuencia, afirma, "nos aguarda una asimetría aterradora".

La búsqueda del tesoro

Es difícil que llegue el día en el que uno desprevenidamente encienda la radio o el televisor y se encuentre con un boletín urgente: "Un grupo terrorista ha tomado como rehenes a diez millones de neoyorquinos, ocultando en esa ciudad, una bomba nuclear, con la amenaza de hacerla estallar en 36 horas si el gobierno no cumple con un pliego de exigencias". La posibilidad de un escenario terrorista de este tipo es absolutamente real pero si la noticia se diera a conocer, el pánico generaría efectos casi tan devastadores como la bomba.

Una amenaza de chantaje nuclear lanza a las calles a una de las organizaciones más ocultas del Estado norteamericano, un superselecto grupo de científicos y técnicos mantenidos en estado de alerta de día y de noche en la sede del Departamento de Energía, así como en diversos laboratorios atómicos de los Estados Unidos: el Grupo de Búsqueda para Emergencias Nucleares (Nuclear Emergency Search Team) más conocido bajo la sigla NEST. Con sus ultrasensibles detectores de neutrones y rayos gamma y sus técnicas de investigación sumamente sofisticadas, los equipos NEST ofrecen la única posibilidad científica de hacer fracasar una amenaza nuclear en tiempos de paz.

En 1974, durante el gobierno de Gerald Ford, unos palestinos amenazaron con hacer estallar una bomba en el corazón de Boston, si once camaradas suyos no eran liberados de las cárceles israelíes. Aquella amenaza resultó falsa pero fue el punto de partida para la formación de un grupo de elite supersecreto para rastrear armas nucleares que cayeran en poder de organizaciones terroristas. Durante esos años el Grupo de Búsqueda para Emergencias Nucleares actuó en más de 80 casos de amenazas nucleares verosímiles contra los EE.UU. Aunque finalmente las amenazas resultaron falsas, la disolución de la Unión Soviética y su herencia de 32.000 cabezas nucleares han reactualizado el problema.

El grupo, que tiene capacidad para movilizarse las 24 horas del día ante una amenaza de chantaje nuclear, no depende del FBI sino del Departamento de Energía y tiene su sede en Las Vegas, cerca de los campos de pruebas para armas nucleares. Durante años la existencia del NEST fue oficialmente negada, pero las abrumadoras pruebas presentadas por los periodistas Dominique Lapierre y Larry Collins en el libro *El quinto jinete* obligaron al gobierno estadounidense a admitir que no era una ficción literaria.

Chris West, vocero del Grupo de Búsqueda para Emergencias Nucleares, admitió en 1994 que el grupo posee detectores nucleares de que van desde los más pequeños, que caben en un maletín, hasta los gigantescos que requieren un camión o un helicóptero para su transporte. NEST tiene hasta un departamento de disfraces y utilería para posibilitar que sus técnicos pasen desapercibidos en los ambientes y circunstancias más variadas.

Sin embargo, Mahlon E. Gates, un general retirado que dirigió la Brigada Federal de Explosivos entre 1975 y 1982 describe en el libro *Previniendo el terrorismo nuclear* las limitaciones del Grupo de Búsqueda para Emergencias Nucleares. "Sin contar con algún otro dato adicional, para NEST sería prácticamente imposible descubrir en un tiempo limitado, un artefacto nuclear improvisado que estuviese escondido en una gran ciudad como Nueva York o Chicago". Lógicamente, las chances de detección aumentan si se consigue limitar el área de búsqueda donde ha sido emplazada la carga.

Las técnicas de búsqueda se basan en el hecho de que las partículas alfa y beta que emite la bomba son absorbidas por todos los objetos con los que está en contacto, inclusive el aire. En cambio, las emanaciones de rayos gamma y de neutrones constituyen la principal pista para rastrear una carga nuclear. Aunque el plomo dificulta la detección de rayos gamma y el hormigón la de neutrones, los expertos sostienen que la presencia de rayos gamma puede registrarse a más de 30 metros de distancia y la de neutrones a más de 100 metros. Pese a que se sabe que el NEST tiene camiones, helicópteros y aviones sin identificación para efectuar el rastreo, el grupo mantiene en el más absoluto secreto el alcance de sus equipos.

Recientemente el laboratorio nacional Lawrence Livermore, de California, comenzó a investigar las posibilidades de neutralizar una bomba terrorista. "La posibilidad de hacer inoperable una bomba es particularmente difícil porque debemos estar preparados para una gama muy vasta de armas", explicó John H. Nuckolls, director del laboratorio a *The New York Times*[4].

Hamburguesas radiactivas

Durante treinta años, y pese a los acuerdos de desarme SALT, los EE.UU. gastaron anualmente, un promedio de 130 mil millones de dólares para alcanzar una fuerza de destrucción única en la historia de la humanidad y dotarse de un arsenal termonuclear de tan terrible eficacia que el presidente, en su calidad de jefe supremo de las fuerzas armadas, afirmaba que podía destruir cien veces el territorio de la ex Unión Soviética y borrar todo rastro de vida sobre el planeta, mientras que la integridad del territorio americano quedaba garantizada por un sofisticado sistema de vigilancia electrónica y alerta vía satélite. Siete redes detectoras observaban el espacio americano con una precisión capaz de detectar, a cientos de millas de las costas, el vuelo de un pájaro.

Protegidos por el valor disuasorio de su poder nuclear, los americanos podían considerarse como una casta privilegiada. De todos los habitantes de la Tierra, eran los que corrían menos peligro de ser víctimas de un exterminio atómico. Paradójicamente, ahora que ha finalizado la guerra fría y ha desaparecido la otra superpotencia con la que los EE.UU. se disputaban la supremacía en el peligroso equilibrio del terror nuclear, es cuando los norteamericanos están más desamparados.

Evitar el tráfico ilícito de material radiactivo es muy importante por dos razones: "Porque a las sustancias con que se trafica se les puede dar un uso militar o terrorista y porque, en caso de que no sea así, pueden producir un desastre sanitario", asegura Abel González, director adjunto en Seguridad de la AIEA.

Un ejemplo de lo que puede pasar si no se controlan estas sustancias es lo ocurrido en una fundición de hierro instalada en México, cerca de la frontera con los EE.UU. Junto con una gran cantidad de chatarra, se fundió inadvertidamente una bomba de cesio y con el hierro radiactivo se fabricaron vigas. Las vigas se exportaron a los EE.UU. y se utilizaron para las mesas de los restaurantes McDonalds, para edificios de viviendas y oficinas. Sólo la casualidad permitió descubrir los graves daños de contaminación radioactiva que sufrió la gente expuesta a la radiación: un camión que transportaba las vigas se perdió y llegó a la central atómica de Los Álamos, en Nuevo México. Cuando el vehículo se aproximó al portón de entrada, las alarmas de los equipos de detección comenzaron a sonar y desentrañaron la trama de toda la historia.

Las centrales nucleares son también blancos potenciales de futuros atentados terroristas. En agosto de 1994, poco después del ataque contra la AMIA en Buenos Aires, el Instituto de Control Nuclear de los Estados Unidos giró una directiva a todas sus centrales nucleares en la que advertía que debían considerar con seriedad la amenaza terrorista y recomendaba la construcción de defensas de hormigón y diques contra posibles ataques con coches-bomba. En Argentina, un país que ha experimentado dos atentados que tuvieron el tema nuclear como telón de fondo, las centrales atómicas siguen tan desprotegidas como siempre.

NOTAS

[1] *El País*, 17-07-1995.
[2] *Washington Times*, 25-10-1994.
[3] La Agencia Internacional de Energía Atómica (AIEA) es un organismo de la ONU que tiene su sede en Viena y está encargado de la inspección y el control de las instalaciones nucleares en los países firmantes del Trarado de No Proliferación Nuclear (TNP), que fue ratificado en 1995 para asegurarse de que esos países no emplean materiales fisibles con fines militares.
[4] *The New York Times*, "Preparing to meet terrorists bearing plutonium", 01-08-1994.

13. Tecnoterrorismo en la isla virtual

"El cielo sobre el puerto era de color televisor, un televisor que sintonizase un canal sin señal", así comienza *Neuromancer*, la novela de William Gibson, publicada en 1984, que utilizó por primera vez el término "ciberespacio". Gibson era un escritor de ciencia ficción que hablaba entonces de una milagrosa realidad más allá de la pantalla, pero no sabía mucho de computación y escribía sus libros a máquina. En el relato ambientado en una época no determinada del futuro, Johnny es un mensajero de datos que guarda programas robados en un chip embutido en su cabeza. Está huyendo de los asesinos enviados por alguna de las multinacionales, con sede en Japón, que han sustituido a los Estados nacionales y parecen controlar todo.

"El presente da más miedo que cualquier futuro imaginable que yo pueda soñar", dice Gibson en una nota de *The New York Times* reproducida por *El País*[1]. En el ciberespacio se encuentran operando ya 50 millones de habitantes que van creciendo a razón de un 16 por ciento mensual, más de 160 naciones, cientos de miles de empresas, actividades y emociones incontables que realizan operaciones a la velocidad de la luz. La palabra "ciber", según un estudio del Instituto Nexis, se utilizó en diarios, revistas y televisión 1.205 veces en enero de 1995. Un año antes se había mencionado 464 veces y sólo 167 veces en 1993[2].

"El ciberespacio es el lugar donde el banco guarda nuestro dinero", dice, "y donde en gran medida ocurren las transacciones bursátiles. Estoy a la espera del Chernobyl de la banca informática, algún tipo de accidente catastrófico, aunque espero que no suceda. Entonces nos daremos cuenta de hasta dónde confiamos en la informática".

"El infierno... es un sitio donde nada está conectado con nada". La frase de T.S. Eliot fue elegida por una publicación de Sun Microsystems para hacer una defensa irrestricta de los sistemas abiertos, es decir, las tecnologías informáticas que van más allá de compatibilizar algunos productos. Es cierto que nunca fue un paraíso pero es probable que si Marshall McLuhan viviese hoy, sufriría una crisis nerviosa porque su aldea global se ha tornado en una isla virtual cada vez más violenta y altamente vulnerable a una ola de terrorismo que amenaza convertirse en un mal endémico. Durante la guerra fría el enemigo era conocido. En la actualidad ya no es posible imaginar quién es el adversario, tal como sucede con algunos ataques terroristas. Las razones son varias:

1. Los adversarios potenciales son cada vez más numerosos y diversos.
2. Los métodos de sabotaje y terrorismo son cada vez más complicados.
3. Es posible sabotear un sistema enemigo y hacer creer que ha sido otro quien lo ha hecho. Con un modestísimo equipo —en buena parte en venta en cualquier negocio de electrónica— para manipular o interferir mensajes de satélites, estaciones de comunicaciones y sus correspondientes redes.
4. Con sólo comprar dos tipos de fertilizantes que se venden en los negocios de agroquímicos —y cuyo precio es relativamente bajo—, mezclarlos con gasoil, ácido sulfúrico y ácido nítrico se puede fabricar un explosivo semejante al utilizado en la voladura del World Trade Center. Toda la ciencia necesaria para convertir estos productos comunes en un arma mortal consiste en combinar los ingredientes en la proporción adecuada con una mezcladora industrial como las que se usan en las panaderías. Un reloj despertador o un control remoto basta para hacer un detonador. Según fuentes del FBI, la bomba que destruyó Oklahoma le costó a Timothy McVeigh escasos 3.000 dólares.

Según el experto en terrorismo Neil C. Livingstone, en Estados Unidos circulan unos 1.600 libros y folletos que enseñan todo lo necesario para fabricar bombas. El ejército estadounidense publicó un *Manual de Municiones Improvisadas* que se puede conseguir por 3,99 dólares. El clásico *Recetario del Anarquista* ha vendido dos millones de copias desde 1971 y está tan lleno de errores que ha provocado accidentes fatales entre los dos millones de personas que lo adquirieron desde 1971. Otros títulos muy solicitados son *Cómo matar* y *Los diarios de Turner*, el libro de William Price que desde hace dos décadas sirve como manual para grupos extremistas como la Milicia de Michigan, y que fue la fuente de inspiración del atentado de Oklahoma.

Interés por el fuego

Los informes de la Oficina para el Control del Alcohol, Tabaco y Armas (ATF) señalan que los atentados explosivos aumentaron un 76 por ciento entre 1989 y 1993. La cultura —y no la ideología— es lo que parece alimentar a los artífices de las bombas. Nuestro apetito de fantasía por las explosiones es profundo, casi como el interés primigenio por el fuego", dice Lawrence Myers, un experto en explosivos consultado por el diario *USA Today*. Como forma de llamar la atención, "las bombas representan un enorme poder", explica Brian Jenkins, un consultor en cuestiones de seguridad." Tener el control de ese enorme poder es una atracción, especialmente para los adolescentes".

Según Myeres, los varones de entre 15 y 22 años son los más propensos a experimentar con explosivos. Ese mismo grupo es el que convirtió la película *El Especialista*, donde Sylvester Stallone interpreta a un experto en explosivos de la CIA, en la segunda más alquilada en los EE.UU. durante la época del atentado de Oklahoma. En vez de enfrentar cara a cara al enemigo, las bombas permiten conservar el anonimato y perpetrar un ataque impersonal y remoto. "Las bombas —dice Charles Strozier, del Centro sobre Violencia y Supervivencia Humana— separan al perpetrador de la víctima. Los autores no sienten el dolor y el sufrimiento que la violencia inflinge".

El acceso a informaciones sobre armas y explosivos no se limita a libros: con unos simples toques sobre el mouse de la computadora se puede acceder en fracción de segundos a detalladas recetas *on-line* (en tiempo real) que van desde la fabricación de bombas caseras hasta los explosivos más sofisticados o la compra de un arma a elección.

Aunque la posibilidad de anonimato proporcionada por el teclado de la computadora hace que servicios como America Online no sirvan para identificar a presuntos terroristas, un examen detallado de sus registros arrojó el alarmante dato de que 250 abonados han incluido la palabra "terrorista" entre sus ocupaciones o pasatiempos, y al menos 28 se confiesan "colocadores de bombas". Uno de estos últimos declara al mundo, sin ningún tipo de censura, que sus aficiones son "el homicidio masivo, el terrorismo, los magnicidios, todo lo relacionado con los cultos y asustar a personas que no me gustan".

En 1993 seis adolescentes de los suburbios de Chicago formaron un club para fabricar explosivos y destruyeron 70 buzones antes de que los detuvieran. Sacaban la información de los tableros del correo electrónico.

"Criminales y ladrones existen tanto en el espacio cibernético como en el mundo real. El discurso del odio y la información sobre el terrorismo está en el espacio cibernético así como en todas partes", explicó el experto Brock Meeks, jefe de la oficina de Washington del semanario *Interactive* y colaborador de la revista *Wired* durante la Conferencia de la ONU sobre el crimen y la prevención del delito, que se llevó a cabo en mayo de 1994 en El Cairo.

En efecto, el *Recetario del Anarquista*, con instrucciones para la producción de bombas, ha estado en la Internet desde hace algún tiempo y ya antes del atentado de Oklahoma algunos adolescentes resultaron heridos o hirieron a otros fabricando explosivos. Sin embargo, después de Oklahoma comenzó un cuestionamiento mucho más serio sobre el papel de la cibernética en la difusión de los métodos terroristas.

Richard Dekmejian, especialista en el tema de la Universidad de California, afirma que "la diseminación de nuevas técnicas de terrorismo provocará un aumento de la violencia en el mundo. Hasta un amateur puede construir hoy una bomba sin grandes dificultades", dice, al tiempo que alerta sobre "los daños aun mayores que una persona con algún tipo de entrenamiento podría provocar".

"Les pido que se resistan a los pedidos que apuntan a restringir este tipo de materiales. La información encontrará alguna forma de surgir libremente. Si ustedes tratan de restringirla irá de forma clandestina", expresó Brook Meeks. "La información no mata a la gente", agregó, parafraseando para el mundo de la informática la frase que esgrimen los grupos de presión en los Estados Unidos a favor de la libre venta de armas. La comparación no fue casual.

"Usted o cualquier otra persona pueden adquirir por mi intermedio un arma de fuego, independientemente del lugar en los Estados Unidos donde vivan", ofrece —vía correo electrónico— J. D. Weiss, un vendedor de armas radicado en Ohio. Weiss anuncia sus productos en el rubro "A-Z Deportes de Tiro", un sector de Internet que registra un crecimiento explosivo y que está atrayendo todo tipo de especuladores comerciales. "El hecho de que los vendedores de armas estén utilizando los recursos que brinda la tecnología demuestra que debemos mejorar la legislación para asegurar que las armas no caigan en manos indebidas", afirma por su parte Charles Schumer, presidente de la Comisión del Congreso que elaboró la ley Brady que controla las armas personales.

Nuevo campo de batalla

A pesar de que no se ha confirmado que el atentado de Oklahoma haya sido preparado a partir de los manuales que circulan en los servicios de comunicación por computadoras, los expertos señalan que el volumen de informaciones sobre terrorismo que circula en las redes informáticas servirá para fortalecer a los grupos radicales de extrema derecha.

Los grupos neonazis, los fundamentalistas islámicos, los separatistas chechenos y hasta las distintas facciones que combaten en la guerra de los Balcanes alternan ahora las armas de fuego con los diskettes de computación y utilizan el espacio cibernético no sólo como canales de comunicación y para diseminar su propaganda sino también como un campo de batalla virtual.

Los medios de comunicación retratan a los piratas informáticos como personajes medianamente simpáticos, pero hoy es posible que un fanático musulmán de la India o un chiflado en Denver cause daños inmensos a personas, países e incluso, a ejércitos situados a 15.000 kilómetros de distancia. En junio de 1993 un "intruso electrónico" interceptó llamadas telefónicas efectuadas por los ayudantes del secretario de Estado Warren Christopher a varios gobernantes de países aliados para advertirles del ataque con misiles que los EE.UU. lanzaría contra la sede de los servicios de inteligencia iraquíes en Bagdad.

Un informe del Consejo Nacional de Investigación de los EE.UU. advierte que "es probable que el terrorismo del futuro sea capaz de ocasionar con un teclado más daño que con una bomba". Se ha escrito mucho acerca de piratas informáticos capaces de destruir datos o de robar tanto secretos como dinero. Pueden introducir mensajes falsos, alterar la memoria y hasta realizar operaciones de espionaje, buscando datos que interesen a un adversario. Si consiguen acceder a determinadas redes informáticas lograrán, por lo menos en teoría, montar, desmontar o reapuntar armas. Por todo esto, resulta muy difícil elaborar una estrategia preventiva o de contención contra una célula de terroristas informáticos que ni siquiera tienen la necesidad de estar en el escenario del crimen. Sentados ante una pantalla del otro lado del mundo pueden interferir las comunicaciones.

El centro financiero del mundo, conocido para escasos iniciados bajo la lacónica abreviatura CHIPS (Clearing House Interbank Payments System), está situado sobre una de las márgenes del río Hudson, en el corazón de Manhattan, en un salón azul que tiene un tamaño un poco mayor que el de una cancha de tenis. Su dirección exacta jamás se menciona para prevenir ataques terroristas. El acceso al público en general y a la prensa está absolutamente vedado. Su importancia es tan vital que sobre la otra margen del Hudson existe una réplica exacta, con computadoras gemelas y escritorios vacíos para ser utilizados en caso de un ataque nuclear, catástrofe natural o atentado terrorista. A través de las memorias de las gigantescas computadoras *Unisys* emplazadas en esa desconocida oficina neoyorquina de clearing interbancario, transitan diariamente un billón de dólares convertidos en señales electrónicas que recorren la geografía del planeta en fracción de segundos y cambian de dueño con la misma celeridad. Un escaso cinco por ciento de esas operaciones están vinculadas al comercio de bienes o mercaderías, un 15 por ciento son inversiones y los 800.000 millones de dólares restantes son transacciones puramente especulativas. Trasladar un millón de dólares a través de la mitad de la superficie del globo demora tres segundos y cuesta 40 centavos de dólar. Seguir las pistas de los "volátiles" flujos financieros en las transacciones electrónicas es prácticamente imposible. Detenerlo parece impensable.

El Grupo de los Siete (G-7) que a comienzos de la posguerra fría se postuló como una suerte de "gobierno mundial" llegó a la conclusión de que esos miles de millones de dólares girando alrededor del planeta sin otra consideración que el lucro fácil e inmediato han escapado totalmente del control de los gobiernos, los bancos centrales y hasta de los bancos privados que están a merced de *brokers* como Nick Leeson, el yuppie de 28 años que desde una terminal de computación evaporó los dineros del añejo Baring Brothers.

El mundo se ha convertido en el escenario de una batalla que dará nueva forma a las finanzas internacionales ya que cada uno de estos desplazamientos de capital produce la correspondiente redistribución del poder y de la riqueza a nivel mundial y local. En ninguno de los dos planos las perspectivas son alentadoras.

El orden informático

Tras el fracaso de George Bush en imponer al mundo un nuevo orden político-militar, Bill Clinton y Al Gore han hecho de las autopistas de la información su gran proyecto y quieren tomarse la revancha e imponer al mundo un orden político-informático, menos sangriento pero igual de injusto y más perverso.

La política de las autopistas no tiene sólo un carácter económico, sino predominantemente ideológico. Sus partidarios —que no son solamente hombres de negocios— quieren enseñar al mundo una religión sin Dios, una sumisión sin amo aparente, un conformismo al abrigo de toda revuelta y basado en tres credos muy simples: el mundo es uno, el mercado libre garantiza el progreso, el mejor gana siempre. La desigualdad más grande no es el fruto de una injusticia; es el resultado de una regla del juego irreprochable, porque —aparentemente— es la misma para todos.

Como señala Ricardo Piglia en una entrevista publicada en *Clarín*, "se trata de borrar cualquier noción de contradicción, de fractura o de realidades que se yuxtaponen. Pese a que hoy son visibles distintas redes internas de contradicciones en el interior mismo del Primer Mundo (minorías étnicas, indocumentados, pobres, homosexuales,etc.). O sea que esa ilusión de homogeneidad parece difícil de sostener. Sin embargo, el poder manipula constantemente con un relato de consenso, de pluralismo, de igualdad, de una especie de campo de inclusión del que sólo queda afuera el que escapa a su razón por ser un autoritario, un loco, un delincuente o un fundamentalista, o porque habla de un discurso arcaico, que ya desapareció. Entonces, lo que queda sería un escenario homogéneo de sujetos racionales que hablan entre sí. Lo cierto es que la verdad es usada por distintos sectores en función de relaciones de poder y de fuerza".[3]

Cuando los sistemas carecen de los adecuados mecanismos de defensa o duplicación, hasta los artefactos más primitivos colocados en "módulos de conocimiento" pueden generar una catástrofe. Winn Schwartau, asesor de comunicaciones de Inter-Pact, asegura: "Con más de cien millones de ordenadores inextricablemente ligados a través del más complejo despliegue de conjuntos de comunicaciones... los sistemas informáticos oficiales y comerciales se hallan hoy tan mal protegidos que en esencia cabe considerarlos inermes. Nos aguarda un Pearl Harbor informático".

En un informe de la General Accounting Office de Estados Unidos al Congreso se expresa una preocupación similar. Este organismo se inquieta porque Fedwire, una red electrónica de transferencia de fondos —que en 1988 manejó 253.000 billones de dólares— padece de fallas de seguridad y requiere la adopción de medidas rigurosas. El informe, que difícilmente podría ser calificado de sensacionalista, previene contra las "brigadas del terrorismo informático".

La firma consultora Booz Allen & Hamilton, que efectuó un estudio sobre las comunicaciones en Nueva York, ha descubierto que las principales instituciones financieras operan sin respaldo alguno de telecomunicaciones. Frankfurt, París, Tokio y Londres se encuentran más o menos en la misma situación.

Los sistemas militares, aunque más seguros, no resultan en modo alguno impenetrables. El 4 de diciembre de 1992 el Pentágono envió un mensaje secreto a sus comandantes generales en cada región, en que les ordenaba que redoblasen la protección de sus redes electrónicas y sus ordenadores ya que no sólo los radares y los sistemas de armas son vulnerables, sino también las bases de datos que contienen planes de movilización, instalaciones secretas, sistemas de codificación, etc.

Steven Shaker y Alan Wise afirman en el libro *Guerra sin hombres*, que "los terroristas están adquiriendo más sutileza en su lucha contra la tecnología robótica". Citan un caso en que se utilizó un robot para desarmar una bomba, bajo el control a distancia de un operador. Los terroristas fueron capaces de imponerse al radio del operador y lograr que el robot se volviera contra él. El operador a duras penas consiguió escapar a la explosión provocada por su robot. Y prosiguen: "Los vehículos robóticos sin conciencia moral y sin temor a las misiones suicidas pueden llegar a ser los terroristas ideales. El empleo de asesinos mecanizados causaría ciertamente pánico y preocupación entre las víctimas y generaría la publicidad que los terroristas buscan".

Blancos a corto plazo

El segundo funcionario más importante de la CIA solicitó a la industria y al gobierno reforzar la seguridad de las redes de computación, calificando el sistema de computadores de los Estados Unidos como uno de los más vulnerables del mundo frente a cualquier ataque.

En la misma línea, el almirante William Studeman, vicedirector saliente de la Agencia Central de Inteligencia, dijo que los Estados Unidos también necesitan un marco legal completo para proteger los sistemas de información de lo que él calificó como difusa y creciente amenaza de una gama de enemigos potenciales estadounidenses. "Las masivas redes de sistemas hacen de los Estados Unidos el blanco más vulnerable del mundo en la guerra de la informática", dijo Studeman, durante una conferencia en la Universidad Nacional de la Defensa celebrada a mediados de mayo. "Necesitamos acelerar el mejoramiento de los sistemas de seguridad de los computadores de los sectores público y gubernamental", añadió.

La guerra de la informática es un término general que incluye la interrupción y la desconexión de las líneas electrónicas en una sociedad avanzada industrialmente. Calificando este tipo de guerra como una "amenaza ampliamente arraigada", Studeman advirtió que una creciente lista de países, sin identificar, "realizan actualmente esfuerzos de explotación de los sistemas de computación". Además, manifestó que los sistemas estadounidenses podrían convertirse en blanco de los narcotraficantes, del crimen organizado, de grupos criminales de computación, empleados disgustados o profesionales mal pagos. "Un adversario no necesariamente tiene que ser militar. El adversario puede causar gran daño con sólo tener el conocimiento y el acceso a las redes. El nuevo y globalizado campo de batalla es uno que se debe aprender a defender de una forma distinta", comentó.

Studeman fue director de la Agencia Nacional de Seguridad, el servicio de espionaje más grande y secreto de los Estados Unidos. Agregó que un futuro enemigo podría asestar un golpe a las redes estadounidenses después de determinar que sabotear o negar el servicio de computación es "más efectivo y barato que destruirlo".

El funcionario de la CIA dijo que los blancos "a corto plazo" podrían incluir el sector de las telecomunicaciones, la distribución de energía y demás servicios, las bolsas de valores, los sistemas bancarios, el control del tráfico aéreo, el sector tributario, de seguridad social y los sistemas de las grandes compañías, "las cuales hoy son todas vulnerables"[4].

Ataque bajo el agua

El Eurotúnel, que es la mayor obra de ingeniería del siglo XX y fue inaugurado en mayo de 1994 por la reina de Inglaterra y el presidente François Mitterrand, constituye un objetivo terrorista relativamente sencillo debido a las fallas de seguridad en las terminales de Waterloo, la Gare du Nord, Folkestone y Calais, según una investigación realizada por el diario británico *The Observer*. Para empezar, el dispositivo de rayos X que debe controlar el equipaje de los viajeros no siempre funciona. En diez viajes, los periodistas de *The Observer* comprobaron que en la Gare du Nord, y pese a la presencia de gendarmes con perros, los pasajeros abordaban sus compartimientos con maletas que no eran debidamente revisadas. En la de Waterloo, uno de los periodistas, disfrazado de turista, abandonó un gran bolso en el recinto de equipajes de uno de los trenes Eurostar y se alejó de la estación sin que ningún miembro del servicio de seguridad de la compañía le diera la menor importancia. El bolso llegó a París sin llamar la atención de los empleados.

La historia publicada por *The Observer* en enero de 1995 provocó una inmediata reacción del Ministerio de Transportes británico, cuyo titular, Brian Mawhinney, ordenó investigar el tema. A los pasajeros aprehensivos que miraban con recelo un viaje que incluye 25 minutos a 40 metros de profundidad bajo el lecho marino del canal de la Mancha, la vulnerabilidad del túnel frente a un eventual ataque terrorista les ha dado nuevos motivos para declinar toda oferta de viaje en el Eurostar.

No es extraño que Graham Greene anunciara su propio final en abril de 1991 publicando un mes antes una recopilación de cuentos cortos que llevan el título *La última palabra*. Aunque toda su obra literaria estuvo signada por los vaticinios, esos doce cuentos conforman una extraña mezcla de ensoñación y terror frente a la inminente muerte de este siglo. En el cuento titulado "La memoria de un viejo", escrito en 1990, Greene anticipa que en 1995 franceses e ingleses se arrepentirán de haber derrochado tanto champagne para festejar la inauguración del Eurotúnel, porque será destruido por un atentado terrorista que matará a millares de personas. "Hablé ya de lo corta que es la memoria de los viejos," concluye el cuento, "pero me pregunto si en 1997 habrá alguien con una memoria tan corta como para persuadir a un pasajero de que suba a un vagón que habrá de bajarlo a las profundidades del Canal, tan débilmente iluminado como el gran túnel que atraviesa los Alpes, pero cubierto de agua en vez de tierra, y quién sabe con cuántos cadáveres todavía pudriéndose bajo los rieles". El 12 de septiembre de 1995 casi un centenar de soldados franceses fueron desplegados en la terminal del Eurotúnel para prevenir la posibilidad de atentados por parte de los fundamentalistas argelinos[5].

Restar poder

La tendencia generalizada a convertir los problemas políticos y sociales en cuestiones técnicas hace que junto con la irrupción en escena del tecnoterrorismo, las unidades antiterroristas libren una carrera para acceder a nuevos elementos, cada vez más sofisticados: utilizan micrófonos láser que pueden registrar conversaciones a cientos de metros de distancia, inclusive dentro de edificios. Los nuevos mecanismos de grabación son prácticamente indetectables y los transmisores electromagnéticos pueden bombardear un área con ondas que detonen prematuramente un coche-bomba. La información producida por las escuchas telefónicas, que luego son procesadas por una computadora pueden ser utilizadas para rastrear los escondites de los terroristas, tal como hicieron los comandos franceses que en diciembre de 1994 neutralizaron a un grupo terrorista que desvió a Marsella un avión argelino con rehenes.

Desde hace un par de años la Agencia de Control de Armas, Alcohol y Tabaco (ATF) y el Cuerpo de Ingenieros del Ejército experimentan con coches-bomba en el Campo de Pruebas Wite Sands en Nuevo México. El proyecto que lleva el nombre clave de "Dipole Might" (Restar poder) investiga la posibilidad de crear un modelo por computadora para detectar ataques terroristas con coches y camiones-bomba. Una coincidencia hizo que uno de los agentes que trabajan en el experimento "Dipole Might" se encontrara en un juzgado de Oklahoma el día del atentado y fuera el primero en llamar a la oficina de la ATF en Dallas para informar que el explosivo utilizado era "anfo", el nombre con que en la jerga de los especialistas se conoce la mezcla de nitrato de amonio con gasoil. Sin embargo, en el combate contra el terror, la electrónica y la tecnología solamente aportan soluciones marginales[6].

"Por cada tres metros de muro que se construya, los terroristas construirán una escalera de cuatro metros", advierte un especialista.

Seducidos por la tecnología, los comandos fundamentalistas en el sur del Líbano han reemplazado los transmisores electromagnéticos por los de control remoto para hacer detonar los coches-bomba. Sin embargo, ante cada avance tecnológico de las unidades antiterroristas, los terroristas cuentan con un método sencillo para evadir a sus perseguidores: volver al uso de la baja tecnología. No se comunican por modem sino cara a cara y en los atentados emplean un tipo de detonador que hasta el momento ha resultado imbatible: los pilotos suicidas.

NOTAS

[1] *El País*, "Una falla en mis relatos es que la tecnología funciona casi siempre", 04-06-1995.
[2] *El País*, El cibercapitalismo americano, por Vicente Verdú, 18-09-1995.
[3] *Clarín*, Entrevista de Jorge Halperin, 09-05-1993.
[4] Agencia *Reuters*, 17-05-1995.
[5] *International Herald Tribune*, 13-09-1995.
[6] *Newsweek* "Terrorism: A Battle on High and Low", 27-02-1995, y "Inside the plot", 05-06-1995.

Bibliografía

Diarios y revistas de la Argentina

Arca del Sur
Ámbito Financiero
Clarín
Crónica
El Cronista Comercial
Gente
La Nación
La Prensa
Noticias
Nueva Sión
Página/12
Somos

Diarios y revistas del extranjero

Cambio/16
Courrier International
Der Spiegel
El País
Foreign Affairs
Foreign Report
Jornal do Brasil
Le Monde Diplomatique
Le Monde
Los Angeles Times
Newsweek
Stern
The Economist
The Jerusalem Post
The Jerusalem Report
The Guardian
The International Herald Tribune
The New Republic
The New York Times
The Observer

The Sunday Times
The Washington Post
Time

Libros nacionales y extranjeros

Walter Reich y otros: *Orígenes del terrorismo*, Ed. Pomares Corredor, 1992.
Bernard Gros: *Le terrorisme*, Ed. Hatier, París, 1976.
Walter Laqueur: *Terrorismo*, Ed. Espasa Calpe, Madrid, 1980.
Rachel Ehrenfeld: *Narcoterrorismo*, Ed. Selector, México, 1991.
John Pynchon Holms y Tom Burke: *Terrorism*, Ed. Pinnacle Books, 1994.
Steven Emerson y Cristina del Sesto: *Terrorist*, Ed. Villard Books, Nueva York, 1991.
Peter Taylor: *States of Terror*, Penguin Books, Londres, 1993.
Yossef Bodansky: *Target America*, Ed. S.P.I Books, Washington, 1993.
Yossef Bodansky: *Terror*, Ed. S.P.I. Books, Washington, 1994.
Jim Dwyer, Peter Kocieniewski, Deidre Murphy y Peg Tyre: *Two Seconds under the World*, Ed. Ballantine Books, Nueva York, 1994.
Walter de Bock y Jean Charles Deniau: *Des armes pour l'Iran*, Ed. Gallimard, París, 1988.
Herbert Krosney: *Deadly Business*, Ed. Four Walls, Nueva York, 1993.
Ari Ben-Menashe: *Profits of War Inside the Secret U.S.-Israeli Arms Network*, Ed. Sheridan Square Press, Nueva York, 1992.
Amir Taheri: *Holy Terror*, Ed. Huchinson, Londres, 1987.
Donald Goodard y Lester K. Coleman: *Trial of the Octopus*, Ed. Signet, Nueva York, 1994.
Mohammad Mohaddesin: *Islamic Fundamentalism, The New Global Threat*, Ed. Seven Locks Press, Washington, 1993.
Rafael Peña Gómez Parra: *Jomeini, el profeta de la guerra*.
Departamento de Estado: *Patterns of Global Terrorism:1994*.
Ian Black y Benny Morris: *Israel's Secret Wars, A History of Israel's Intelligence Services*, Ed. Grove Weidenfeld, Nueva York, 1991.
Victor Ostrovsky y Claire Hoy: *By Way of Deception*, St. Martin Press, Nueva York, 1990.
Victor Ostrovsky: *The other side of Deception*, Ed. Harper Paperbacks, Nueva York, 1994.
Benjamin Beit-Hallahmi, *Israel connection*, Ed. B, Serie Reporter, Barcelona, 1988.
Jaques Derogy y Hesi Carmel: *Israel Ultrasecreto*, Ed. Planeta, Barcelona, 1990.

Andrew Gowers y Tony Walker: *Arafat, The Biografy*, Ed.Virgin Books, Londres, 1994.

Robert I. Friedman, *Zealots for Zion: Inside Israel's West Bank Settlement Movement*, New York: Random House, 1992.

David Yallop: *Hasta los confines de la Tierra, A la caza del Chacal*, Ed. Planeta, Barcelona, 1993.

Alvin Toffler: *Las guerras del futuro*, Ed. Plaza & Janés.

Eric Hobsbawm: *La era de los extremos*.

Gilles Kepel: *La Revancha de Dios*.

Kenneth Timmerman: *Weapons of Mass Destruction: The cases of Iran, Syria and Libya* (A Simon Wiesenthal Center Special Report), Los Angeles-París, 1992.

Anti-Defamation League, Special Report: *Hizballah and Iranian. Sponsored Terrorism*, Nueva York, 1995.

Gabriela Cerrutti: *El Jefe*, Ed. Planeta, Buenos Aires, 1993.

Horacio Verbitsky: *Robo para la corona*, Ed. Planeta, Buenos Aires, 1991.

Román Lejtman: *Narcogate*, Ed. Sudamericana, Buenos Aires, 1993.

Eduardo Barcelona y Julio Villalonga: *Relaciones Carnales*, Ed. Planeta, Buenos Aires, 1992.

Jorge Lanata y Joe Goldman: *Cortinas de humo*, Ed. Planeta, Buenos Aires, 1994.

Norberto Bermúdez: *La pista siria*, Ediciones de la Urraca, Buenos Aires, 1993.

Norberto Bermúdez: *Tangentina*, Ed. B del Grupo Z, Argentina, 1995.

Manfred Morstein: *Al Kassar, El padrino del terror*, Ed. Temas de Hoy, Buenos Aires, 1992.

Martín Granovsky: *Misión cumplida*, Ed. Planeta, Buenos Aires, 1992.

Claudio Uriarte: *El almirante Cero*, Ed. Planeta, Buenos Aires, 1992.

Varios Autores: *Conferencia Internacional de AMIA sobre La amenaza del terrorismo fundamentalista*, (Transcripción), Buenos Aires, diciembre de 1994.

Eliahu Toker y otros: *Sus nombres y sus rostros: Álbum recordatorio de las víctimas del atentado del 18 de julio de 1994*, Buenos Aires, 1995.

Índice de nombres

A

Abdelgani, Amir 101
Abdullah, Ali Reda 108
Abu Nader, Pierre 60
Abu Yasser, 55, 56, 67, 68
Adams, Ken 148
ADL 148
Afganistán 92, 93, 97, 98, 99, 104
Agencia Central de Inteligencia. *Ver* CIA.
Agencia de Control de Alcohol, Tabaco y Armas (ATF), 64, 188, 196
Agencia de Defensa de Japón, 150
Agencia Internacional de Energía Atómica. *Ver* AIEA.
Ahmed, Jibril 12, 13, 46, 60, 91, 94, 96, 97, 101, 102, 103, 104, 105, 106, 108, 120, 132, 154, 156, 158, 174
Ahmed, José 118
AIEA, 80, 81, 180, 181, 185, 188
Ajaj, Ahmad Mohammed 92, 105
Akihito, Emperador 127
Al Kassar, Ghassan 27, 60, 77
Al Kassar, Monzer 11, 60, 61, 65, 66, 83, 173
Al-Fatah, 41
al-Nabi Shet, 36
al-Sadr, Musa 36
Al-Sawaf, Hiyan 27
Al-Sawaf, Samer 27
Al-Tawhid, mezquita 109, 110
Alejandro Automotores, 114
Alemania, 28, 66, 75, 88, 89, 90, 162, 170, 177, 178, 179, 180
Alfonsín, Raúl 61, 74, 86, 91
Ali, Siddig Ibrahim 37
Alkifa, Centro de Refugiados 94
Amal, 28, 38
Aman (Servicio de Inteligencia del Ejército Israelí) 33, 76
AMIA, 16, 20, 21, 23, 27, 64, 66, 67, 86, 87, 90, 106, 107, 108, 111, 113, 115, 116, 117, 118, 119, 120, 121, 152, 153, 168, 169, 172, 185, 200

Amin, Idi 171
Amonal, 116, 118
Andersen, Martin Edwin 86
Anfo, 116, 196
Ángeles, Edwin, 105
Ankara, 47
Ansar Allah (Partisanos de Dios) 12, 23, 66, 67, 108, 117
Anti-Defamation League. *Ver* ADL.
Antonietti, Andrés 117
Antúnez, Jorge 117
Anzorreguy, Hugo 86, 122
Aparato Especial de Seguridad de Hezbollah (SSA) 42
Apocalipsis, 58, 94, 134, 142, 159, 164, 167
Arabia Saudita, 87, 88, 94, 96, 102, 103, 140, 180
Arafat, Yasser 23, 41, 200
Aramayo, Riva 115
Arens, Moshe 39
Argel, 97
Argelia, 26, 44, 46, 96, 97, 154, 170
Argentina, 3, 5, 6, 11, 12, 13, 15, 16, 17, 20, 21, 22, 27, 31, 32, 34, 41, 43, 44, 46, 48, 50, 51, 53, 54, 57, 60, 62, 65, 69, 70, 72, 74, 75, 76, 77, 78, 79, 80, 81, 82, 83, 84, 85, 86, 87, 88, 98, 102, 107, 108, 109, 110, 111, 112, 114, 118, 119, 120, 122, 161, 169, 172, 173, 180, 185, 198, 200
Arratibel Bengoechea, Javier 176, 178
Arzamas-16 (Kremliov) 175, 176
Asahara, Shoko 12, 125, 126, 127, 128, 129, 130, 131, 132, 156, 174
Ashgari, Ahmad Reza 119, 120
Asociación Estadounidense de Psicología, 138
Asociación Mutual Israelita Argentina. *Ver* AMIA.
Assad, Hafez 38, 77, 87, 122, 173, 174
Astilleros Pedro Domecq, 78
Atar, Faisal Ibrahim 90
ATF. *Ver* Agencia de Control de Alcohol, Tabaco y Armas.
Atomic Energy Organization of Iran (AEOI) 50
Auge, Norberto 82
Aum, Shinsennokai 128
Aum, Verdad Suprema 127, 129, 130
Auschwitz 152, 165
Australia 129
Avrich, Paul 154, 160
Ayash, Yihya ("el ingeniero") 20
Ayyad, Nidal A. 94
Aznar, José María 154
Azzam, Abdulla 94

B

Baader, Meinhof 162
Baalbek, 22
Badreddin, Mustafa 42
Bagdad, 45, 82, 83, 105, 152, 191
Bagnoli, Omar Horacio 79
Bajtiar, Shapur 51, 52, 53, 109
Bakr, Qadri Abu 94
Balcanes, 85, 86, 190
Balochi, Abdul-Basit 104
Baluchistán, 104
Banco de Crédito y Comercio Internacional. Ver BCCI.
Bandura, Albert 138, 139
Bangkok, 102
Barbaccia, José 119
Barcelona, Eduardo 82
Bareiro, Mario 115
Baring Brothers, 192
Barracas del Imán Alí (base de entrenamiento en Irán) 26
Barreda, Diego 115
Barreiro, Rosa, 118
Barreiro, Sebastián 117
Barriga, Gustavo, 117, 121
Barriga, Julio 121
Bauzá, Eduardo 122
BCCI, 87, 88, 94, 106
Begin, Menajen 33
Beirut, 34, 35, 38, 41, 42, 46, 57, 63, 66, 67, 71, 72, 98, 171
Beit el Makades (base de entrenamiento en Irán) 26
Bekaa, Valle de 35, 36, 38, 173
Bélgica, 36
Belhay, Alí 97
Ben Zeev, Eli 56
Berlín, 61, 89, 162, 179
Bhutto, Benazir 102
Bilici, Mehmet Alí (terrorista arrepentido) 30
Bishop, Maurice 154
Blida, 97
BND (Bundesnachirichtendienst) 61, 177, 178
Bolivia, 152
Bonn, 89, 90, 129, 169
Booz Allen & Hamilton (consultora) 193
Born, Jorge 86
Bosnia, 84, 85, 86, 87, 149, 152, 163, 168
Boudiaf, Mohamed 154
Boyerhamadi, Faridum 52

Brady (legislación) 190
Brasil, 43, 82, 114, 169
"Brazil" (película) 142
Breide Obeid, Gustavo 36
Brenco, 83
Brigada de Vicente López, 115
Brigada Federal de Explosivos, 184
Brigada Islámica Internacional, 105
Brigadas Quds, 108
Bruguiere, Jean-Louis 108, 109, 174
Bruselas, 36, 70, 89
Buckley, William 38, 42
Budiaf, Mohamed 96
Buenos Aires, 34, 44, 47, 49, 55, 57, 58, 60, 65, 66, 68, 72, 73, 75, 77, 79, 81, 83, 84, 85, 90, 107, 108, 109, 110, 115, 117, 120, 123, 151, 152, 153, 160, 173, 185
Builder, Carl 182, 183
Bullrich, Mimí 110
Bullrich Paz, Santiago. *Ver* Abdul Karim Paz.
Bush, George 36, 82, 192
Busheir (central nuclear en Irán) 75, 79

C

C-4 (o Semtex) 64, 66, 171
Cabilia, 97
Camp, Jeff 137
Campeonato Mundial de Fútbol, 111
Campo de Mayo, 121, 172
Camps, Ramón 113
Camus, Albert 154
Canadá, 44
canal de la Mancha, 195
Candioti, Enrique
carapintadas, 172
Cardoso, Oscar Raúl 79
Carracedas, José Antonio 56
Carter, Chuck 145
Carter, Jimmy 165
Casa Blanca, 154
Casa Rosada, 44, 58, 62, 122
Cascos Azules, 168
Cascos Blancos, 86
Cavallo, Domingo 79, 80, 83
Células de la Lucha Armada, 67
Cenrex Trading Corporation Ltd., 65

Centro de Estudios sobre Conflicto y Terrorismo de Londres 133
Centro Moshe Dayan de Estudios sobre el Medio Oriente, Universidad de Tel Aviv, 168
Centro para Estudio sobre el Terrorismo y la Violencia Política 155
Centro Simon Wiesenthal, 178
CESID (Servicio de Inteligencia Español), 64
CIA, 38, 42, 61, 82, 85, 87, 92, 93, 94, 99, 102, 104, 133, 165, 171, 189, 194
Cisjordania, 169
Ciudad del Este, 44, 114, 115
Clinton, Bill 82, 86, 149, 154, 164, 173, 192
Cohen, Jorge 151
COHORT (Cohesion Operational Readiness and Training) 139
Colosio, Luis Donaldo 154
Collins, Larry 183
Comando Estratégico de los EE.UU. (STRATCOM) 76
Comando Libertadores de América, 71
Comisión Nacional de Energía Atómica (CNEA) 78, 80, 81
Comité X, 34, 35
Compañía Iraní de Radio y Televisión. *Ver* IRIB
Cóndor (misil argentino) 82, 170
Confederación Nacional de Milicias Ciudadanas, 148
Conferencia de Paz sobre Medio Oriente, 37, 46
Congreso Nacional de Hezbollah, 107
Conrad, Joseph 161
Consejo Consultivo de Hezbollah, 37, 48, 49
Consejo de Defensa de los Recursos Naturales, 180
Consejo de Guerra (Israel) 40
Consejo Supremo de Seguridad Nacional de Irán, 48, 49
convención anual de mercenarios, 146
Corán, 41, 47, 48, 51, 53, 95, 106, 156, 166, 168
Córdoba, 70, 71, 72
Coronel Roca. *Ver* Guerrieri, Pascual.
Correa Long, Paulo 114
Corte Suprema, 62, 72, 111
Coupland, Douglas 159
Croacia, 85, 86, 87
Cueto, Juan 166
Cumbre Social de Copenhague, 122
Curnutte, Marion 139

CH

Chaco, 141
Chávez, Fermín 46
Chechenia, 163

Cheliabinsk-65 (Osersk) 175
Cheliabinsk-70 (Snezhinsk) 175
Chernobyl, 187
Chesterton, G.K. 178
Chiae, Steffano della 174
Chile, 69, 172
China, 76, 81, 91, 170
Chiochio, Oscar 56
CHIPS (Clearing House Interbank Payments System) 191
Christopher, Warren 191

D

Damasco (Siria) 38, 59, 77, 82, 87, 122, 173
Dayan, Moshe 34, 168
De Paul, René Emilio 86
De Niro, Robert 142
Debrol S.A. 85
Dekmejian, Richard 190
Delacour, Marcelo 121
Di Tella, Guido 82, 120, 122
Díaz, Raúl José 118
DINA, 172
dinamita, 154
Dipole Might (Restar poder) 196
Dirani, Mustafá 66
Dirección de Contrainteligencia de la SIDE, 85
Dirección de Informaciones (D2) de la Policía de Córdoba 70
División de Inteligencia Protectiva del Servicio de la Seguridad Diplomática 113
Doctrina de Combate Aeroterrestre 140
Dolce, Romano 179, 180
Dole, Bob 167
Dostoievsky, Fiodor 135
Dow Chemical 171
DST (Servicio de Inteligencia Francés) 61
Duhalde, Eduardo 88

E

edificio federal de Oklahoma, 146, 147
EE.UU., 38, 39, 44, 47, 48, 73, 76, 79, 81, 85, 88, 92, 93, 95, 96, 97, 98, 99, 101, 103, 105, 119, 125, 133, 145, 146, 147, 148, 149, 150, 151, 164, 165, 168, 169, 170, 177, 183, 184, 185, 189, 191

Egipto, 96, 97, 98, 154
EGIS, 64
Eichmann, Adolf 34
Ein Al Hilwah, (campamento de refugiados palestinos) 34
Ejército del Sur del Líbano. Ver ESL.
Ejército de los Estados Unidos, 141
Ejército Rojo de la ex URSS 129, 161, 179
el Istambulli, Jaled 46
El Cairo, 189
Elizada, Avia 40
empresas Yoma, 83
Enzensberger, Hans Magnus 152, 158
Escocia, 60, 133, 155, 162
Escuela de Inteligencia de la CIA y el Mossad en Marruecos
España, 65, 77, 78, 84
Estados Unidos. Ver EE.UU.
Estambul, 30, 47
Etiopía, 46
Europa, 28, 30, 33, 44, 78, 89, 164
Eurotúnel, 195, 196
Evin, 28
Ezeiza, 45, 84, 88

F

Fábrica de Explosivos de la Armada, 65
Fábrica Militar de Villa María, 64, 65
Fabricaciones Militares, 85, 116
Fah, Bilal (piloto suicida) 26
Falsafi, Ahmad Allameh 119
Fallahiyan, Ali 49, 51, 52, 53, 88
FBI, 92, 95, 97, 100, 101, 102, 104, 139, 144, 146, 148, 155, 172, 177, 183, 188
Federación Nacional de Policías Federales de Brasil (FENAPEF), 114
Federal Bureau of Investigation. Ver FBI.
Fedwire (red electrónica de transferencia de fondos) 193
Fernández, César 121
Filipinas, 46, 99, 101, 105
Filipovic, Mohamed 84
Finkelchtein, Ingrid 117
FIS. Ver Frente Islámico de Salvación.
Folkestone, 195
Ford, Gerald 55, 59, 183
Fort, Bragg 141
Fort Riley, 137, 138, 141, 147

Fortier, Michael 146
fósforo orgánico, 131
Foxman, Abraham 148
Foz do Iguazú, 114
Francia, 20, 28, 29, 52, 53, 55, 66, 70, 88, 97, 108
Frank, Ana 12, 83
Frankfurt, 45, 171, 193
Freeh, Louis 177
Frente Islámico de Salvación (FIS) 95, 96, 97
Frente Popular para la Liberación de Palestina-Comando General (PFLP-GC) 46
Freud (restaurante) 111
Friedman, Robert 169, 174, 200
Fuerza Aérea Argentina, 83
Fuerza Especial N° 17, 41
Fuerzas Especiales del Ejército (Boinas Verdes) 141
Fulcher, John 139

G

Galbucera, José 59
Galeano, Juan José 109, 118, 119, 120, 121, 172
Galimberti, Rodolfo 12, 85, 86, 91
Galioun, Monzer. *Ver* Al Kassar, Monzer
Gandhi, Rajiv 154
García del Solar, Lucio 78
García Lupo, Rogelio 65
Gardela, Karen 155
Gates, Robert 82, 184
Gaza, 28, 40
Gemayel, Bechir 154
Gendarmería, 64, 86
Gestapo, 142
Ghanoushi, Rashid 96
Ghasha, Ibrahim 47
Gholamreza, Mahvash Mousef 119, 120
GIAT Industries, 85, 86
Gibson, James William 138, 187
Gilliam, Terry 142
Ginebra, 53, 173
Gingrich, Newt 159, 166, 167
Goldstein, Baruj 163, 169, 172
Golfo Pérsico, 75, 82, 141
Gómez Sabaini, Raúl 86
González, Abel 185
Goppel, Thomas 178

Gorbachov, Mijail 176
Gore, al 192
Gran Bretaña, 28, 33, 46, 78, 104
Granada, 141, 154
Greene, Graham 195
Grupo de Búsqueda para Emergencias Nucleares (NEST), 13, 183, 184
Grupo de los Siete (G-7), 192
Grupo Islámico Armado (GIA), 97
Guardia Nacional, 145
Guardias Revolucionarios, 37, 48, 87
Guerra del Golfo, 12, 37, 44, 50, 79, 103, 136, 139, 140, 163, 167, 173
guerra fría, 62, 85, 157, 158, 164, 175, 176, 182, 185, 187
guerra santa, 12, 23, 25, 29, 35, 37, 38, 93, 92, 94, 98, 99, 104
Guerrieri, Pascual 86

H

Habibollahi, Mussa Khayer 89
Haddad, Nassib 116, 118
Hades, 177, 178
Hallak, Farida 27
Hamade, Ali 66
Hamas, 20, 26, 46, 47, 95, 96
Hamburgo, 88, 89
Hanger, Charles 135, 136
Harb, Khalil 108
Harvard, 129, 133
Hasper, Jorge 46
Herstal S.A., 85
hexógeno, 63, 64, 65, 66, 118
Hezbollah, 11, 12, 17, 22, 23, 24, 27, 28, 32, 34, 35, 36, 37, 38, 39, 40, 41, 42, 44, 46, 47, 48, 49, 57, 60, 66, 67, 68, 69, 71, 75, 89, 90, 95, 96, 107, 108, 111, 112, 114, 119, 120, 122, 153, 168, 169, 173
Hibiya, 124
Higgins, William 36
Hiroshima, 152
Hoffman, Bruce 155, 162
Holocausto, 33, 83, 165
Hospital Israelita, 111
hotel Bristol, 84
hotel Lutetia, 84
Huntington, Samuel 133
Hussein, Saddam 32, 39, 40, 42, 49, 50, 76, 83, 88, 92, 103, 104, 141, 167, 174, 181

I

Ibell, Centre Cordhal Matta 59
Ibrahim Al Ibrahim 47, 88, 90, 101, 102
Ilich Ramírez, Carlos 13, 173, 174
India, 128, 154, 180, 191
Indonesia, 46, 170
Inoue, Yoshihiro 130
Instituto Olin de Estudios Estratégicos de Harvard, 133
Instituto Tecnológico de Massachusetts, 181
Intercontinental Technology, 171
Internet, 189, 190
Interpetrol, 78
INVAP 50, 80, 82
Investigaciones Aplicadas. Ver INVAP.
Irak, 12, 42, 44, 50, 69, 75, 77, 80, 82, 83, 87, 88, 89, 99, 103, 104, 140, 180
Irán, 11, 12, 17, 22, 23, 24, 25, 26, 28, 37, 42, 44, 46, 47, 48, 49, 50, 53, 54, 60, 68, 69, 74, 75, 76, 77, 78, 79, 80, 81, 82, 84, 87, 88, 89, 90, 91, 96, 98, 101, 103, 104, 108, 110, 119, 120, 122, 153, 169, 179, 180
Iran Air, 89
Irán-Contras, 50
IRIB, 12, 51, 68, 73, 108, 109, 119
Irlanda, 153
Islamabad, 102
Ismail, Iyad 99, 100
Israel, 11, 20, 22, 23, 25, 27, 30, 33, 34, 35, 37, 38, 39, 40, 41, 44, 45, 46, 48, 49, 53, 56, 57, 58, 62, 63, 65, 67, 68, 69, 70, 71, 72, 76, 82, 84, 88, 90, 98, 102, 104, 105, 107, 109, 111, 113, 120, 122, 151, 152, 161, 163, 168, 169, 172, 180, 199
Italia, 66, 70, 77, 78
Izetbegovic, Alia 84

J

Jabassini, Sarab 27
Jaimes, Miguel 114, 121
Janjalani, Abubarak 105
Japón, 124, 127, 128, 131, 132, 133, 157, 169, 187
Jartum, 26, 96
Jenkins, Brian 188
Jerusalén, 24, 33, 47, 51, 71, 152
Jet Parking, 116
Jibril, Ahmed 46, 60
Jibshit, 35, 36, 38, 39

Jihad (guerra santa), 29
Jihad Islámica, 24, 47, 67, 111
Jihad Islámica libanesa, 24
Jihad Islámica palestina, 46
Johnson, James 148
Jokhadar, Hisam 27
Jomeini, ayatola 24, 37, 46, 49, 50, 51, 52, 53, 77, 110, 199
Jordania, 23, 27, 47, 96, 100, 104, 169
Josch, Analía 117
Josch, Carla 117
Juan Pablo II, 102, 154
Junction, 135, 141, 147
Juvenal, Carlos 118

K

Kadafi, Moammar 53, 171, 173
Kahane, Meir 97, 169
Kahane Haj, (grupo ultraderechista israelí) 169
Kamikuishiki, 125, 126, 131
Kanoore Edul, Alberto 118
Karandanje (base de entrenamiento en Irán) 26
Karbashi, Gholam Hosseim 49, 50
Kareem, Abdul Basit Mahmoud 104
Karim, Abdel Basit Abdel 101
Karim, Mohamed Abdel, 36
Karim Obeid, Abdul 36
Karubi, Mehdi 68
Kashani, Mehdi 89
Kasper-Ansermet, Laurent 65
Kasumigaseki, 124, 125
Kaufmann, Pierre 153, 160
Kazajstán, 179
Kelkal, Khaled 20
Kepel, Gilles 162, 200
KGB, 142, 180
Khorasani, Abbas Zarrabi 119
Kidon (Bayoneta) 34
Kimura, Kan 131
King, Kerry 140
Kintex, 180
Kleinwachter, Hans 33
Kling, Robert 147
Koernke, Mark 148
Kollman, Raúl 9, 115, 121, 123
Koresh, David 136, 145

Kramer, Martin 21, 168, 174
Krasnoyarks-26 (Zheleznogorsk) 174
Krasnoyarks-45 (Zheleznogorsk) 175
Kreveld, Martin Van 164
Kuwait, 42, 92, 100, 104, 105, 140
Kuzin, Victorovich Aleksander 180

L

La Plata, 16, 31, 110
Laborda, Osvaldo 64
Lacabanne, Raúl 71
Lafalce, John 144
Lanús, Archibaldo 78
Lapierre, Dominique 183
Lawton, V.Z. 152
Leal, Irineo 115
Leal Cobo, Dolores 85
Leeson, Nick 192
Lejtman, Román 9, 115, 121, 123, 200
Leonardo da Vinci, 39
Levene, Ricardo 11, 62
Levy, David 70
Líbano, 11, 22, 23, 26, 28, 31, 34, 35, 36, 37, 38, 41, 44, 46, 48, 49, 53, 59, 62, 66, 86, 90, 96, 98, 107, 108, 111, 117, 122, 154, 168, 173, 180, 196
Libia, 86, 98, 171, 173, 179, 180
Likud, 40
Lincoln, 101
litio-6, 176
Livermore, Lawrence 184
Livingstone, Neil C. 188
Lockerbie, 60, 155
"Loco de la bomba", 11, 70, 71, 72
Londres, 32, 57, 87, 96, 97, 103, 123, 133, 174, 193, 199, 200
López, Juan Alberto 116, 118
López Rega, José 71
Los Álamos, 185
Los Ángeles, 102, 171
Lúder, Ítalo Argentino 83
Lufthansa, 45, 171, 175

M

M-15 (Servicio de Inteligencia Británico) 61
MacCollum, Bill 59

Mack, Connie 59
Macri, Mauricio 118
Madani, Abasi 97
Madelin, Philippe 42
Madrid, 43, 46, 57, 89, 199
Mahoma, 26, 33, 47
Makdah, Munir ("Abu Hassan") 23, 24
Manhattan, 93, 191
Manila, 102, 105
Manzano, José Luis 57, 58, 74, 91
Marcus, Yoel 34
Marquevich, Roberto 172
Marruecos, 26, 30
Martinetti, Enrique 114
Martínez, Ramón 115
Marzuk, Musa Abu 47
Mashad, 103
Masonería, 127
Massaccesi, Horacio 81
Mawhinney, Brian 195
Mayak, 175
McCarthy, Joe 167
McDonalds, 185
McLuhan, Marshall 187
McVeigh, Timothy 12, 13, 135, 136, 137, 138, 139, 140, 141, 142, 144, 145, 146, 147, 149, 154, 156, 158, 174, 188
Meca, 69, 95
Medellín, 173
Meeks, Brock 189, 190
Meir, Golda 34, 97, 169
Meli, Gabriel 121
Mendoza, 27, 110
Menem, Carlos 11, 17, 21, 32, 44, 45, 53, 58, 61, 72, 74, 75, 77, 78, 79, 82, 83, 86, 87, 88, 117, 120, 122, 173
Meshkeni, ayatola 68, 69, 73
México, 154, 160, 185, 196, 199
Miednik, Luisa 116
Milicia de Kansas, 147
Milicia Michigan, 148
Milicia Nacional de Fuerzas Especiales, del estado de Texas
Milicias, 22, 12, 98, 147, 148, 149, 150, 154
Ministerio de Cultura, Información y Guía Islámica de Irán (Ershad) 119
Ministerio de Inteligencia y Seguridad iraní (VEVAK) 51
Ministerio de Relaciones Exteriores y Culto. *Ver* Cancillería.
misiles Silkworm, 88
Mitterrand, François 195

Moatamer, Manucher 12, 119, 120
MODIN, 121
Mohtashemi, Ali Akbar 48, 49
Monjo, Alejandro 12, 113, 114, 115, 118, 121
Montoneros, 46, 61, 65, 85
Morales, Martha 92, 93
Morawski, Phil 145
Mordejai, Yitzhak 39, 40
Moscú, 175, 178, 179
Mossad (Inteligencia exterior israelí) 11, 30, 33, 34, 35, 47, 60, 61, 62, 63, 70, 71, 72, 76
Most, Johann 154
Mubarak, Hosni 96, 154
Mughniyeh, Fuad 71
Mughniyeh, Imad Fayez (alias Carlos, el iraní) 11, 41, 42, 43, 47, 48, 49, 71
Muhammad, Azán 32, 54, 93
mujaidines, 69, 95, 97, 99, 103
Mujaidines de la Libertad, 67
Mullen, Eamon 119
Mundial de Fútbol, 12, 111, 117
Munich, 34, 175, 176, 177, 178
Murad, Abdul Hakim 105
Muro de Berlín, 162
Murrah, Alfred 136, 151
Mussa, Abu 46
Mussawi, Abbas 11, 34, 35, 37, 40, 41, 48, 69
Mussawi, Hussein 40, 49
Musumeci, Timar 86
My Lai, 170
Myers, Lawrence 188

N

Naciones Unidas. *Ver* ONU.
Nagasaki, 180
napalm, 95, 171
Nasrallah, Hassan 24, 47, 48, 49, 68, 107
Nasser, Abdel Gamal 33
National Rifle Association, 145
neonazis, 148, 156, 158, 190
NEST. *Ver* Grupo de Búsqueda para Emergencias Nucleares.
Neue, Zurcher Zeitung 177
Neustadt, Bernardo 120
Nichols, James 145
Nichols, Terry 145

Nidal, Abu 32, 46, 94
nitrato de amonio, 95, 100, 115, 116, 118, 147, 149, 196
nitrato de urea, 95, 100
Nitzcaner, Ariel 114
North, Oliver 41
Noruega, 34, 70
Nouri, Nategh 50
Nuckolls, John H. 184
Nueva York, 12, 15, 40, 79, 92, 93, 97, 98, 100, 101, 103, 106, 129, 142, 144, 152, 156, 158, 160, 169, 172, 184, 193, 199, 200
Nuevo México, 185, 196
Nye, Joseph 164

O

Obeid, Abdul Karim 36
Ochoa, Jorge 173
Oficina Federal contra la Criminalidad (BKA) 178
Ojeda, Antonio 56
Oklahoma, 12, 15, 16, 20, 22, 24, 135, 136, 139, 144, 146, 147, 148, 149, 150, 151, 152, 153, 156, 160, 161, 172, 174, 188, 189, 190, 196
Olima, Juan Carlos 80, 81
Olimpíadas de Munich, 34
ONU, 34, 45, 80, 84, 86, 149, 168, 186, 189
Operación Tormenta del Desierto, 140
Organización de los Oprimidos de la Tierra, 66
Organización del Tratado del Atlántico Norte. *Ver* OTAN.
Organización Islámica Argentina, 110
Organización Nacional de Energía Atómica de Irán (AEOI) 77, 80
Organización para la Justicia Revolucionaria, 66
Organización para la Liberación de Palestina (OLP) 23
Oroz Eguía, Julio 175, 176
Ostragonac, Dezider 180
Ostrovsky, Victor 35, 40, 199
OTAN, 168
óxido de uranio, 81

P

Paine, Christopher 180
Pakistan International Airlines, 92
Palme, Olof 154
Pan Am, 60, 155
Panamá, 41, 67, 85, 117, 141, 169, 170

Paquistán, 76, 82, 88, 93, 97, 98, 99, 101, 102, 103, 104, 105, 179, 180
Paraguay, 43, 72, 114, 115, 169, 172
París, 42, 51, 52, 57, 66, 84, 86, 90, 96, 98, 174, 193, 195, 199, 200
Parker, Ishtiaq 102
Parlamento libanés, 24
partido Nazi norteamericano, 139
Paulsen, David 136
Paz, Abdul Karim 110
Pentágono, 87, 93, 139, 193
pentrita, 63, 64, 118
Penza-19 (Zarechni) 176
Peña Gómez Parra, Rafael 110, 199
Pérez, Hugo 113, 114, 115, 121
Perrault, Gilles 70
Perry, William 76, 135
Peshawar, 92, 94, 98, 104, 105
Pharaon, Ghaith 27, 77, 87, 88
Picco, Giandomenico 34
Pierce, William 139
Piglia, Ricardo 192
piratas informáticos, 191
Pirelli, 78
Plan Quinquenal de Reconstrucción iraní, 79
Plaza, María E. 27
plutonio, 12, 13, 75, 76, 81, 175, 176, 177, 178, 179, 180, 181, 182
Policía Federal (Argentina) 56, 118
Polonia, 66, 83, 89, 170
Porzner, Konrad 178
potasio, 131
Price, William 188
Princeton, 129, 160
Puerto Iguazú, 114
Pullach, 177

Q

Qom, 26, 30, 51, 68, 73, 110
Quihillalt, Oscar Armando 77

R

Rabbani, Mosher 12, 45, 46, 109, 110, 120
Rabin, Yitzhak 36, 63, 76, 97, 137, 154, 161

Rabon Pour, Ali 79
Rafsanjani, Alí Akbar 37, 48, 49, 50, 53, 79, 84, 87
Rahman, Omar Abdel 12, 94, 96, 97, 99, 101, 105, 106
Rajavi, Kazem 51, 88, 90
Rajavi, Maryam 90
Ramadán, 11, 35, 47, 48, 68
Rambo, 138, 142, 147
Rand, Corporation 155, 162, 182
Rashid, el iraki 94, 96
Reagan, Ronald 41, 154
Rejka Express, 85
Resistencia Islámica, 67
Revell, Oliver "Buck" 97, 106
rey Don Juan Carlos, 154
rey Fahd, 87
Ribeiro da Luz, Elías 59
Río de Janeiro, 31, 165, 173
Río Negro, 81
Rodríguez, Jesús 85, 86
Rodríguez Gacha, Gonzalo 173
Romero, Humberto 83
Rouhani, Hassan 49, 50
Roushandel, Ali Hassan 90
Ruanda, 152, 163
Rushdie, Salman 52
Rusia, 76, 89, 91, 129, 153, 164, 176, 179, 180, 181

S

Saddat, Anwar 46, 96, 154
Sagy, Muce. Ver Al Kassar, Monzer.
Said, Mohamed 97
Salameh, Ali Hassan ("El príncipe rojo") 34
Salameh, Mohammed 94, 95, 99, 105
Salem, Emad 101, 172
Salta, 61, 110
Samid, Alberto 11, 44, 45
SanCor, 78
Santa Rita (Empresa de cascotería y volquetes) 116, 118
Santiago del Estero, 27
Santoro, Daniel 84
Sapriza, Marino 115
Sarajevo, 152
sarín, 12, 15, 124, 125, 129, 130, 131, 132, 134, 152, 162, 172
Sautner, Bill 141
Sayeret, Matkal 36

Sayyaf, Abdu Rab Rasol 104, 105
Scotland Yard, 64
Schelling, Thomas 182
Schmidbauer, Bernd 88, 179
Schumer, Charles 190
Schwartau, Winn 193
Secretaría de Asuntos Especiales de la Cancillería, 77
Secretaría de Inteligencia del Estado. *Ver* SIDE.
Secretario General de Hezbollah, 23, 24, 34, 35, 39, 47, 48
secta Aum, Verdad Suprema 129, 130, 162, 169
Segunda Guerra Mundial, 125, 127, 133, 163, 170
Seineldín, Mohamed Ali 58, 113
semiconductores, 131
Semnar, Nick Ahmed 89
Semtex, 64, 171
Sendero Luminoso, 153, 182
separatistas chechenos, 190
"Septiembre Negro 13", 24
Servicio Nacional de Inmigración (INS), 92
Sha, Reza Pahlevi 75
Shaker, Steven 193
Shamir, Yitzhak 11, 33, 34, 35, 36
Shefi, Yitzhak 56, 58, 72
Shin Beth (servicio de seguridad interior de Israel) 20, 76
Shufield, Paul 149
SIDA, 93, 166
SIDE, 12, 61, 85, 86, 109, 110, 121, 122, 199
Sidón, 23
Sidorenko, Victor 178
Siemens, 75
Sigint, 83
Sinatra, Frank 94
Singapur, 102
SIOP (Single Integrated Operational Plan) 76
Siria, 12, 23, 24, 33, 42, 44, 59, 61, 66, 75, 77, 82, 87, 122, 173, 179, 180
Sistema Internacional de Información Nuclear, 181
Sivak, Jorge 118
Sociedad de los hijos de Elías Moussa Diab, 59
sodio pentobarbitol, 129
Sofovich, Gerardo 120
Sontag, Susan 166
Specter, Alan 148
Split, 87, 122
Sri Lanka 129, 169
Stallone, Sylvester 147, 189
Stasi, 89

Stinger, 99
Stomber, Dan 146
Stone, Oliver 167
Strauss, Franz-Josef 175
Stroessner, Alfredo 86
Studeman, William 194
Sucksdorf, Alejandro 113, 172
Sudáfrica, 180
Sudán, 26, 96, 97, 173
Suecia, 41, 90, 154
Suiza, 53, 65, 84, 88, 177
Sun Microsystems, 187
Sverdlov 6, 177
Sverdlovsk-44 (Novouralsk) 176
Sverdlovsk-45 (Lesnoi) 176
Swansea Institute 104

T

tabbishis ("hombres de acción") 24
Tacuara, 85
Tailandia, 41, 102
Taiwán, 77, 78, 91
TAM (Tanques Argentinos Medianos) 78, 87
Tarantino, Quentin 167
Teccedín, Carlos 114
tecnología ABC (Atómica, bacteriológica o química) 179
tecno-terroristas, 160
Teherán, 11, 26, 27, 28, 30, 41, 46, 47, 48, 49, 50, 53, 54, 63, 66, 72, 73, 78, 82, 88, 98, 108, 109, 119, 120, 167
Tel Aviv, 21, 26
Telleldín, Carlos Alberto 16, 70, 113, 115, 118, 121, 172
Telleldín, Raúl Pedro 70
tercera guerra mundial, 165
Terpil, Frank 171, 174
Thomas, Gordon 125, 134, 178, 182
Tigre, 27, 113, 172
Tlass, Mustafá 173
TNT, 118, 136, 176
Toffler, Alvin 164, 174, 182, 200
Tokio, 12, 15, 124, 125, 126, 127, 128, 130, 131, 132, 133, 134, 152, 156, 160, 161, 162, 174, 177, 193
Tomsk-7, 175
Toranzo, Rodrigo 122
Torres, Carlos 15, 27, 100, 175, 176, 178
Torres Benítez, Justiniano 175
Torres Gemelas, 15, 100

Townley, Michael 174
Trafic, 12, 109, 112, 113, 114, 115, 116, 118, 121, 172
Triga (reactor) 12, 81
trinitrotolueno, 176. *Ver* TNT.
Triple A, 71
triple frontera, 12, 43, 44, 114, 115, 118
Trípoli, 98, 171
Trollhattan, 90
Tucumán, 110, 116, 117
Tufaily, Subhi 12, 23, 107, 108, 117, 120
Túnez, 26, 96
Turabi, Hassan Al 96, 97
Turquía, 29, 30
Tuttle, Tim 142
TWA, 42, 66

U

UBA, 120
Uganda, 171
Ulham, 177
Unabomber, 155, 156
unidad especial Kidom (bayoneta) 34
Unidades COHORT. *Ver* COHORT.
Unión Soviética, 179, 183, 185
Unisys, 191
uranio, 76, 80, 81, 82, 125, 175, 176, 179, 180, 182
URSS, 95, 129

V

Vahaji, Abdulhussein 79
Vakili, Ali Rad 52, 53
Valle de Bekaa, 35, 173
Velayati, Akbar Ali 49, 50, 122
Venezuela, 85, 119
Vergez, Héctor 172
Viale, Mauro 120
Vibren, Josef 36
Vietnam, 95, 138, 147, 170
Villa, Pancho 137
Villalón, Héctor 46
Villalonga, Julio 82, 200
Vladivostok, 131

W

Waco, masacre de 136, 145
Walsh, James D. 81
Washington, 38, 39, 47, 91, 101, 106, 145, 147, 150, 151, 155, 177, 180, 186, 189, 199
Waterloo, 195
Webber, Dan 151
Weiss, J.D. 190
West, Chris 184
Wilcox, Philip 153
Wilkinson, Paul 133, 162
Wilson, Ed 171
Wise, Alan 193
Wojtyla, Karol 166
Woolsey, James 82
World Trade Center, 12, 20, 92, 95, 97, 98, 99, 100, 101, 105, 152, 156, 158, 172, 174, 188

Y

Yacimientos Petrolíferos Fiscales (YPF) 78
Yallop, David 173, 174, 200
Yasin, Abdul Rahman 94, 95
Yazbik, Mohamed 49
Yema, Edgardo 121
Yokohama, 128
Yoma, Karim 12, 74, 75, 77, 78, 79, 80, 81, 82, 83, 87, 91
Yoma, Zulema 77
Yousef, Ramzi Ahmed 12, 13, 92, 93, 94, 95, 96, 98, 99, 100, 101, 102, 103, 104, 105, 106, 154, 156, 158, 174

Z

Zagreb, 87
Zangeneh, Gholamreza 120
Zare, Kamal 108
Ziaeddin, Ziali 109
Zlatoust-36 (Triokhgorn) 176
Zomorrod, Hamid 28

Composición de originales
Láser Factory

Esta edición de 5.000 ejemplares
se terminó de imprimir en
La Prensa Médica Argentina,
Sánchez de Loria 2251, Bs. As.,
en el mes de marzo de 1996.